Reiner Marcowitz

Die Weimarer Republik 1929–1933

GESCHICHTE KOMPAKT

Reiner Marcowitz, geb. 1960, ist nach Lehrtätigkeit in Dresden seit 2007 Professor für deutsche und europäische Geschichte an der Universität Lothringen. Zudem ist er Kodirektor des Zentrums für deutsch-französische Studien an der Universität Lothringen. Seine Forschungsschwerpunkte liegen in der deutschen Geschichte des 19. und 20. Jahrhunderts sowie der deutsch-französischen Beziehungen. Außerdem beschäftigt er sich mit Fragen der europäischen Integration und der Amerikanisierung/Europäisierung/Globalisierung.

Herausgegeben von
Kai Brodersen, Martin Kintzinger,
Uwe Puschner, Volker Reinhardt

Herausgeber für den Bereich 19./20. Jahrhundert:
Uwe Puschner

Beratung für den Bereich 19./20. Jahrhundert:
Walter Demel, Merith Niehuss, Hagen Schulze

GESCHICHTE KOMPAKT

Reiner Marcowitz

Die Weimarer Republik 1929–1933

5., vollständig überarbeitete und aktualisierte Auflage

wbg Academic

Abbildungsnachweis:

akg-images: S. 32, 56, 111, 157, 166; **bpk Berlin:** S. 79, 91, 142

Die Deutsche Nationalbibliothek verzeichnet diese Publikation in der Deutschen Nationalbibliografie; detaillierte bibliografische Daten sind im Internet über http://dnb.de abrufbar.

wbg Academic ist ein Imprint der wbg
5., bibliographisch aktualisierte Auflage 2018

1. Auflage 2004
Die Herausgabe dieses Werkes wurde durch
die Vereinsmitglieder der wbg ermöglicht.
Satz: Lichtsatz Michael Glaese GmbH, Hemsbach
Einbandgestaltung: schreiberVIS, Seeheim
Einbandbild: Propaganda im Vorfeld der Reichstagswahlen Anfang 1933. Foto: akg-images
Gedruckt auf säurefreiem und alterungsbeständigem Papier
Printed in Germany

Besuchen Sie uns im Internet: www.wbg-wissenverbindet.de

ISBN 978-3-534-26809-2

Elektronisch sind folgende Ausgaben erhältlich:
eBook (PDF): 978-3-534-74399-5
eBook (epub): 978-3-534-74400-8

Inhaltsverzeichnis

Geschichte kompakt

Das Interesse an Geschichte wächst in der Gesellschaft unserer Zeit. Historische Themen in Literatur, Ausstellungen und Filmen finden breiten Zuspruch. Immer mehr junge Menschen entschließen sich zu einem Studium der Geschichte und auch für Erfahrene bietet die Begegnung mit der Geschichte stets vielfältige, neue Anreize. Die Fülle dessen, was wir über die Vergangenheit wissen, wächst allerdings ebenfalls: Neue Entdeckungen kommen hinzu, veränderte Fragestellungen führen zu neuen Interpretationen bereits bekannter Sachverhalte. Geschichte wird heute nicht mehr nur als Ereignisfolge verstanden, Herrschaft und Politik stehen nicht mehr allein im Mittelpunkt, und die Konzentration auf eine Nationalgeschichte ist zugunsten offenerer, vergleichender Perspektiven überwunden.

In der Geschichte,
wie auch sonst,
dürfen Ursachen nicht
postuliert werden,
man muss sie suchen.
(Marc Bloch)

Interessierte, Lehrende und Lernende fragen deshalb nach verlässlicher Information, die komplexe und komplizierte Inhalte konzentriert, übersichtlich konzipiert und gut lesbar darstellt. Die Bände der Reihe „Geschichte kompakt“ bieten solche Information. Sie stellen Ereignisse und Zusammenhänge der historischen Epochen der Antike, des Mittelalters, der Neuzeit und der Globalgeschichte verständlich und auf dem Kenntnisstand der heutigen Forschung vor. Hauptthemen des universitären Studiums wie der schulischen Oberstufen und zentrale Themenfelder der Wissenschaft zur deutschen und europäischen Geschichte werden in Einzelbänden erschlossen. Beigefügte Erläuterungen, Register sowie Literatur- und Quellenangaben zum Weiterlesen ergänzen den Text. Die Lektüre eines Bandes erlaubt, sich mit dem behandelten Gegenstand umfassend vertraut zu machen. „Geschichte kompakt“ ist daher ebenso für eine erste Begegnung mit dem Thema wie für eine Prüfungsvorbereitung geeignet, als Arbeitsgrundlage für Lehrende und Studierende ebenso wie als anregende Lektüre für historisch Interessierte.

Die Autorinnen und Autoren sind in Forschung und Lehre erfahrene Wissenschaftlerinnen und Wissenschaftler. Jeder Band ist, trotz der allen gemeinsamen Absicht, ein abgeschlossenes, eigenständiges Werk. Die Reihe „Geschichte kompakt“ soll durch ihre Einzelbände insgesamt den heutigen Wissensstand zur deutschen und europäischen Geschichte repräsentieren. Sie ist in der thematischen Akzentuierung wie in der Anzahl der Bände nicht festgelegt und wird künftig um weitere Themen der aktuellen historischen Arbeit erweitert werden.

Kai Brodersen
Martin Kintzinger
Uwe Puschner
Volker Reinhardt

Einleitung

Seit Jahrzehnten beschäftigt sich die Geschichtswissenschaft mit Entstehung und Entwicklung der Weimarer Republik. Insbesondere deren Endphase war „stets eine Determinante der historischen Forschung“ (Andreas Wirsching). Das erklärt sich nicht nur mit dem Wissen um die verhängnisvollen Folgen des Untergangs der ersten deutschen Demokratie – dem Aufkommen des Nationalsozialismus und der Geschichte des „Dritten Reiches“ –, sondern auch aus dem verständlichen Wunsch nach 1945 heraus, aus der Vergangenheit lernen zu wollen, um sicherzustellen, dass sich Vergleichbares nicht wiederholt. Ein solcher rein negativer Bezug auf das Menetekel Weimarer Republik legitimierte vor allem in der alten Bundesrepublik Deutschland die Weimar-Forschung, die in ihrer Intensität allenfalls noch durch die Beschäftigung mit dem „Dritten Reich“ übertroffen wurde.

Indes dürfte mittlerweile hinreichend erwiesen sein, dass nicht nur „Bonn“, sondern auch „Berlin“ nicht „Weimar“ ist, um ein bekanntes Diktum des Schweizer Publizisten Fritz René Allemann (1910–96) aus den 1950er-Jahren aufzugreifen: Die Bundesrepublik Deutschland erweist sich trotz ökonomischer und politischer Krisen bis heute als ein äußerst stabiles Gebilde. Dennoch hat die Erforschung der deutschen Geschichte der Jahre 1918/19 bis 1932/33 aus mehrerlei Gründen nichts von ihrer Relevanz eingebüßt: Erstens spiegelt sie eindrucksvoll die zeitlosen Gefährdungen liberaler Demokratien. Zweitens ist sie gerade in letzter Zeit zu Recht als eine „Krisenzeit der klassischen Moderne“ (Detlev Peukert) entdeckt worden, deren janusköpfigen Symptome – technischer Fortschritt und sozialstaatlicher Ausgleich, aber auch technokratische Sozialdisziplinierung und menschliche Entwurzelung – zum einen eine Brücke ins „Dritte Reich“ schlagen, deren Tragfähigkeit es weiter zu untersuchen gilt, und zum anderen auch unserer Gegenwart nicht gänzlich fremd sind. Drittens lässt sich am Beispiel der Weimarer Republik besonders gut die Verschränkung struktureller und personaler Faktoren im historischen Geschehen nachweisen.

Dies gilt gerade auch für die hier interessierenden Jahre zwischen dem Beginn der Weltwirtschaftskrise im Herbst 1929 und der Berufung Adolf Hitlers (1889–1945) zum Reichskanzler Ende Januar 1933: Die weltweite ökonomische Krise Ende der zwanziger/Anfang der dreißiger Jahre führte in Deutschland zur umfassenden Staatskrise, deren Symptome die Delegitimierung des parlamentarischen Systems, ein damit einhergehendes Anwachsen extremistischer, fundamentaloppositioneller Kräfte von links und rechts sowie deren gewalttätiger Agitation und schließlich der schleichende Übergang von der Demokratie zur faktischen Präsidialdiktatur waren. Indes wäre es falsch, aus dem offensichtlichen Zusammenhang von wirtschaftlicher Verelendung und politischer Radikalisierung das zwangsläufige Scheitern der Weimarer Republik abzuleiten. Vielmehr soll im Folgenden erörtert werden, inwieweit die unleugbaren strukturellen Belastungen der Republik von Weimar vor allem in ihrer Endphase von einzelnen sowie gesellschaftlichen Gruppen gezielt für ihre jeweiligen republikfeindlichen Zwecke ausgenutzt wurden und erst dadurch ihre verhängnisvollen Wirkungen zeigten.

Die Gliederung orientiert sich an strukturellen wie an chronologischen Aspekten des Themas. Das erste Kapitel behandelt die Auswirkungen der Weltwirtschaftskrise auf Deutschland seit dem Herbst 1929, weil sie als ein wesentlicher Katalysator, wenn nicht sogar als eine notwendige Voraussetzung für den Untergang der ersten deutschen Demokratie erscheinen. Analysiert werden einerseits Ausmaß und Entwicklung der ökonomischen Krise, die vor dem Hintergrund einer trügerischen wirtschaftlichen Erholung in den Jahren zuvor gesehen werden muss, andererseits die zeitgenössischen Konzepte zu ihrer Behebung. Ferner interessieren die psychosozialen Folgen der Massenarbeitslosigkeit und die hieraus resultierende verstärkte soziale Fragmentierung der deutschen Gesellschaft ebenso wie deren wachsende politische Desorientierung und Radikalisierung, durch die sich die Wirtschaftskrise in Deutschland zur umfassenden Staatskrise auswuchs.

Das zweite Kapitel schildert die Entwicklung der Großen Koalition Ende der 1920er-Jahre, der letzten demokratisch legitimierten Regierung der Weimarer Republik. Zunächst wird – in einem notwendigen zeitlichen Rückgriff – ihre Entstehung im Jahr 1928 untersucht, weil sich an ihr bereits jene strukturellen Divergenzen zwischen den beteiligten Parteien ablesen lassen, die später zum Bruch der Koalition führten. Es folgt eine Darstellung der Verhandlungen über den Young-Plan, der erstmals Höhe und Dauer der deutschen Reparationszahlungen festlegte. Dies bedeutete zwar einen großen Erfolg der deutschen Außenpolitik, erwies sich hingegen innenpolitisch als eine schwere Belastung, weil die lange Zahlungsdauer der nationalistischen Rechten einen neuen Anlass für ihre aufhetzende Agitation gegen die Weimarer Republik bot. Schließlich werden unmittelbarer Auslöser und tiefere Ursachen des Bruchs der Großen Koalition sowie dessen zeitgenössische und historische Bewertungen analysiert.

Im Mittelpunkt des dritten Kapitels steht die Regierungszeit des ersten Präsidialkanzlers, Heinrich Brüning (1885–1970): Als Erstes wird die Bedeutung seines Regierungsantritts für das politische System der Weimarer Republik untersucht. Dann werden jeweils Innen- und Außenpolitik der Jahre 1930 bis 1932 erörtert, wobei die Verzahnung beider Bereiche herausgearbeitet wird, insbesondere im Hinblick auf den Zusammenhang von strikter Deflationspolitik im Innern und forcierter Revision der Reparationsverpflichtungen nach außen. Dabei wird auch auf die bis heute andauernde Kontroverse über Brünings Politik eingegangen und – im Zusammenhang mit seinem Sturz im Mai 1932 – sein Anteil am Untergang der Weimarer Republik ausgelotet.

Das vierte Kapitel ist dem Aufstieg der Nationalsozialistischen Deutschen Arbeiterpartei (NSDAP) zur „Volkspartei“ gewidmet, der sich in der Regierungszeit Brünings abzeichnete. Allerdings werden in diesem Kapitel auch die wesentlichen Strukturmerkmale des Nationalsozialismus – der Dualismus von Führerprinzip und Weltanschauung sowie die Ambivalenz von Partei und Bewegung – herausgearbeitet und lange strittige Aspekte des Themas – Zusammensetzung von Mitglieder- und Wählerschaft sowie die Frage der Finanzierung der Partei – untersucht, zu denen die Forschung gerade in den letzten Jahren wichtige neue Erkenntnisse geliefert hat.

Das fünfte Kapitel behandelt Entstehung und Entwicklung des Präsidialkabinetts Papen. Aufgrund seiner kürzeren Lebensdauer wird es zwar ungleich knapper abgehandelt als die vorherige Regierung Brüning. Dennoch liegt dieser Darstellung die Prämisse zugrunde, dass die Monate von Juni bis Dezember 1932 nicht nur einen einfachen chronologischen Appendix der vorangegangenen Jahre darstellen, sondern ihnen ein Eigenwert zukommt. Die Regierung Papen brach mit dem bisherigen politischen System, indem sie gezielt die Grundlagen des Weimarer Verfassungsstaates aushöhlte: Dazu gehörte sowohl der illegale „Preußenschlag“ vom 20. Juli 1932 – die Absetzung der geschäftsführenden preußischen Regierung – als auch die Ausschreibung von Neuwahlen auf Reichsebene, die kurz darauf den radikalen Parteien von links – der Kommunistischen Partei Deutschlands (KPD) – und vor allem von rechts – der NSDAP – endgültig die Möglichkeit zur Blockade des Reichstags eröffneten, sowie schließlich die Pläne für einen „Neuen Staat“, die auf einen offenen Verfassungsbruch hinausliefen.

Im Mittelpunkt des sechsten Kapitels steht das Präsidialkabinett Schleicher, das gleichfalls nicht als ein kurzes Intermezzo verstanden wird, dem zwangsläufig die nationalsozialistische Regierungsübernahme folgen musste, sondern gerade als eine retardierende Phase, die noch einmal Spielräume zur Abwendung dieser Entwicklung eröffnete: Dazu gehört zum einen das „Querfront“-Konzept des neuen Reichskanzlers, also der Versuch, eine Koalition vor allem der Gewerkschaftsflügel von der Sozialdemokratischen Partei Deutschlands (SPD) bis hin zur NSDAP zu schmieden. Besondere Aufmerksamkeit haben in der Forschung der letzten Jahre zum anderen aber auch die Staatsnotstandspläne des Generals gefunden als einer letzten Möglichkeit zur Abwendung einer Kanzlerschaft Adolf Hitlers. Dass diese dann am 30. Januar 1933 dennoch zustande kam, erscheint folglich nicht als eine unvermeidliche Entwicklung, sondern als ein Ereignis, das noch einmal besonders deutlich jene unselige Verkettung struktureller und personaler Elemente in der Endphase der Weimarer Republik belegt, deren Nachweis im Mittelpunkt dieser Untersuchung steht und die in einer abschließenden Schlussbetrachtung noch einmal resümiert wird.

I. Deutschland und die Weltwirtschaftskrise 1929/30: Das Ende trügerischer Stabilität

Überblick

Im Zuge einer Überproduktionskrise kam es im Herbst 1929 in den USA zu einem Börsencrash. Wegen ihrer finanziellen und wirtschaftlichen Verflechtung wurde hiervon auch Europa betroffen, insbesondere Deutschland, das seit Mitte der 1920er-Jahre gerade auch von amerikanischen Banken erhebliche Kreditleistungen erhalten hatte, die nun nicht mehr verlängert wurden. Die Folge hiervon war eine zunehmende Verschlechterung der wirtschaftlichen Lage vieler Deutscher, von denen auf dem Höhepunkt der Krise Anfang 1932 über 6 Millionen arbeitslos waren. Die gerade erst geschaffene Arbeitslosenversicherung konnte dies nur unzureichend abfedern. Zudem argumentierte die herrschende wirtschaftswissenschaftliche Meinung, dass es sich wie schon in der Vergangenheit um eine zyklische Krise handelte, die allein durch die selbstheilenden Kräfte der Wirtschaft, nicht aber mittels staatsinterventionistischer Maßnahmen überwunden werden könnte. Derart entwickelte sich in Deutschland die Wirtschafts- zunehmend auch zu einer umfassenden Staatskrise.

Zeittafel	
30.11.1923	Einberufung eines Internationalen Sachverständigenausschusses zur Untersuchung der deutschen Zahlungsfähigkeit unter Vorsitz des Amerikaners Charles G. Dawes
16.7.–16.8.1924	Londoner Konferenz nimmt Dawes-Plan an
29.8.1924	Annahme des Dawes-Plans im Reichstag
16.7.1927	Gesetz über Arbeitsvermittlung und Arbeitslosenversicherung
24.10.1929	New Yorker Börsenkrach
Februar 1931	4,972 Millionen Arbeitslose
11.5.1931	Zusammenbruch der Österreichischen Credit-Anstalt
13.7.1931	Beginn der Bankenkrise in Deutschland durch den Zusammenbruch der Darmstädter und Nationalbank
Februar 1932	6,128 Millionen Arbeitslose in Deutschland

1. Der New Yorker Börsenkrach und seine Folgen für Deutschland

Am 24. Oktober 1929, einem Donnerstag, brachen an der New Yorker Börse die Aktienkurse ein. Am folgenden Tag – dem „Schwarzen Freitag“, wie „Schwarzer Freitag“

er in Deutschland genannt wurde – setzte sich dieser bis dahin größte Crash der Börsengeschichte fort und hielt auch noch Anfang der folgenden Woche an. Seine Ursachen lagen in den übermäßigen Investitionen und Aktienkäufen der letzten Jahre, in denen die USA aufgrund ihrer konkurrenzlosen Situation auf dem Weltmarkt eine andauernde Phase der Hochkonjunktur erlebt hatten. Im Oktober 1929 stellte sich dann immer mehr heraus, dass das Angebot an Gütern deren Nachfrage bei weitem überstieg. Folge dieser Überproduktionskrise waren Kurseinbußen von Konzernen wie General Electric und von Investmentfirmen wie der Goldman Sachs Trading Company. Dies wiederum löste eine Panik unter den Aktionären aus, die durch ihre Aktienverkäufe schließlich den eigentlichen Crash provozierten. Dessen Folgen wurden noch durch den Umstand verschlimmert, dass viele Anleger ihre Wertpapiere auf Kredit gekauft hatten und diese nun nicht mehr zurückzahlen konnten.

Das New Yorker Geschehen führte auch überall auf dem europäischen Kontinent zu wirtschaftlichen Krisenerscheinungen; in Deutschland jedoch bewirkte es geradezu eine ökonomische und politische Katastrophe. Dabei hatte sich die deutsche Wirtschaft in den letzten Jahren zumindest vordergründig überraschend schnell von den Auswirkungen der Hyperinflation des Jahres 1923 erholt. Ausländische – insbesondere amerikanische – Kredite in Höhe von über 20 Milliarden Reichsmark, die seit Unterzeichnung des Dawes-Plans 1924 stetig ins Land geflossen waren, hatten die Investitionsbereitschaft der Unternehmer nachdrücklich angeregt.

Stichwort

Dawes-Plan

Im Versailler Vertrag vom 28. Juni 1919 musste sich Deutschland gegenüber den Siegermächten des Ersten Weltkrieges zur Zahlung von Reparationen verpflichten. Deren Höhe wurde zwei Jahre später erstmals auf 132 Milliarden Goldmark festgelegt. In Deutschland empörte sowohl die Höhe der Summe – die auf die Zahlungsfähigkeit des Landes keinerlei Rücksicht nahm – als auch deren moralische Begründung – die alleinige Kriegsschuld des Deutschen Reiches und seiner Verbündeten – und der ultimative Druck – bis hin zur Besetzung des Ruhrgebietes 1923 –, mit dem die Alliierten ihren Anspruch durchzusetzen versuchten. Daher war die Beendigung der Reparationszahlungen, zumindest aber deren deutliche Absenkung, eine zentrale Forderung der deutschen Außenpolitik in den zwanziger Jahren. Der Dawes-Plan vom August 1924, der nach dem amerikanischen Bankier Charles G. Dawes (1865–1951) – auf dessen Gutachten er zurückging – benannt wurde, bedeutete insofern einen Fortschritt in dieser Frage, als er erstmals jährliche deutsche Zahlungen in Höhe von 2,5 Milliarden Goldmark festlegte. Überdies wurden sie in voller Höhe erst ab dem fünften Jahr fällig. Schließlich wurde für den Transfer ein Reparationsagent, der Amerikaner Parker Gilbert (1892–1938), benannt, der in Berlin saß und über die Stabilität der deutschen Währung sowie generell die wirtschaftliche Entwicklung Deutschlands wachte. Zur Sicherung der Zahlungen wurden Reichsbank und Reichsbahn als selbständige Organisationen unter internationaler Kontrolle belastet. Überdies wurden die Einnahmen von Zöllen und Verbrauchssteuern verpfändet und der deutschen Industrie der Zinsendienst von Obligationen über fünf Milliarden Goldmark auferlegt. Schließlich erhielt das Reich als Starthilfe eine Auslandsanleihe von 800 Millionen Mark. Der Dawes-Plan stellte zum einen Deutschlands Kreditwürdigkeit wieder her, wodurch das Land in den kommenden vier Jahren weitere amerikanische Anleihen in Höhe von über 20 Milliarden Mark aufnehmen konnte. Zum anderen leitete er eine Entspannung des Verhältnisses Deutschlands zu den Siegermächten, insbesondere zu Frankreich ein, dessen Regierung die Räumung des 1923 besetzten Ruhrgebiets binnen eines Jahres zusagte.

Verschuldung in Deutschland

Angesichts dieser günstigen ökonomischen und politischen Lage wurden in Deutschland seit Mitte der zwanziger Jahre technische Anlagen in Industrie und Landwirtschaft im größeren Umfang modernisiert und die Produktion erheblich gesteigert. Insbesondere die Städte und Gemeinden entfalteten seit 1924 eine fieberhafte Bautätigkeit und errichteten Straßen, kommunale Versorgungseinrichtungen, Schulen, Schwimmbäder und vor allem Wohnungen. Gleichzeitig wurde der private Konsum angekurbelt. Reichsbankpräsident Hjalmar Schacht (1877–1970) warnte zwar wiederholt vor den schlimmen Folgen der wachsenden öffentlichen Verschuldung, die in keinem Verhältnis zu den geringen Gold- und Devisenreserven des Landes stehe. Doch er konnte sich gegenüber den verschiedenen Reichsregierungen und dem Parlament nicht durchsetzen, die selber dem parallelen Anstieg von Löhnen und Sozialleistungen zugestimmt hatten und vor unpopulären Sparmaßnahmen zurückschreckten. Zudem argumentierte Außenminister Gustav Stresemann (1878–1929) erfolgreich, dass durch das finanzielle Engagement ausländischer Gläubiger in Deutschland, Amerikaner und Westeuropäer am Schicksal des Reiches interessiert blieben und man daher auch auf ein wachsendes Entgegenkommen in der Frage einer Revision der drückenden Reparationslasten hoffen dürfe.

Doch nach dem „Schwarzen Freitag" Ende Oktober 1929 erwies sich diese Politik als fatal, zumal die deutsche Wirtschaft bereits in den beiden Jahren zuvor erste Anzeichen einer Rezession gezeigt hatte und mit weit über einer Million Arbeitslose in die Weltwirtschaftskrise ging. Insbesondere auf dem Agrarsektor waren die Krisensymptome schon seit einiger Zeit unübersehbar gewesen: Auslöser der Misere waren weltweite Überproduktions- und Absatzprobleme vor allem der Getreideanbieter. Sie erklärten sich aus der Erschließung neuer Nutzflächen sowie einer Intensivierung von Anbau und Ertrag. Dies führte wiederum zu hohen Lagerbeständen und sinkenden Erlösen. Spektakuläre Symptome dieser Agrarkrise waren sowohl die systematische Vernichtung landwirtschaftlicher Erzeugnisse als auch eine dramatisch ansteigende Zahl von Zwangsenteignungen, weil die betroffenen Bauern aufgenommene Kredite nicht mehr zurückzahlen konnten. Dies führte gleichzeitig zur verstärkten Abwanderung bäuerlicher Wähler von den traditionell national-liberalen oder autoritär-konservativen Parteien Deutsche Volkspartei (DVP) und Deutschnationale Volkspartei (DNVP) zu regionalen Sondergruppen, zunehmend aber zur NSDAP. Zudem kam es zum offenen sozialen Massenprotest, der vielfach bereits mit völkisch-nationalistischen Argumenten sowie einer Fundamentalkritik am gesellschaftlichen, politischen und wirtschaftlichen System von Weimar einherging und auch nicht vor Gewalt zurückschreckte.

Politische Radikalisierung

Insofern erklärt sich die wachsende politische Radikalisierung in Deutschland Anfang der dreißiger Jahre wesentlich vor dem Hintergrund der Weltwirtschaftskrise: Dies zeigte sich nicht nur im Anstieg der Stimmen für die radikalen Parteien auf der Linken und der Rechten – KPD und NSDAP –, sondern auch an einem veränderten politischen Meinungsklima innerhalb der deutschen Gesellschaft: Angesichts der allgemeinen ökonomischen und politischen Verunsicherung entwickelte sich nun in größeren Bevölkerungsteilen ein Überdruss am bisherigen parlamentarisch-demokratischen System der Weimarer Republik, das sich anscheinend als unfähig zur Lösung der Probleme erwies. Selbst innerhalb des demokratischen Lagers ertönte nun der Ruf nach durchgreifenden Reformen der politischen Entscheidungsabläufe, und die radikalen Gegner von links bis rechts sahen jetzt ihre Chance, dem ihnen verhassten Weimarer „System" endgültig den Garaus machen zu können. Was man bereits in den Jahren zuvor auf dem Agrarsektor und lokal bzw. regional begrenzt beobachten konnte – den Zusammenhang von sozialer Krise und politischer Radikalisierung –, wuchs sich daher im Laufe der Weltwirtschaftskrise Anfang der 1930er-Jahre zur umfassenden Staats- und Wirtschaftskrise in Deutschland aus.

Abzug ausländischer Kredite

Nach dem „Schwarzen Freitag" zogen die amerikanischen Banken ihre kurzfristigen Anleihen sukzessive ab, um selber liquide zu bleiben. Allein dies bereitete den deutschen Schuldnern schon erhebliche Probleme, denn viele von ihnen – insbesondere die Kommunen – hatten die kurzfristig gewährten Anleihen langfristig angelegt, sodass sie lediglich mit Hilfe neuer Schuldenaufnahmen rückzahlbar waren. Zudem schwanden nun die ohnehin schon begrenzten Absatzmöglichkeiten für die deutsche Wirtschaft weiter, denn die materiellen wie die psychologischen Auswirkungen des Börsenkrachs dämpften die Auslandsnachfrage ebenso wie die Binnenkonjunktur. Gleichzeitig sollte Deutschland nun erstmals die vollen Raten des Dawes-Plans bezahlen. Selbst die im Zuge eines neuen Reparationszahlungsplans, des Young-Plans, 1929 beschlossenen geringeren finanziellen Verpflichtungen brachten faktisch keine Erleichterung: Die nominelle Entlastung um einige hundert Millionen Reichsmark wurde aufgezehrt durch die Einnahmeverluste in Folge der geringeren Exporterlöse.

Wollte das Deutsche Reich seinen finanziellen Verpflichtungen gegenüber dem Ausland – Zahlung von Reparationen und Rückzahlung bzw. Verzinsung der Kredite – nachkommen, musste es endlich seinen Haushalt sanieren: Zwischen 1925 und 1930 waren die öffentlichen Ausgaben um etwa 50 Prozent gestiegen, die Steuereinnahmen hingegen nur um ungefähr 38 Prozent. Dementsprechend hatte sich die staatliche Verschuldung im selben Zeitraum auf über 21 Milliarden Reichsmark verdoppelt. Folglich strebte bereits die Große Koalition Ende der zwanziger Jahre eine Haushaltskonsolidierung an, scheiterte dabei allerdings an den widerstrebenden Interessen ihrer beiden Flügelparteien Sozialdemokratische Partei Deutschlands (SPD) und Deutsche Volkspartei (DVP).

Brünings Deflationspolitik

Erst das Kabinett Brüning konzentrierte sich in den Jahren 1930 bis 1932 ganz auf den Haushaltsausgleich und bediente sich hierzu auch drastischer Sparmaßnahmen. Ungeachtet der offensichtlichen sozialen Härten und der krisenverschärfenden Wirkung dieser Deflationspolitik berief sie sich darauf, keine andere Wahl zu haben: Haushaltsdefizite mussten nach dem Verbrauch der Reserven sofort zu Kassenproblemen führen, zumal Reichsanleihen weder im In- noch im Ausland zu erträglichen Bedingungen unterzubringen waren und auch eine Inanspruchnahme der Reichsbank wegen der internationalen Kontrollen nur in engen Grenzen möglich war. Überdies saß die Erfahrung der Inflation in den frühen zwanziger Jahren bei den maßgeblichen Politikern noch tief und ließ sie befürchten, dass jede Geld- oder Kreditschöpfung zugunsten des Staates zu erneuter Entwertung der Mark und zu unkalkulierbaren psychologischen und politischen Verwerfungen in der Bevölkerung führen werde. Allerdings waren nicht nur Sachzwänge die Ursache für Brünings Deflationspolitik, sondern sehr bald auch die Überzeugung des Reichskanzlers, den Siegermächten des Ersten Weltkriegs durch die wachsende Verelendung in Deutschland die Unmöglichkeit weiterer finanzieller Leistungen demonstrieren und damit eine endgültige Revision der Reparationsfrage erreichen zu können.

Arbeitsbeschaffungsmaßnahmen

Die folgenden Regierungen unter den Reichskanzlern Franz von Papen (1879–1969) und Kurt von Schleicher (1882–1934) brachen schließlich 1932 als erste mit dem bisherigen strikten Sparkurs. Indes betrieben sie die Ankurbelung der Wirtschaft immer noch nicht derart, wie es angesichts der mittlerweile vereinbarten Beendigung der Reparationszahlungen möglich und im Sinne einer durchgreifenden Verbesserung der Wirtschaftslage nötig gewesen wäre. Zudem beschränkte sich insbesondere Papen auf eine rein indirekte Arbeitsbeschaffung durch Kredite und Prämien für die Privatwirtschaft mittels Steuergutscheinen. Diese Gutschriften auf bereits gezahlte Steuern konnten zu einem späteren Zeitpunkt mit neuen Steuerforderungen verrechnet, aber auch bereits vorher wie ein Wertpapier beliehen oder veräußert werden, sodass sie zur sofortigen Beschaffung von Bargeld für Investitionen geeignet waren und damit die Wirtschaft ankurbeln konnten. Erst die „Regierung der nationalen Konzentration“ mit Adolf Hitler an der Spitze praktizierte dann seit 1933 in einem völlig anderen innen- und außenpolitischen Kontext Arbeitsbeschaffungsmaßnahmen im großen Stile. Die wirtschaftspolitische Unentschlossenheit der verschiedenen Regierungen in der Endphase der Weimarer Republik erklärt sich auch aus der Tatsache, dass die Weltwirtschaftskrise zunächst in ihren Auswirkungen allgemein unterschätzt wurde und sich selbst die führenden Wirtschaftswissenschaftler der Zeit in ihren Empfehlungen für eine adäquate Krisenstrategie uneins waren.

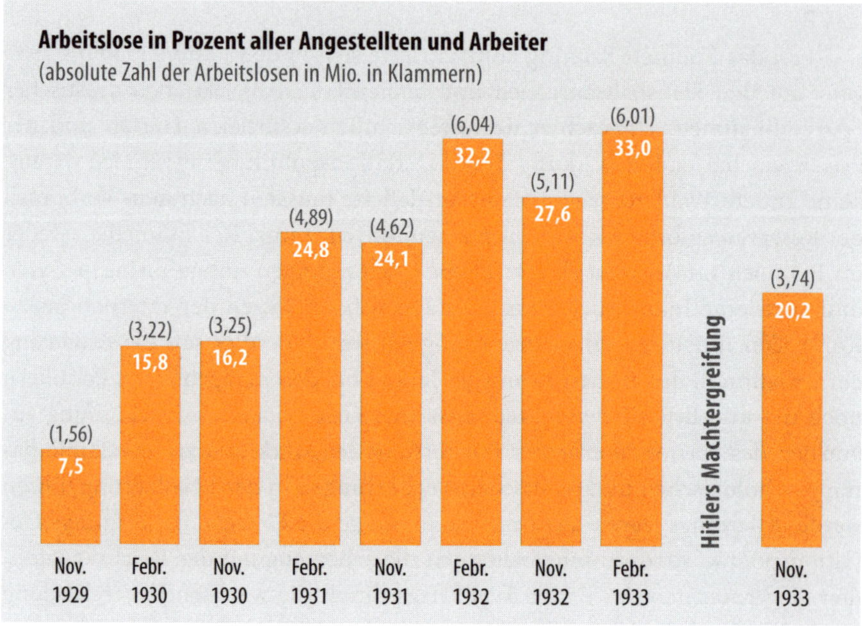

Abb. 1 Entwicklung der Arbeitslosenzahlen zwischen 1929 und 1933.

2. Zyklische Wirtschaftskrise oder große Depression?

Wirtschaftsliberalismus

Die etablierte neoklassische Nationalökonomie in der Zeit der Weimarer Republik, die – bei allen Unterschieden im Detail – Wirtschaftswissenschaftler wie Alfred Amonn (1883–1962), Gustav Cassel (1866–1945), Friedrich August von Hayek (1899–1992), **Werner Sombart** und **Alfred Weber** repräsentierten, war vom Wirtschaftsliberalismus des 19.Jahrhunderts geprägt. Dementsprechend zeichnete sie ein schier unerschütterliches Vertrauen in die selbstregulierenden bzw. selbstheilenden Kräfte der Wirtschaft aus, zumal die ökonomische Konsolidierung der Weimarer Republik Mitte der 1920er-Jahre und der Wirtschaftsboom in den USA im gleichen Zeitraum ja anscheinend die Richtigkeit dieser Annahme belegte. Diese Erfahrung schien auch die Bedeutung der besonderen Belastungen der deutschen Wirtschaft durch die Kriegsniederlage und die Reparationen zu relativieren, auf die Einzelne – vor allem Politiker –

durchaus hinwiesen. Folglich lehnte die herrschende Meinung in den Wirtschaftswissenschaften staatliche Eingriffe in die Wirtschaft strikt ab und verneinte entschieden die Möglichkeit staatlicher Lenkungsmöglichkeiten des Marktgeschehens.

Stichwort

Werner Sombart

(1863–1941) studierte nach dem juristischen Staatsexamen noch Geschichte, Philosophie und Wirtschaftswissenschaften in Berlin, Pisa und Rom. Zwischen 1890 und 1906 lehrte er Nationalökonomie in Breslau, dann von 1906 bis 1917 an der Handelshochschule Berlin und danach – als Nachfolger des Nationalökonomen Gustav Schmoller (1838–1917) – bis zu seiner Emeritierung 1931 an der Universität Berlin. Sombart veröffentlichte zahlreiche Werke, vorwiegend zu Themen der europäischen Wirtschaftsgeschichte sowie dem Verhältnis von Kapitalismus und Sozialismus, dessen bekanntestes seine dreibändige Studie „Der moderne Kapitalismus" (2. Aufl. 1924–27) ist. Dabei entwickelte er sich vom „Kathedersozialisten", der dem Marxismus nahestand und drastische Sozialreformen verlangte, zum Gegner marxscher Ansätze. Schließlich nahm er nach 1933 vorübergehend auch einen nationalsozialistischen Standpunkt ein. Trotz seiner teilweise abrupten und widersprüchlichen Positionswechsel genoss Sombart aufgrund seiner originellen Betonung ästhetischer Elemente und seines als brillant empfundenen Stils im In- und Ausland höchste Anerkennung.

Stichwort

Alfred Weber

(1868–1958), der jüngere Bruder von Max Weber (1864–1920), habilitierte sich 1899 in Berlin im Fach Nationalökonomie und bekleidete seit 1904 eine entsprechende Professur in Prag sowie von 1907 bis 1933 in Heidelberg. Wissenschaftlich beschäftigte er sich mit der Entwicklung industrieller Standorte in Deutschland, seit dem Kriegsende und den damit einhergehenden politischen sowie gesellschaftlichen Umwälzungen dann stark mit Krisenphänomenen und der Frage der Neugestaltung Europas, wobei kultursoziologische Aspekte dominierten. Überdies war er 1918 einer der Mitbegründer der linksliberalen Deutschen Demokratischen Partei (DDP) und bekannte sich auch in der Folgezeit zur neugewonnenen Demokratie in Deutschland. Seine Emeritierung 1933 beschützte den bürgerlich-liberalen Vernunftrepublikaner vor Übergriffen seitens der neuen nationalsozialistischen Machthaber.

Zyklentheorien

Die Ende der 1920er-Jahre einsetzende Weltwirtschaftskrise bzw. die sich bereits einige Jahre zuvor abzeichnenden wirtschaftlichen Krisensymptome in Deutschland ordnete eine Mehrheit der Nationalökonomen– und mit ihnen zahlreiche Zeitgenossen, einschließlich der meisten Politiker, – in die damals geläufigen Zyklentheorien ein, welche die konjunkturellen Bewegungen der Wirtschaft mit Wellen verschiedener Länge zu erklären versuchten und gerade in den zwanziger Jahren Thema einer Vielzahl empirischer Untersuchungen waren: Da gab es die „langen“ Wellen des „Kondratieff-Zyklus“, der 48 bis 60 Jahre umfasste; es gab „mittlere“ Wellen, die so genannten „Juglars“, mit einer angenommenen Länge von 8 bis 10 Jahren oder die fast zeitgleichen „Normalzyklen“ von 7 bis 11 Jahren; schließlich existierte auch noch das Modell der „Kitchins“, kurzer Wellen von etwa 40 Monaten. Dabei wurden die Ursachen etwaiger Wirtschaftskrisen durchaus unterschiedlich erklärt: Überinvestitions- und Überproduktionsansätze waren ebenso geläufig wie Überspar- und Unterkonsumtionstheorien oder der Hinweis auf monetäre und psychologische Probleme.

Entscheidend war, dass die herrschende Meinung in der deutschen, aber auch der internationalen Nationalökonomie davon ausging, dass einem konjunkturellen Aufschwung notwendig ein Abschwung folgen müsse, aus dem sich aber auf ebenso natürliche Weise auch wieder ein Aufschwung ergeben würde: In der Marktwirtschaft, so der Glaubenssatz, drückten die Arbeitslosen in der Krise auf die Löhne; bei niedrigeren Löhnen aber würden die Unternehmer wiederum erneut Leute einstellen. Damit verschwände sowohl die Arbeitslosigkeit als auch der damit einhergehende Rückgang der Massenkaufkraft. Es käme zu einem neuen Wirtschaftsaufschwung. Insofern seien „Reinigungskrisen“, in denen die Selbstheilungskräfte des Marktes zum Tragen kämen, geradezu notwendig, um Überkapazitäten abzubauen, überhöhte Preise und Zinssätze zu mindern sowie eine überzogene Lohnentwicklung zu regulieren. Staatliche Eingriffe in den Wirtschaftsprozess hingegen muteten unnötig, ja schädlich und letztlich ursächlich für Krisen an.

Die traditionellen Ökonomen und die ihnen folgende Mehrzahl der handelnden Politiker der Zeit fühlten sich in diesen Annahmen durch den Verlauf der Weltwirtschaftskrise Ende der zwanziger/Anfang der dreißiger Jahre geradezu bestätigt. Tatsächlich schien sich der aktuelle Abschwung zunächst nicht wesentlich von dem bisher Bekannten zu unterscheiden, ja er mutete sogar weniger dramatisch an als die vorherigen Konjunktureinbrüche der zwanziger Jahre: Nach dem Ende des Ersten Weltkriegs hatte es bereits eine erste „weltwirtschaftliche Krise“ gegeben – 1920/21 –, die vor allem Westeuropa, die USA und Japan betroffen hatte – Deutschland blieb wegen der Inflation verschont – und zunächst ungleich stärker in die Tiefe gezogen hatte als jene von 1929/30. Zudem war der damalige Absturz bereits nach einem halben Jahr beendet, und auf der Basis der durch die Krise bereinigten Situation entwickelte sich ein neuer Aufschwung. 1925/26 erlebte dann auch Deutschland einen fast gleichzeitigen Einbruch von Investitions- und Verbrauchsgüterindustrieproduktion binnen acht Monaten um fast ein Drittel. Doch hiervon erholte sich die Wirtschaft ebenfalls rasch und erlebte danach einen umso lebhafteren Aufschwung. Diese Erfahrungen schienen sich zunächst auch in der Weltwirtschaftskrise zu bestätigen, denn nach dem ersten Konjunktureinbruch gewann die deutsche

Wirtschaft im Frühjahr 1931 wieder an Fahrt, was viele auf ein glimpfliches Ende der Krise schließen ließ – eine Hoffnung, die dann allerdings durch die bald darauf einsetzende Bankenkrise und den sich nun rapide beschleunigenden wirtschaftlichen Absturz widerlegt wurde.

Sozialdemokratische Wirtschaftstheorie

Interessanterweise deckte sich die bürgerliche Konjunkturtheorie in der Zeit der Weimarer Republik mit den Reaktionen von SPD und Gewerkschaften auf die Weltwirtschaftskrise. Hier hing man seit dem Kaiserreich der marxistischen „Zusammenbruchstheorie" an, der zufolge die kapitalistische Wirtschaft aufgrund der unzureichenden Entlohnung der Arbeiter und des daraus resultierenden Kaufkraftmangels zwangsläufig in eine große (Absatz-)Krise steuere und letztlich untergehen werde. Zwar waren die meisten sozialdemokratischen Theoretiker in der Weimarer Republik von ihrer ursprünglichen Annahme eines nahen Endes des Kapitalismus mittlerweile abgerückt. Gleichwohl erwarteten sie weiterhin regelmäßig wiederkehrende Wirtschaftskrisen, gegen die man nichts ausrichten könne. Prägend wurden die entsprechenden Ausführungen **Rudolf Hilferdings**, der die konjunkturellen Abschwünge als die Folge zwangsläufiger Disproportionalitäten sowohl innerhalb einzelner Produktionszweige als auch vor allem im Verhältnis von Produktion und Konsumtion darstellte. Er ging davon aus, dass jede Aufschwungphase über kurz oder lang in eine Überproduktionskrise münde, weil den „Verwertungsbedingungen des Kapitals" in der kapitalistischen Wirtschaftsform ein Primat zukomme: „Steigt […] die Nachfrage nach Arbeitern durch die Akkumulation so stark, dass eine Verminderung der Profitrate eintritt, sodass (als äußerste Grenze) das vermehrte Kapital keinen größeren Profit abwerfen würde als das unvergrößerte, so muss die Akkumulation unterbleiben, da ja der Zweck der Akkumulation, Vergrößerung des Profits, nicht erreicht würde. An diesem Punkt tritt eben die eine notwendige Voraussetzung der Akkumulation, die nach Erweiterung der Konsumtion, in Widerspruch mit der anderen Bedingung, der nach Realisierung des Profits. Die Verwertungsbedingungen rebellieren gegen die Konsumtionserweiterung, und da sie die entscheidenden sind, steigert sich der Widerspruch zur Krise."

Stichwort

Rudolf Hilferding

(1877–1941) studierte in Wien Medizin und schloss sich in dieser Zeit der sozialistischen Studentenschaft an. Nach seiner Promotion 1901 praktizierte er als Kinderarzt. Gleichzeitig beschäftigte er sich intensiv mit Nationalökonomie sowie Finanzwissenschaft und arbeitete publizistisch als einer der Herausgeber der Zeitschrift „Marx-Studien", als Redakteur des „Vorwärts" und als Verfasser seines 1910 erscheinenden wichtigsten Werkes „Das Finanzkapitel". Während des Ersten Weltkrieges praktizierte er als Arzt in der österreichischen Armee. 1917 trat er der USPD bei. 1919 erwarb er die deutsche Staatsangehörigkeit. Von 1922 bis 1933 gehörte Hilferding der SPD an. Er saß für seine Partei von 1924 bis 1933 im Reichstag und war auch zweimal – August bis Oktober 1923 und Juni 1928 bis Dezember 1929 – Reichsfinanzminister. Vor allem aber war er der bedeutendste sozialdemokratische Wirtschaftstheoretiker seiner Zeit. 1933 emigrierte Hilferding zunächst in die Schweiz, dann 1938 nach Frankreich. Im Anschluss an dessen Kapitulation wurde er an die Gestapo ausgeliefert und starb unter bis heute ungeklärten Umständen im Pariser Gefängnis La Santé.

„Organisierter Kapitalismus"

Dieses Krisenszenario wurde im Zeichen der wirtschaftlichen Konsolidierung Mitte der zwanziger Jahre zwar in Teilen der SPD vom Vertrauen in die selbstregulierenden Kräfte des von Hilferding so genannten „organisierten Kapitalismus" überlagert. Demzufolge wurde die „Anarchie des Kapitalismus der freien Konkurrenz" im Zuge des sich seit dem Ersten Weltkrieg vollziehenden ökonomischen Konzentrationsprozesses zunehmend durch innerwirtschaftliche Lenkung und Planung einiger weniger dominierender wirtschaftlicher Akteure – Großbanken und Großkonzerne sowie staatliche Institutionen – eingedämmt. Für die Einschätzung der 1929 einsetzenden Weltwirtschaftskrise machte dies indes keinen Unterschied: Traditionalisten wie Reformer lehnten gleichermaßen staatliche Arbeitsbeschaffungsmaßnahmen ab – die einen, weil sie weiterhin an die Unvermeidbarkeit ökonomischer Krisen im Kapitalismus glaubten, die anderen, weil sie nun neue Hoffnung in die selbstheilenden Kräfte des „organisierten Kapitalismus" setzten.

Überdies prägte auch Sozialdemokraten und Gewerkschaftler noch das Trauma der Hyperinflation Anfang der 1920er-Jahre. Entsprechend tolerierten sie zehn Jahre später die Brüning'sche Deflationspolitik und polemisierten scharf gegen alle Appelle zur Abkehr von der bisherigen Finanz- und Wirtschaftspolitik, weil dies eine Inflation und damit Reallohnsenkungen für die Arbeitnehmer heraufzubeschwören schien. Stattdessen konzentrierten sich die sozialdemokratischen Vorschläge zur Lösung der ökonomischen Krise auf die Stärkung staatlicher Kontrollmöglichkeiten in den verschiedenen Wirtschaftssektoren oder aber – beim linken Parteiflügel – auf die Forderung, nun die Gelegenheit zum vollständigen – sozialistischen – Umbau des Wirtschaftssystems zu nutzen.

Forderung nach Staatsinterventionismus

Die Kritiker der konjunkturpolitischen Dogmatiker bürgerlicher und marxistischer Provenienz sowie der forcierten Sparpolitik der Regierung Brüning zogen hingegen aus der Beschleunigung des ökonomischen Abschwungs Anfang der dreißiger Jahre die Konsequenz, dass die Weltwirtschaftskrise auf einer tiefgreifenden Störung der nationalen und internationalen Wirtschaftsordnung beruhe und deshalb auch nicht aus sich heraus wieder „heilen" werde. Dabei stimmten diese Reformer in der grundsätzlichen Beschreibung der Krise durchaus mit der „herrschenden Meinung" überein: Produktion und Konsum hatten sich auseinanderentwickelt – wobei die Ursachen umstritten waren –, sodass eine Überproduktion eingetreten war. Doch sie zogen hieraus im Gegensatz zu den meisten Politikern und Wirtschaftswissenschaftlern der Zeit den Schluss, das Nachfragedefizit durch gezielte Eingriffe des Staates in den Wirtschaftsprozess zu beheben. Entsprechende Forderungen erhoben zunächst verschiedene Journalisten, Verbandsfunktionäre und einige überwiegend jüngere Wissenschaftler. Mit der Verschärfung der Depression im Zuge der Bankenkrise im Sommer 1931 wuchs dieser Kreis immer weiter, und im Winter 1931/32 bekannten sich auch bedeutende liberale Ökonomen, wie Wilhelm Röpke (1899–1966) und Joseph Schumpeter (1883–1950), öffentlich zur Forderung ihres britischen Kollegen John Maynard Keynes nach einer expansiven Geldpolitik und der Aufgabe der Deflationspolitik.

Stichwort

John Maynard Keynes

(1883–1946) war seit 1920 Professor für Nationalökonomie an der Universität Cambridge, deren Lehrkörper er bereits seit 1909 angehörte. Neben seiner politischen Tätigkeit für die liberale Partei in Großbritannien beschäftigte er sich vor allem mit Fragen der Geldtheorie und dem Problem der Arbeitslosigkeit. Angesichts von deren dramatischem Anstieg während der Weltwirtschaftskrise stellte er die Grundlagen der bisherigen ökonomischen Theorie radikal in Frage und plädierte statt des geläufigen laissez faire für staatliche Interventionen – ein teilweise als revolutionär empfundener Ansatz, der eine neue Richtung der Nationalökonomie – den Keynesianismus – begründete. Obwohl sein Hauptwerk „General Theory of Employment, Interest and Money" („Allgemeine Theorie der Beschäftigung, des Zinses und des Geldes") erst 1936 erschien, war sein Autor als ein früher alliierter Kritiker der Reparationsbestimmungen des Versailler Vertrags gerade in Deutschland schon lange vorher auch über den engen Kreis der Fachwissenschaft bekannt. Er galt bereits in den zwanziger Jahren als ein Sachverständiger in Fragen der Geld- und Konjunkturpolitik, und seine frühen Ansätze einer antizyklischen Konjunkturpolitik wurden durchaus rege rezipiert, zumal Keynes als Berater der britischen Regierung auch an der international beachteten Entscheidung zur Abwertung des britischen Pfunds im September 1931 beteiligt war, die in Großbritannien den Beginn einer aktiven Konjunkturpolitik einleitete. Während des Zweiten Weltkrieges entwarf er Pläne für eine internationale wirtschaftliche Neuordnung, die sich jedoch nicht durchsetzten.

Anfang der dreißiger Jahre gesellten sich den wirtschaftswissenschaftlichen Reformern auch zunehmend einzelne Funktionäre, ja teilweise sogar die gesamte Führung der großen Wirtschaftsverbände hinzu, von den verschiedenen Gewerkschaften über die Beamten bis hin zu den Arbeitgebern, und selbst einzelne Regierungsvertreter entwarfen Alternativen zu Brünings Deflationspolitik. Zu letzteren zählte Wilhelm Lautenbach (1891–1948), der als Ministerialrat im Grundsatzreferat des Reichswirtschaftsministeriums arbeitete. Er trat seit dem Frühsommer 1931 sowohl in internen als auch in veröffentlichten Arbeiten für eine antizyklische Konjunkturpolitik ein und plädierte für eine staatliche Ankurbelung der Beschäftigungspolitik, die – mangels langfristiger Kredite – auch mit kurzfristigen Anleihen auf den in- und ausländischen Kapitalmärkten finanziert werden sollte. Eine solche Politik hielt er deshalb für besonders vertretbar, da ja sonst Milliarden Reichsmark völlig unproduktiv für Sozialleistungen, vor allem für die Arbeitslosenhilfe, ausgegeben würden. Auch Hermann Warmbold (1876–1976) hatte bereits Anfang August 1931 – zwei Monate bevor er Reichswirtschaftsminister wurde – in seiner Funktion als Vorstandsmitglied der IG Farben AG Maßnahmen zur Ankurbelung der Produktion mittels verstärkter Inlandskredite vorgeschlagen. Dabei wurde er von dem führenden Ruhrindustriellen Paul Silverberg (1876–1959) unterstützt. Indes scheiterte er mit seinem Vorstoß ebenso wie Reichsfinanzminister Hermann Dietrich (1879–1954) und Reichsarbeitsminister Adam Stegerwald (1874–1945), die im Februar/März 1932 ebenfalls für eine Lockerung der Deflationspolitik und eine begrenzte Kreditausweitung eintraten.

Stichwort

Gewerkschaften

Seit der Novemberrevolution waren die Gewerkschaften die staatlich anerkannten Vertreter der Arbeitnehmerschaft. Ihre Aufwertung spiegelte die Zusammenarbeit mit den Arbeitgebern in der Zentralarbeitsgemeinschaft – bis 1924 – und das 1920 geschaffene Betriebsrätegesetz. Angesichts ihrer gewachsenen Bedeutung verzeichneten unter den weiterhin nach weltanschaulichen Richtungen differenzierten Gewerkschaften insbesondere die 1890 gegründeten sozialdemokratisch orientierten Freien Gewerkschaften und der von ihnen getragene Allgemeine Deutsche Gewerkschaftsbund (ADGB) einen starken Zuwachs: 1919 betrug die Mitgliederzahl 4,6 Millionen, 1922 7,8 Millionen. Die ebenfalls in den 1890er-Jahren entstandenen Christlichen Gewerkschaften kamen hingegen 1922 nur auf 1 Million, die liberalen Hirsch-Dunckerschen Gewerkvereine sogar lediglich auf 230000. Ein ähnliches Bild bot sich bei den Angestelltenorganisationen. Auch hier wuchs der mit dem ADGB verbundene Allgemeine freie Angestelltenbund in den ersten Jahren der Weimarer Republik am stärksten: 1922 umfasste er 600000 Mitglieder, während der mit den Christlichen Gewerkschaften zusammenarbeitende deutsch-nationale Gesamtverband deutscher Angestellten-Gewerkschaften nur über 400000 Mitglieder verfügte und der mit den Hirsch-Dunckerschen Gewerkvereinen verbundene Gewerkschaftsbund der Angestellten lediglich 300000 Mitglieder hatte. Im Zuge der Weltwirtschaftskrise verloren die Gewerkschaften jedoch an Einfluss wie an Mitgliedern, zumal die entsprechenden extremistischen Unterorganisationen der KPD – die Revolutionäre Gewerkschaftsopposition (RGO) – und der NSDAP – die Nationalsozialistische Betriebszellenorganisation (NSBO) – in den Betrieben zumindest langsam an Boden gewannen. Ende 1932 hatte der ADGB nur noch 4,1 Mitglieder, die Christlichen Gewerkschaften 1,3 Millionen und die Hirsch-Dunckerschen Gewerkvereine 100000.

Vor diesem Hintergrund entschloss sich ein hoher Regierungsbeamter, der Leiter des Statistischen Reichsamtes und des Instituts für Konjunkturforschung, Ernst Wagemann (1884–1956), im Januar 1932 mit einem umfassenden Reformplan an die Öffentlichkeit zu treten. Er sah eine Neuordnung des Banken- und Währungssystems vor und räumte der Reichsbank größeren Spielraum für etwaige Kreditvergaben ein. Doch wie schon im Vorfeld scheiterte er auch dieses Mal am erbitterten Widerstand Brünings und des Reichsbankpräsidenten Hans Luther (1879–1962).

WTB-Plan

Bereits im Dezember 1931 war der Leiter des statistischen Büros des Allgemeinen Deutschen Gewerkschaftsbundes (ADGB), Wladimir Woytinsky (1885–1960), zusammen mit dem Gewerkschaftsführer Fritz Tarnow (1880–1951) und dem Leiter der gewerkschaftlichen Forschungsstelle für landwirtschaftliches Marktwesen, Fritz Baade (1893–1974), im so genannten WTB-Plan für eine produktive Arbeitsbeschaffung und eine „antizyklische Konjunkturpolitik" eingetreten. Immerhin machte sich der ADGB diese Forderungen nach einigem Zögern auf seinem außerordentlichen „Krisenkongress" im April 1932 zu eigen, womit sich nun erstmals auch eine Massenorganisation offiziell für ein Arbeitsbeschaffungsprogramm einsetzte.

Entsprechende Vorschläge unterbreitete im Sommer 1932 auch die Studiengesellschaft für Geld- und Kreditwirtschaft, ein Zusammenschluss von verschiedenen Unternehmern und Wissenschaftlern unter Führung des Lübecker Fabrikanten Heinrich Dräger (1898–1986). Eine am 10. August 1932 der Regierung Papen überreichte Denkschrift forderte Arbeitsbeschaffungsmaßnahmen, die durch Kredite finanziert werden sollten. Dabei unterschieden die Verfasser zwischen einem Sofortprogramm in Höhe von 1 bis 2 Milliarden Reichsmark und langfristigen Maßnahmen, die 1933 5 Milliarden und in den folgenden Jahren jeweils 3 bis 5 Milliarden Reichsmark umfassen sollten. Hauptnutznießer sollte die Privatwirtschaft sein. Eine etwas andere Vorstellung lag verschiedenen Plänen zugrunde, die der Deutsche Landgemeindetag auf Initiative seines Präsidenten Günther Gereke (1893–1970) im Sommer 1932 vorlegte. Sie plädierten für Arbeitsbeschaffungsmaßnahmen der Gemeinden, die mit Hilfe des durch die Wiedereinstellung von Arbeitslosen verstärkten Steueraufkommens und einer großzügigen Kreditschöpfung finanziert werden sollten. Ende November 1932 trat dann auch der Deutsche Städtetag für ein öffentliches Arbeitsbeschaffungsprogramm ein.

Letztlich sahen sich alle diese Reformvorschläge massiver Kritik, ja einer gezielten Diskreditierung ausgesetzt, zumal sie sowohl die bürgerlichen als auch die marxistischen Nationalökonomen herausforderten: Einerseits widersprachen sie dem wirtschaftsliberalen Credo des laisser faire und wurden deshalb von bürgerlich-liberaler Seite als Vorläufer eines Staatssozialismus bezeichnet. Andererseits schienen sie durch den Hinweis auf die staatlichen Interventionsmöglichkeiten auch die sozialdemokratische These von der Systemimmanenz der Krisen im Kapitalismus ebenso wie die Annahme von den selbstregulierenden Kräften im „organisierten Kapitalismus" zu widerlegen. Hinzu trat gerade aus sozialdemokratischer Perspektive die Sorge vor einem Zerfall der Einheit mit den Gewerkschaften, aber auch vor einem Sturz der Regierung Brüning als dem letzten Bollwerk gegen den Nationalsozialismus. Solche Ausgrenzungsversuche waren umso erfolgreicher, als zu den wirtschaftspolitischen Reformern zunächst kaum prominente, allgemein anerkannte Nationalökonomen zählten. Und selbst als sich der Kreis der Kritiker seit dem Sommer 1931 zunehmend ausweitete, übernahm doch keine der etablierten Parteien ihre Forderung nach einer Abkehr von der Deflationspolitik. Dadurch gewannen die Reformvorschläge keine politische Durchschlagkraft.

Wirtschaftsprogramm der NSDAP

Als einzige politische Partei machte sich die NSDAP die Forderung nach staatlichen Maßnahmen zur Konjunkturbelebung Anfang der dreißiger Jahre zu Eigen: Angesichts des Aufstiegs zur Massenpartei erkannte ihre Führung die Notwendigkeit, ein eigenes wirtschaftspolitisches Profil zu gewinnen. An die Stelle der unausgegorenen Ideen des 25-Punkte-Parteiprogramms von 1920 – Bodenreform, „Brechung der Zinsknechtschaft", Mittelstandsförderung und Verstaatlichungen –, die von dem NS-Wirtschaftsideologen Gottfried Feder (1883–1941) stammten, sollte ein umfassendes Konzept treten. Dies schien umso dringlicher, als die NSDAP in den Reichstagswahlen vom September 1930 sensationelle Zuwächse verbuchte und nun auch für den Fall einer Regierungsübernahme planen musste. Entsprechend wurde bei der Münchner Reichsleitung die „Organisationsabteilung II" gegründet, zu der auch eine „Wirtschaftspolitische Abteilung" gehörte. Diese stand unter der Leitung Otto Wageners (1888–1971), eines ehemaligen Generalstabsoffiziers und Baltikumkämpfers, der eine Nähmaschinenfabrik besaß und 1923/24 auch wirtschaftswissenschaftliche Vorlesungen an der Handelshochschule in Karlsruhe und an der Universität Würzburg gehalten hatte. Die neue Abteilung knüpfte in den beiden folgenden Jahren engere Kontakte zur Wirtschaft und bemühte sich erfolgreich, die NSDAP als ernst zu nehmenden wirtschaftspolitischen Gesprächspartner darzustellen. Zudem erarbeitete sie in enger Abstimmung mit Hitler und Gregor Straßer (1892–1934), dem damaligen Reichsorganisationsleiter der Partei, verschiedene Vorschläge zur Bekämpfung der Wirtschaftskrise in Deutschland.

Bezeichnenderweise entwickelte die NSDAP allerdings bis zum Frühjahr 1932 kein wirklich überzeugendes Konzept zur Bekämpfung der Massenarbeitslosigkeit. Vielmehr kam sie zunächst nicht über ebenso konventionelle wie belanglose Forderungen nach Importbeschränkungen, einer Verminderung der Frauenarbeit und der Einführung einer Arbeitsdienstpflicht hinaus. Letztlich standen die nationalsozialistischen „Wirtschaftsexperten" der Weltwirtschaftskrise genauso ratlos gegenüber wie die meisten Regierungsberater, zumal sie auch noch ideologische Scheuklappen trugen: Gleich den kommunistischen Ökonomen behaupteten die Theoretiker der NSDAP, dass die aktuelle Krise eine Folge des bestehenden Wirtschaftssystems sei. Werde dieses erst einmal durch die Einbeziehung „nationalsozialistischen Denkens" von Grund auf umgestaltet, verschwinde auch die Krise.

Erst im Vorfeld der neuen Reichstagswahl rückten Arbeitsbeschaffungsmaßnahmen, die bisher auch in den nationalsozialistischen Überlegungen nur eine marginale Rolle gespielt hatten, in den Vordergrund, wohl auch als das Ergebnis einer intensiven Rezeption der mittlerweile kursierenden wirtschaftsreformerischen Vorstellungen: Am 10. Mai 1932 legte Straßer in einer Rede im Reichstag ein detailliertes Arbeitsbeschaffungsprogramm mittels öffentlicher Aufträge vor.

„Wirtschaftliches Sofortprogramm"

Straßers Vorschläge gingen in ein ausführlicheres „Wirtschaftliches Sofortprogramm" der Partei ein. Dessen Prämisse war die Feststellung, dass die ökonomische Krise in Deutschland zwar weltwirtschaftliche Gründe habe, indes auch hausgemacht sei und daher durchaus erfolgreich im nationalen Rahmen bekämpft werden könne. Ein Mittel hierzu sei die Stimulierung des großen deutschen Binnenmarktes. Im Inland sei genügend Kaufkraft vorhanden, um einen großen Teil der deutschen Industrieproduktion und die gesamte Agrarproduktion abzusetzen. Voraussetzung hierfür aber sei, dass die Massenarbeitslosigkeit beseitigt werde, um wieder ausreichend Kaufkraft zu schaffen. Dies sollte mittels staatlicher Arbeitsbeschaffung gelingen.

Im Einzelnen sah das nationalsozialistische Konzept Hoch- und Tiefbaumaßnahmen, wie Entwässerungsarbeiten, die Kultivierung von Moor- und Ödflächen, Flurbereinigungen und Eindeichungen, sowie den Bau von Eigenheimsiedlungen, Straßen und Kanälen vor. Die genauen Kosten dieses Programms wurden nicht genannt, allerdings waren allein für die Meliorationen und Bodenverbesserungsarbeiten 10 Milliarden Reichsmark veranschlagt. Diese sollten durch Einsparungen in der Arbeitslosenversicherung und verbesserte Steuereinnahmen im Zuge des zu erwartenden Aufschwungs sowie durch staatliche Kredite finanziert werden. Alles in allem mussten diese Vorschläge insbesondere den mittelständischen Unternehmern, die von der Verwirklichung unmittelbar profitieren konnten, einleuchten, aber es waren hiervon auch durchaus positive Effekte für die gesamte Wirtschaft zu erwarten, zumal das Finanzvolumen ausreichend anmutete, auch wenn die Dauer der Maßnahmen unklar blieb.

Quelle

Gregor Straßer am 10. Mai 1932 im Reichstag

Quelle: Verhandlungen des Reichstags. Stenographische Berichte, Sitzung vom 10. Mai 1932, S. 2510–2521.

„Der Aufstieg des Nationalsozialismus ist der Protest des Volkes gegen einen Staat, der das Recht auf Arbeit und die Wiederherstellung des natürlichen Auskommens verweigert. [...] Interessant und wertvoll an dieser Entwicklung ist die große antikapitalistische Sehnsucht – wie ich es nennen möchte –, die durch unser Volk geht, die heute vielleicht schon 95 Prozent unseres Volkes bewußt und unbewußt erfaßt hat. [...] Ich habe die Arbeitslosigkeit und die Arbeitsbeschaffung als das vordringlichste Problem erklärt, und ich ergreife gerne die Gelegenheit, die Pläne und Gedanken, die wir uns in monatelanger Arbeit darüber gemacht haben, von dieser Stelle zur Kenntnis des deutschen Volkes zu bringen. Wir haben seit Jahren immer gepredigt, daß folgende Probleme in Deutschland zur Rettung stehen: die Rettung der Bauernwirtschaft – ich sage ausdrücklich Bauernwirtschaft –, die Notwendigkeit der Binnensiedlung, der Abbau des Städtezustromes, die Gesundung von Handel und Geldwirtschaft, die Steigerung des Inlandertrages Hand in Hand mit dem Bekenntnis zum geschlossenen Wirtschaftsraum, die Sicherung der Volksernährung, die Organisation der nationalen Arbeit, der Aufbau des Binnenmarktes unter Eingliederung der Industrie, die Erneuerung unseres Bodenrechtes und als das Wichtigste fast die Erklärung dessen, was ich Arbeits- und Nährpflicht nenne, d.h. die Verpflichtung des deutschen Volksgenossen, seine Arbeitskraft im Rahmen der gesamten Nation zur Erzeugung von lebenswichtigen Gütern auszuwerten. [...] Deshalb darf bei der Frage der Arbeitsbeschaffung der Staat nie fragen: ‚Habe ich dafür Geld?', sondern es gibt nur eine einzige Frage: Wo ist das Geld einzusetzen? Für Arbeitsbeschaffung muß es immer Geld geben und der letzte Weg ist der einer volkswirtschaftlich absolut berechtigten produktiven Kreditschöpfung. [...] [W]ir müssen die ersten großen Arbeitsbeschaffungsaufträge vom Staat her machen, weil kein Privatunternehmer heute in der Lage ist, ein derartiges Problem anzupacken. Wenn die großen Arbeitsaufträge angekurbelt sind, dann bin ich überzeugt, daß wir in zwei Jahren einen normalen Ablauf der Dinge automatisch wieder haben werden."

Propagandistische Wirkung

Die NSDAP vertrat ihre neue Forderung nach einem staatlichen Arbeitsbeschaffungsprogramm mit großem propagandistischen Aufwand: Das „Wirtschaftliche Sofortprogramm" wurde während des Juli-Wahlkampfs 1932 in einer Auflage von mehreren Hunderttausend gedruckt und war auch ein fester Bestandteil der Reden nationalsozialistischer Wahlkämpfer und von Veröffentlichungen in der Parteipresse. Gerade angesichts des wirtschaftspolitischen Dogmatismus der SPD, durch den die Partei in der öffentlichen Wahrnehmung nur noch als eine „Säule der Deflationspolitik" (Heinrich August Winkler) wahrgenommen wurde, konnten sich die Nationalsozialisten erfolgreich als einzige „Arbeitsbeschaffungspartei" stilisieren. Zwar wurde das „Sofortprogramm" aufgrund industrieller Kritik nach den Reichstagswahlen offiziell wieder zurückgenommen. Doch zu den Neuwahlen vom November 1932 trat die NSDAP erneut mit der Forderung nach Arbeitsbeschaffungsmaßnahmen an, wobei sie hierfür nun 3 Milliarden Reichsmark veranschlagte.

Unabhängig davon, ob die Parteiführung, namentlich Hitler, die Forderung nach einem staatlichen Arbeitsbeschaffungsprogramm aus echter Überzeugung oder nur aus reinem Opportunismus vertrat, besteht kein Zweifel daran, dass die NSDAP damit den Wählern ein äußerst attraktives Angebot machte, indem sie den mittlerweile stark verbreiteten Wunsch nach einem wirtschaftspolitischen Wechsel aufgriff. Dafür war man durchaus bereit, die immer noch verbreitete Skepsis im Arbeitgeberlager gegenüber staatlichen Interventionen zu ignorieren, obwohl gerade Hitler sonst immer auf Wünsche aus der Industrie Rücksicht nahm. Allerdings gab es ja auch durchaus einzelne Industrielle, die für eine Beendigung der strikten Deflationspolitik eintraten. Überdies enthielt die nationalsozialistische Vision von einer den Klassenkampf überwindenden „Volksgemeinschaft" und einer von Tarifkonflikten freien wirtschaftlichen Entwicklung gerade für die Unternehmer weiterhin sehr viel Verlockendes.

Gleichzeitig erklärte sich die größere Aufgeschlossenheit der NSDAP, aber auch von anderen rechten Gruppen, wie Teilen der DNVP, des „Stahlhelms" sowie des Tat-Kreises aus zwei Gründen: Zum einen aus der Geringschätzung der internationalen Verpflichtungen Deutschlands, wie sie sich in der Forderung nach einem Abgehen vom Goldstandard und der Änderung der bestehenden Reichsbankstatuten spiegelte. Zum anderen aus der guten Vereinbarkeit wirtschaftsreformerischer Forderungen nach Staatsinterventionen und Dirigismus mit traditionell-konservativen Obrigkeitsstaatskonzepten sowie dem antidemokratischen Totalitarismus des Nationalsozialismus. Dieses Gedankengut aber ließ sich angesichts der verheerenden sozialen und politischen Auswirkungen der Wirtschaftskrise in Deutschland zunehmend erfolgreicher vermitteln.

3. Gesellschaft in der Krise

a) Soziale Fragmentierung

Industrialisierung in Deutschland

Die Weltwirtschaftskrise stellte die Weimarer Republik vor besondere ökonomische und soziale Probleme. Bereits in der Vergangenheit hatte der Staat in Deutschland mehr als in anderen Industrieländern immer eine wichtige Rolle im Wirtschaftsprozess gespielt. Die Industrialisierung hatte hier erst relativ spät eingesetzt, war dann aber umso schneller vorangeschritten. In der Folge entstanden binnen einer Generation eine Vielzahl neuer, bislang unbekannter kultureller und sozialer Antagonismen. Dazu gehörte auch der Gegensatz zwischen einer Arbeiterbewegung, die zur stärksten und bestorganisierten der Welt wurde, sowie einer Unternehmerschaft, deren Vertreter – insbesondere in der Schwerindustrie an Rhein und Ruhr – so viel politische und wirtschaftliche Macht besaßen, wie dies in kaum einem anderen Land der Fall war. Die hieraus resultierenden Konflikte zu moderieren, aber auch die mentalen und sozialen Verwerfungen der forcierten Industrialisierung zu harmonisieren, blieb der staatlichen Sozialpolitik vorbehalten, die zwar einen stark paternalistisch-autoritären Zug trug, Deutschland bis 1914 aber auch zum fortschrittlichsten Sozialstaat in Europa machte.

Weimarer Republik als Sozialstaat

Dieser traditionellen Rolle des Staats im Wirtschaftsprozess kam nach der Novemberrevolution noch größere Bedeutung zu: Insbesondere die SPD verstärkte den Trend zum Staatsinterventionismus weiter, indem sie einen gerechteren sozialen Ausgleich forderte. Durch gezielte Eingriffe in die Autonomie des privatwirtschaftlichen Unternehmers wurde dessen „Herr-im-Haus-Standpunkt" konterkariert. Entsprechend mussten die Arbeitgeber bereits im „Stinnes-Legien-Abkommen" vom 15. November 1918 die Gewerkschaften als gleichberechtigte Partner anerkennen. Überdies entsprach der „Rat der Volksbeauftragten" weiteren zentralen Forderungen der Gewerkschaften: Die am 23. Dezember 1918 erlassene Verordnung über „Tarifverträge, Arbeiter- und Angestelltenausschüsse und Schlichtung von Arbeitsstreitigkeiten" bestimmte, dass Tarifverträge künftig nur noch kollektiv ausgehandelt werden durften. Ebenso wurde hier die Einrichtung von Betriebsräten in Unternehmen mit mehr als 20 Beschäftigten vorgesehen.

Alle diese Maßnahmen führten zur besseren Ausbalancierung von Arbeitgeber- und Arbeitnehmerinteressen und legitimierten damit die junge Republik in den Augen weiter Bevölkerungsteile. Gleichzeitig produzierten sie aber auch neue Enttäuschungen – vor allem bei jenen, die sich ein Rätesystem wünschten – bzw. zusätzliche Konflikte – insbesondere mit den Unternehmern, die ihrerseits schon bald der neuen Verpflichtungen überdrüssig wurden. Die Gefahr, zwischen die Mühlsteine der Ansprüche von Arbeitnehmer- und Arbeitgeberseite zu geraten, verstärkte sich, als staatliche Organe durch eine Verordnung vom 30. Oktober 1923 auch das Recht zur Zwangsschlichtung von Tarifkonflikten erhielten.

Parallel hierzu übernahm der Staat zusätzliche sozialpolitische Aufgaben: Bereits die Weimarer Reichsverfassung (WRV) garantierte in Art. 163 dem Einzelnen einen Anspruch, seinen Unterhalt durch eigene Arbeit zu verdienen und widrigenfalls Vorsorge „für seinen notwendigen Unterhalt zu treffen". Ergänzend versprach Art. 161 umfassende Versicherungsleistungen „zur Erhaltung der Gesundheit und Arbeitsfähigkeit, zum Schutz der Mutterschaft und zur Vorsorge gegen die wirtschaftlichen Folgen von Alter, Schwäche und Wechselfällen des Lebens". Art. 151 resümierte die wirtschaftspolitische Zielvorstellung der neuen Republik mit den Worten: „Die Ordnung des Wirtschaftslebens muss den Grundsätzen der Gerechtigkeit mit dem Ziele der Gewährleistung eines menschenwürdigen Daseins für alle entsprechen." Konkret bedeutete dies in den ersten Jahren nach dem Krieg vor allem die staatliche Fürsorge für die Opfer von Krieg und Inflation. Dabei entwickelte sich die traditionelle Armenfürsorge sukzessive zur modernen Sozialhilfe, der ein gesetzlich verankerter Anspruch des Bedürftigen zugrunde lag. Die Jahre 1924 bis 1929 standen dann im Zeichen eines Ausbaus des Sozialversicherungswesens: Zum einen wurde die Anspruchsgrundlage der schon im Kaiserreich bestehenden Alters-, Kranken-, Invaliden- und Unfallversicherung verbreitert, indem beispielsweise auch Familienangehörige nun im Rahmen der Krankenversicherung freie Heilbehandlung erhielten oder aber die Unterschiede zwischen Invaliditäts- und Altersversorgung in der Rentenversicherung aufgehoben wurde. Zum anderen entstand 1927 mit dem „Gesetz über Arbeitsvermittlung und Arbeitslosenversicherung" (AVAG) eine völlig neue Arbeitslosenversicherung. Auf ihrer Grundlage wurde die Reichsanstalt für Arbeitsvermittlung und Arbeitslosenversicherung gegründet und flächendeckend ausgebaut.

Stichwort

Arbeitslosenversicherung

Sie bestand seit dem 1. Oktober 1927 und war eine der größten sozialpolitischen Errungenschaften der Weimarer Republik. Bis dahin waren Arbeitslose auf die staatliche Fürsorge angewiesen gewesen, was im Ernstfall demütigende Befragungen und den Nachweis eigener Mittellosigkeit erfordert hatte. Die neue Versicherung finanzierte sich hingegen aus Beiträgen, die Arbeitgeber und Arbeitnehmer zu gleichen Teilen zahlen mussten. Pflichtversichert war jeder mit bis zu 8400 RM Jahreseinkommen, daneben gab es freiwillig Versicherte. Damit hatte der Versicherte nun erstmals einen Rechtsanspruch auf Unterstützung, wenn er arbeitslos wurde. Voraussetzung hierfür war, dass er erstens arbeitsfähig, arbeitswillig und unfreiwillig arbeitslos war, dass er zweitens die Anwartschaftszeit erfüllte – bei erstmaliger Inanspruchnahme mindestens 52 Wochen in einer versicherungspflichtigen Tätigkeit in den letzten zwei Jahren, bei erneuter Inanspruchnahme mindestens 26 Wochen – und drittens den Anspruch auf Arbeitslosenunterstützung noch nicht ausgeschöpft hatte. Dieser war normalerweise auf 26 Wochen und in Ausnahmefällen bei über 40-jährigen auf höchstens 39 Wochen beschränkt und bestand aus der Hauptunterstützung für den Versicherten, die zwischen 75 % – in der untersten Lohnklasse – und 35 % – in der obersten Lohnklasse – des Durchschnittsverdienstes der letzten 6 Wochen variierte. Hinzu kamen gegebenenfalls Zuschläge für unterhaltsberechtigte Familienangehörige in Höhe von jeweils 5 % des ermittelten „Einheitslohnes", wobei bestimmte Höchstsätze jedoch nicht überschritten werden durften. Wer die Anwartschaft auf die Arbeitslosenunterstützung noch nicht erfüllte, aber während der letzten zwei Jahre mindestens 13 Wochen eine versicherungspflichtige Tätigkeit ausgeübt hatte, oder aber seinen Anspruch auf Arbeitslosenunterstützung bereits erschöpft hatte und deshalb „ausgesteuert" worden war, konnte in Zeiten andauernd ungünstiger Konjunktur maximal 39 Wochen – 52 Wochen für die über Vierzigjährigen – eine „Krisenunterstützung" erhalten, sofern das Arbeitsamt im Rahmen einer Prüfung der jeweiligen Vermögensverhältnisse eine entsprechende „Bedürftigkeit" feststellte. Von einer Bedürftigkeitsprüfung durch die städtischen oder ländlichen Fürsorgeverbände hing es auch ab, ob man notfalls nach dem Auslaufen der Krisenunterstützung oder – falls hierauf kein Anspruch bestand – alternativ hierzu Wohlfahrtsunterstützung erhielt, die sich nur noch am Existenzminimum orientierte.

Mit der Arbeitslosenversicherung, die in der Zwischenkriegszeit neben Deutschland nur noch Großbritannien einführte, übernahm der Staat nun auch die Verantwortung für konjunkturelle Krisen und hieraus entstehende

Erwerbslosigkeit. Das war ein bemerkenswerter sozialpolitischer Fortschritt, bürdete der Republik jedoch auch eine finanzielle Last auf, die sie schon bald nicht mehr tragen konnte, da die Sozialpolitiker bei Einrichtung der Arbeitslosenversicherung nur eine durchschnittliche Zahl von 700000 bis 800000 Arbeitslosen unterstellt hatten. Angesichts der im Zuge der Weltwirtschaftskrise einsetzenden Massenarbeitslosigkeit in Deutschland reichten die vorgesehenen Mittel der Arbeitslosenversicherung daher schon bald nicht mehr aus: Bereits im Frühjahr 1929, also rund ein halbes Jahr vor Ausbruch der Weltwirtschaftskrise, belief sich das Defizit der Reichsanstalt auf über 349 Millionen Reichsmark. Über die Frage, wie die notwendige Deckung herzustellen sei – innere Sanierung mittels Kürzung der Versicherungsleistungen oder eine Erhöhung der Versicherungsbeiträge bzw. der staatlichen Zuschüsse – zerfiel 1930 die Große Koalition. Aber auch die folgenden Präsidialkabinette fanden keine befriedigende Antwort auf die Frage, wie die gesetzlich verankerten Ansprüche der Versicherten mit den wirtschaftlichen Möglichkeiten vereinbar gemacht werden konnten. Spätestens jetzt wurde die „Überforderung der Weimarer Republik als Sozialstaat“ (Jürgen von Kruedener) offensichtlich.

Zusammenbruch der Arbeitslosenversicherung

Der faktische Zusammenbruch der Arbeitslosenversicherung Anfang der dreißiger Jahre erklärte sich aus dem dramatischen Anstieg der Arbeitslosenzahlen: 1930 betrug die Durchschnittszahl nach der amtlichen Statistik über 3 Millionen Erwerbslose. Sie wuchs 1931 auf gut 4,5 Millionen und 1932 auf mehr als 5,6 Millionen. Besonders beunruhigend war dabei, dass die geläufige saisonal bedingte Abnahme der Arbeitslosenzahl nur noch gering ausfiel, wie die Jahre 1931/32 belegten: Im Winter 1931/32 betrug die Höchstzahl der Arbeitslosen fast 6130000, im Mai/Juni 1932 ging sie nur um rund 600000 zurück. 1932, dem schlimmsten Jahr der Wirtschaftskrise in Deutschland, sank die gesamte industrielle Produktion auf etwa 60% des Standes von 1928. Dementsprechend erfasste die damalige Arbeitslosenzahl von fast 6 Millionen auch nur die offiziell bei den Arbeitsämtern gemeldeten Erwerbslosen, die noch ein Anrecht auf Unterstützung hatten. Daneben ging man 1932 von mindestens 1,5 Millionen, wenn nicht sogar – so eine andere Berechnung – 2,5 Millionen nicht gemeldeten Arbeitslosen aus.

Kommunale Wohlfahrtsunterstützung

Gleichzeitig wurden insbesondere von der Regierung Brüning zwischen 1930 und 1932 die Leistungen sowie die Dauer der Zahlungen aus der Arbeitslosenversicherung drastisch gekürzt. Auf diese Weise wuchs die Zahl der nicht mehr unterstützten „Ausgesteuerten“ sowie jener, die überhaupt keine Möglichkeit hatten, Ansprüche aus der Arbeitslosenversicherung zu erwerben. Sie fielen der kommunalen Fürsorge anheim, die sich aber ebenfalls bald nicht mehr in der Lage sah, jene Last, die das Reich auf sie abgewälzt hatte, zu tragen. Peinliche Überprüfungen, die von den Betroffenen oft als schikanös und willkürlich empfunden wurden, die Leistung der Unterstützung in Sachmittel, eine partielle Arbeitspflicht und generell die Forderung nach einer späteren

Rückzahlung der Unterstützung waren die Folgen. Einige Zahlen belegen die wachsende Verlagerung des Arbeitslosenproblems von der regulären Arbeitslosenversicherung hin zur kommunalen Wohlfahrt: Bereits Ende Dezember 1930 bekamen fast 24% der über 3,7 Millionen unterstützten Arbeitslosen Wohlfahrtsunterstützung, während nur 18% Krisenunterstützung erhielten. Immerhin bezogen noch über 58% Leistungen aus der regulären Arbeitslosenversicherung. In den kommenden beiden Jahren schrumpfte dieser Prozentsatz jedoch bei weiter stark steigenden Arbeitslosenzahlen auf knapp 34% (1931) bzw. auf gut 16% (1932). Gleichzeitig stieg der Anteil der gemeindlichen Wohlfahrtsfürsorge auf 35% (1931), ja schließlich sogar auf über 57% (1932) und wurde damit zum wichtigsten Unterstützungszweig überhaupt.

Welche Folgen diese Belastungen für einzelne Städte hatte, verdeutlichen zwei Beispiele: 1932 war die Zahl jener, die von der Hamburger Wohlfahrtsbehörde finanziell unterstützt wurden, fast 13-mal so hoch wie 1925. Sie umfasste über 22% der Gesamtbevölkerung von gut einer Million Menschen. Dabei bildete die Gruppe der Wohlfahrtserwerbslosen die größte Teilgruppe: Im Juli 1928 waren es etwa 13 von 100 gewesen, im Juli 1929 bereits 21, im Dezember 1930 dann 36, im Januar 1932 gut 49 und schließlich im Dezember 1932 sogar 61 von 100. Parallel hierzu wuchs auch das Personal der zuständigen Behörde, wenngleich nicht proportional: 1925 hatte die Wohlfahrtsbehörde 726 Vollbeschäftigte, 1930 waren es 1006. Beide Entwicklungen führten dazu, dass die Aufwendungen für die öffentliche Wohlfahrt in Hamburg in die Höhe schnellten: 1913 hatte die Stadt 3,8% ihres Budgets hierauf verwendet, 1930 waren es 17,1%. In anderen deutschen Städten war die Situation ähnlich, und dementsprechend katastrophal war ihre finanzielle Lage: In Duisburg-Hamborn lagen die Ausgaben für die Wohlfahrtspflege bei 3,2 Millionen Mark, während die Stadt gleichzeitig nur Steuereinnahmen in Höhe von 1 Million Mark hatte. In Bochum standen den 22,5 Millionen Mark Ausgaben für Unterstützungsleistungen nur Steuereinkünfte in Höhe von 18,6 Millionen Mark gegenüber.

Allerdings konnten die wachsenden Aufwendungen der Städte und Gemeinden für die Arbeitslosen deren materielle und ideelle Not oft nur unzureichend lindern. Die langen Schlangen trostloser Männer und Frauen vor den Arbeitsämtern, wo sie auf einen Schein warteten, der sie zum Bezug von Erwerbslosenunterstützung berechtigte, gehörten nun zum gängigen Alltagsbild in den Industriestädten – vor allem im Rheinland, in Brandenburg und Berlin, in Sachsen und in Schlesien, deren traditionelle Wirtschaftszweige am stärksten von der Krise betroffen waren.

Arbeiter sowie jüngere Männer und Frauen im Alter von 18 bis 30 Jahren verloren am ehesten ihren Arbeitsplatz. Ihre materielle Unterstützung nahm im Zuge einer zunehmend restriktiveren Gesetzgebung und Überprüfung immer weiter ab. Im Dezember 1932 erhielten sogar über 22% der Arbeitslosen überhaupt keine Unterstützung. Insbesondere Jugendliche fielen als Erste aus der

Abb. 2 Wartende vor dem Arbeitsamt Hannover, Anfang der 1930er Jahre.

staatlichen Unterstützung. Zudem verdoppelte, ja verdreifachte sich mit den Familienangehörigen die Zahl der von der Krise Betroffenen. Aber selbst viele Berufstätige mussten in permanenter Sorge um ihren Arbeitsplatz leben und wurden überdies laufend mit Kurzarbeit, Lohn- oder Gehaltssenkungen sowie steigenden Steuersätzen und Sozialversicherungsbeiträgen konfrontiert, was einem realen Kaufkraftschwund gleichkam, da die Preise weit langsamer fielen.

Psychosoziale Auswirkungen

Die immateriellen Folgen dieser Entwicklung waren eine wachsende Desorientierung und Verunsicherung. Mit den psychologischen Auswirkungen der Arbeitslosigkeit beschäftigte sich bereits eine zeitgenössische Studie: 1933 veröffentlichten die drei Wiener Sozialpsychologen Marie Jahoda (1907–2001), Paul Lazarsfeld (1901–1976) und Hans Zeisel (1905–1992) eine Untersuchung über „Die Arbeitslosen von Marienthal. Ein soziographischer Versuch über die Wirkungen langdauernder Arbeitslosigkeit". In ihrem Mittelpunkt stand das niederösterreichische Industriedorf Marienthal, im dem die gesamte Bevölkerung arbeitslos geworden war, nachdem 1929 eine Textilfabrik geschlossen worden war, die den Ort bisher ernährt hatte. Jahoda, Lazarsfeld und Zeisel hatten mehrere Monate lang das Leben in Marienthal beobachtet. In ihrem Buch schilderten sie zum einen die drastischen Auswirkungen der materiellen Verarmung der Bewohner von Marienthal, insbesondere die verschlechterte Ernährung und die dadurch bedingte Abnahme der körperlichen Widerstandskraft bei Kindern wie Erwachsenen. Zum anderen verwiesen sie aber auch auf die gravierenden immateriellen Folgen, die seelischen Veränderungen, die mit der Langzeitarbeitslosigkeit einhergingen und den Einzelnen ebenso wie die ganze Gemeinschaft beeinträchtigten.

Ihren Gesamteindruck umschrieben die drei Wiener Psychologen mit den Worten „abgestumpfte Gleichmäßigkeit". Dazu gehörte auch ein allgemeines „Einschrumpfen der Lebensäußerungen", das sich an der Halbierung der Zahl der Ausleihen aus der Marienthaler Arbeiterbibliothek und dem Rückgang der Zeitungslektüre ebenso zeigte wie an den geringeren Mitgliederzahlen von politischen Parteien und Vereinen. Überdies war aber auch eine Zunahme gegenseitiger persönlicher Gehässigkeit zu verzeichnen, wie sie die zahlreichen anonymen – oft unbegründeten – Anzeigen wegen unbefugter Gelegenheitsarbeiten dokumentierten. Zentrales Problem der Betroffenen war der Zuwachs an freier Zeit, für die man letztlich keine Verwendung hatte. Insbesondere die Männer verloren außer den drei Orientierungspunkten – Aufstehen, Mittagessen, Schlafengehen – einen sinnvollen Tagesinhalt, während Frauen den Verlust des Arbeitsplatzes oft durch mehr Hausarbeit kompensierten. Insgesamt unterteilten Jahoda, Lazarsfeld und Zeisel die Marienthaler in drei Gruppen: Bei den meisten – 69% – schien ihnen „Resignation", „ein gleichmäßig erwartungslose[s] Dahinleben" vorzuherrschen; „ungebrochen" wirkten 23% der Familien, während 8% als „Gebrochene" bezeichnet wurden, womit sowohl „Verzweifelte" als auch völlig „Apathische" gemeint waren.

Arbeitslosigkeit in den Städten

Eine vergleichbare Untersuchung liegt für das Deutsche Reich zwar nicht vor. Dennoch lassen verschiedene zeitgenössische Berichte ähnliche Schlüsse zu, wie sie die Wiener Psychologen für Marienthal gezogen haben: Auch hier führte der Verlust der Arbeit bei den Betroffenen zu Apathie und Depression ebenso wie zu Flucht in den Alkohol, steigender Aggressivität und Kriminalität – insbesondere die Vermögens- und Gewaltdelikte nahmen zu – sowie Verwahrlosung, was sich bei Kindern und Jugendlichen auch in der vermehrten Bildung von Banden – den „wilden Cliquen" – zeigte. Viele Menschen hungerten trotz öffentlicher Notküchen und bekamen Mangelkrankheiten, wovon wiederum die Kinder von Arbeitslosen besonders stark betroffen waren. Auch verloren mehrere hunderttausend Menschen ihre Wohnungen und mussten in provisorischen Laubenkolonien am Rande der Großstädte oder sogar in Asylen und Herbergen unterkommen, zumal notgedrungen die Zahl der Wanderarbeiter stieg: Anfang November 1931 schätzte die „Vossische Zeitung" sie auf 400000. Viele Betroffene übernahmen Aushilfstätigkeiten zu Niedrigstlöhnen. Schließlich stieg die Zahl jener, die ihren letzten Ausweg aus der persönlichen Misere nur noch im Selbstmord sahen – im Vergleich der Zahlen von 1928 und 1932 bei Männern um 14% und bei Frauen um 19%. Damit verbuchte Deutschland im internationalen Vergleich einen traurigen Rekord für sich.

Letztlich war die Situation der meisten deutschen Arbeitslosen sogar noch schlimmer als die der Bewohner von Marienthal, denn die dort vorherrschende allgemeine Erwerbslosigkeit schuf eine atypische Harmonie. Der Normalfall in Deutschland war hingegen das konfliktreiche Nebeneinander von den einen, die noch einen Arbeitsplatz besaßen und überwiegend die vielfältigen Konsum-, Unterhaltungs- und Vergnügungsangebote nutzten, die natürlich auch in der Zeit der Weltwirtschaftskrise weiter bestanden, und den anderen, die ihren Arbeitsplatz bereits verloren hatten und ihren Lebensstandard radikal einschränken mussten. Zudem gab es selbst innerhalb der letzteren Gruppe noch eine Hierarchie, je nach Art und Umfang der materiellen Unterstützung, die der Einzelne erhielt: An der Spitze standen die Empfänger von regulärer Arbeitslosenunterstützung. Es folgten die Empfänger der Krisenfürsorge. Die unterste Gruppe bildeten die Wohlfahrtserwerbslosen, die nicht nur die geringste Unterstützung erhielten, sondern auch noch in der Öffentlichkeit als arbeitsscheu und asozial galten, weswegen viele Anspruchsberechtigte lange davor zurückschreckten, sich beim Wohlfahrtsamt zu melden.

Ländliche Arbeitslosigkeit

Auf dem Land sah es nicht besser aus, weil sich die Strukturprobleme der letzten Jahre im Zuge der Weltwirtschaftskrise noch verschärften: Die von Arbeitslosigkeit und Einkommenseinbußen betroffenen Städter schränkten ihren Konsum stark ein, sodass die landwirtschaftlichen Erzeugerpreise für Fleisch, Getreide und Kartoffeln und damit auch die Einkommen der Bauern weiter sanken. Gleichzeitig mussten die bereits aufgenommenen Kredite abbezahlt oder sogar neue Schulden gemacht werden, um die notwendigen Betriebsmittel wie Maschinen, Düngemittel, Elektrizität und Treibstoff bezahlen und so überhaupt weiter wirtschaften zu können. Am Ende dieses Teufelskreises stand für etliche Betriebe die Zwangsversteigerung: Von der gesamten landwirtschaftlichen Nutzfläche in Höhe von knapp 37 Millionen Hektar wechselten 1930 über 130 400 Hektar zwangsweise den Besitzer, 1931 waren es sogar fast 178 000 Hektar und 1932 noch einmal annähernd 154 000 Hektar.

b) Politische Radikalisierung

Wirtschaftskrise als Staatskrise

Die mit der ökonomischen Misere einhergehende Verelendung vieler Menschen sollte sich als ein guter Nährboden für den politischen Radikalismus in Deutschland erweisen. Im Gegensatz zu den USA und den übrigen betroffenen Ländern in Europa weitete sich die Wirtschaftskrise hier zur Staatskrise aus. Nun zeigte sich, wie instabil die innenpolitischen Verhältnisse tatsächlich waren, wie sehr der verbreitete Eindruck getrogen hatte, die letzten Jahre hätten nach den Erschütterungen des Krieges, der Revolution und der frühen Krisen endlich die Lage beruhigt. Schuld daran war die Tatsache, dass die Republik weiterhin unversöhnliche Gegner besaß, die angesichts der sozialen Verelendung von Millionen Menschen nun ihre Chance witterten. Anders als in Nordamerika und den westeuropäischen Demokratien trafen die Auswirkungen der Weltwirtschaftskrise ein Land, in dem es keinen breiten demokratischen Konsens gab, sondern in Teilen der Bevölkerung – insbesondere innerhalb der militärischen und der wirtschaftlichen, aber partiell auch der politischen Elite – erklärte Gegner des Weimarer Staates. Diese nutzten die ökonomische Krise, um nun ebenso hemmungslos wie offen gegen Regierung, Parlament und Parteien, ja das „System" schlechthin, zu agitieren, als den vermeintlich Schuldigen dafür, dass man der Krise nicht Herr wurde. In dem solcherart initiierten „Hexenkessel der politischen Phobien" (Hans-Ulrich Wehler) erhielt die linke und rechte Fundamentalopposition wiederum großen Zulauf aus den Reihen der Entlassenen, Verarmten und Entwurzelten.

Begünstigt wurde diese Entwicklung durch den Umstand, dass das parlamentarisch-demokratische System sich angesichts der Wirtschaftskrise schon bald nicht mehr voll handlungsfähig zeigte und nun jene zum Zug kamen, die auf eine autoritäre, wenn nicht diktatorische Veränderung drangen. Bis Ende der 1920er-Jahre wurde die Mehrheitsfähigkeit der wechselnden Regierungen im Reichstag und damit auch die zumindest vordergründige Funktionstüchtigkeit der parlamentarischen Demokratie in Deutschland durch ein variables Koalitionssystem gesichert. Das Bekenntnis von Sozialdemokratie und bürgerlichen Parteien zur Weimarer Reichsverfassung ermöglichte ausreichende Mehrheiten für parlamentarisch legitimierte Regierungen auf Reichs- und Landesebene; zudem etablierte sich als Notbehelf in Ausnahmefällen bereits frühzeitig das System der „tolerierten Minderheitsregierung". Seit Ende der zwanziger Jahre erstarkten dann jedoch radikale Bewegungen, die nicht bereit waren, in einer Regierungskoalition mitzuwirken oder aber den anderen Parteien nicht als koalitionsfähig galten. Damit wurde die Bildung stabiler Mehrheitsregierungen immer schwieriger. Die **Große Koalition** schien diese Entwicklung im Frühjahr 1928 zunächst noch einmal zu konterkarieren, bis auch sie im Frühjahr 1930 wieder zerfiel. Regierungsbildung

Stichwort

Große Koalition

Seit dem Verlust der Mehrheit für die „Weimarer Koalition" aus SPD, Zentrum und DDP nach den Reichstagswahlen vom Juni 1920 gab es in der Weimarer Republik nur zwei stabile Regierungsvarianten, die gemäß den Vorstellungen der Weimarer Nationalversammlung über eine echte Mehrheit im Parlament verfügten und nicht nur, wie die verbreiteten Minderheitskabinette, dank der vorübergehenden Tolerierung durch eine zahlenmäßig stärkere Opposition im Amt waren: Entweder eine Große Koalition aus SPD, DDP, Zentrum, DVP und eventuell auch noch Bayerischer Volkspartei (BVP), wie sie von August bis November 1923 unter dem damaligen Reichskanzler Stresemann (DVP) und dann von Juni 1928 bis März 1930 unter dem sozialdemokratischen Reichskanzler Hermann Müller (1876–1931) bestand, oder der „Bürgerblock" aus DDP, Zentrum, BVP, DVP und DNVP, der von Januar bis Dezember 1925 mit dem Parteilosen Hans Luther an der Spitze und von Januar 1927 bis Juni 1928 unter der Leitung des Zentrumspolitikers Wilhelm Marx (1863–1946) regierte. Allerdings waren sich die Partner des „Bürgerblocks" in der Gestaltung der Außenpolitik oft uneins. Kitt einer Großen Koalition waren hingegen gerade die gemeinsamen außenpolitischen Ansichten der beteiligten Parteien, die sich einvernehmlich an Stresemanns Kurs einer europäisch eingebetteten moderaten Revisionspolitik orientierten. Möglichen Sprengstoff für den Bestand einer solchen Regierung bot indes die Innen-, speziell die Sozial- und Wirtschaftspolitik. Der latente Dissens in diesem Bereich führte dazu, dass eine Große Koalition von Beginn an mit der Opposition des linken Flügels der arbeitnehmerfreundlichen SPD und dem rechten Flügel der arbeitgeberorientierten DVP leben musste. Dieser konnte sich leicht zur ernsten Regierungskrise auswachsen, zumal in allen Parteien die Bereitschaft gering war, ihre jeweiligen Regierungsvertreter auch bei schwierigen Entscheidungen zu unterstützen. Dementsprechend zerbrach die Große Koalition jeweils im November 1923 bzw. im März 1930 letztlich im Streit über sozial- und wirtschaftspolitische Entscheidungen.

Präsidialkabinette

In der Folgezeit gab es im Reich „Präsidialkabinette“, die mit Hilfe von Notverordnungen des Reichspräsidenten vorbei am Parlament regierten. Aber auch in vielen Ländern amtierten nur noch Minderheitskabinette oder permanente geschäftsführende Regierungen. Vor diesem Hintergrund verbreitete sich weit über das radikale Lager hinaus der Eindruck, dass die offensichtlichen Krisensymptome nicht vorübergehende Fehler des politischen Betriebs und Personals offenbarten, sondern Ausweis eines strukturellen Defizits seien. In der politischen Öffentlichkeit wie in der zivilen Gesellschaft griff „die totalitäre Versuchung“ (Detlev Peukert) um sich. Die schon seit längerem laufende Diskussion über eine „Reichsreform“, also eine Umgestaltung des Verhältnisses von Bund und Ländern, eine Auflösung des Dualismus von Reich und Preußen sowie eine territoriale Neugliederung des Deutschen Reiches, deren Pressuregroup der 1928 gegründete **Bund zur Erneuerung des Reichs** aus Industriellen, Bankiers und Großgrundbesitzern unter Vorsitz des ehemaligen Reichskanzlers und späteren Reichsbankpräsidenten Luther wurde, verquickte sich nun mit einer grundlegenden Skepsis gegenüber den politischen Institutionen und Formen der Weimarer Republik. Die Frage nach der Regierbarkeit und der Topos einer „Krise des Parlamentarismus“ dominierte jetzt endgültig den Verfassungsreformdiskurs. Parteienübergreifend wurde erörtert, wie man die Exekutive stärken und ihre Abhängigkeit von der Legislative mindern könne. Dabei verdeutlichten spätestens die Vorstellungen der Regierung Papen von einem „Neuen Staat“, dass zumindest starke rechtskonservative Kräfte unter dem Vorwand der – weithin akzeptierten – Notwendigkeit einer Verfassungsreform einen veritablen – verfassungsfeindlichen – Systemwechsel anstrebten.

Stichwort

Bund zur Erneuerung des Reichs

Anfang Januar 1928 gründete eine Gruppe führender Vertreter von Verwaltung, Wirtschaft und Wissenschaft den „Bund zur Erneuerung des Reichs“ als einer überparteilichen Vereinigung zur Förderung der Bemühungen um eine Reichsreform.

Den Vorsitz übernahm zunächst der ehemalige Reichskanzler Hans Luther. Nachdem dieser 1930 das Amt des Reichsbankpräsidenten übernahm, folgte ihm als Vorsitzender der frühere Staatssekretär Siegfried Graf von Roedern (1870–1953) und dann – von 1931 bis 1933 – der ehemalige Reichswehrminister Otto Gessler (1875–1955). Der „Lutherbund“, wie er auch genannt wurde, lancierte etliche wissenschaftliche Studien und konkrete Reformvorschläge für die Neuordnung des Deutschen Reiches, insbesondere für das Bund-Länder-Verhältnis.

Letztlich hatten sich solche Tendenzen aber schon weit vor der großen Krise in der Endphase der Weimarer Republik angedeutet: Während der ganzen zwanziger Jahre war vor allem innerhalb der bürgerlichen und der Rechts-Parteien wiederholt diskutiert worden, wie die Autorität der Regierung auf Kosten des Parlaments verstärkt werden könne. Selbst die Variante des Präsidialregimes wurde bereits Jahre vor ihrer erstmaligen Anwendung erwogen: So Ende 1926, als das bürgerliche Minderheitskabinett des Zentrumspolitikers Marx die stille Unterstützung der Sozialdemokraten verlor und Reichspräsident **Paul von Hindenburg**, beraten durch seinen Staatssekretär **Otto Meißner**, mit dem Dauergebrauch des Notstandsartikels 48 der Weimarer Reichsverfassung drohte, um eine ihm genehme Rechtsregierung zu installieren. Dies belegte, dass „der parlamentarische Kurzschluss“ nie unmöglich war und „die antiparlamentarische Zerrüttungspolitik seit 1930 […] nicht aus heiterem Himmel [kam]“ (Michael Stürmer).

Stichwort

Paul von Beneckendorff und von Hindenburg

(1847–1934) nahm als junger Offizier bereits an den „Reichseinigungskriegen“ von 1866 und 1870/71 teil. In den Jahrzehnten danach wechselten sich Truppenkommandos mit Stabsstellungen ab. Nach erfolgreicher, gleichwohl unspektakulärer Laufbahn trat er 1908 als General der Infanterie in den Ruhestand. Bei Ausbruch des Ersten Weltkrieges 1914 wurde er reaktiviert und Anfang November zum Oberbefehlshaber der deutschen Streitkräfte an der Ostfront ernannt. In dieser Funktion erlangte er einen fast mythischen Nimbus, weil es dem unter seinem Kommando stehenden Heer gelang, die nach Ostpreußen eindringenden, zahlenmäßig weit überlegenen russischen Truppen zurückzuwerfen. Dieser Sieg brachte ihm nicht nur den Ehrentitel „Held von Tannenberg“ ein, sondern auch die Beförderung zum Generalfeldmarschall. Im August 1916 wurde Hindenburg zum Chef der 3. Obersten Heeresleitung (OHL) ernannt. In den kommenden beiden Jahren bestimmte er unter dem starken Einfluss seines Generalquartiermeisters Erich Ludendorff (1865–1937) weitgehend die deutsche Kriegspolitik. Dennoch gelang es ihm 1918, sich der Verantwortung für die deutsche Niederlage zu entziehen. Überdies wurde er ein entschiedener Vertreter der Dolchstoßlegende, wonach die Kapitulation nicht Ergebnis militärischen Scheiterns, sondern Folge der inneren Wühlarbeit von Sozialdemokraten und anderen demokratischen Politikern gewesen sei. Dementsprechend lehnte er auch die Gründung der Weimarer Republik ab und blieb bekennender Monarchist. Als er jedoch im Frühjahr 1925 als Kandidat der Rechtsparteien zum Reichspräsidenten gewählt worden war, sollte er zunächst diejenigen enttäuschen, die erwartet hatten, er würde nun einen entschiedenen Rechtskurs in der deutschen Innenpolitik einschlagen. Vielmehr fühlte sich der 78-Jährige an seinen Eid auf die Verfassung gebunden und bemühte sich, sein Amt verfassungskonform zu führen.

Stichwort

Otto Meißner

(1880–1953) war nach Jurastudium, Kriegsdienst und Tätigkeit an der deutschen Gesandtschaft in der Ukraine 1919/20 Vortragender Rat im Büro des Reichspräsidenten geworden. Seit 1920 leitete er die Präsidialkanzlei, seit 1923 im Range eines Staatssekretärs. Aufgrund seiner fachlichen Fähigkeiten und seines persönlichen Geschicks, aber auch seiner politischen Anpassungsfähigkeit behielt er sein Amt auch nach dem Wechsel von Friedrich Ebert (1871–1925) zu Paul von Hindenburg und wurde insbesondere in den letzten Jahren der Weimarer Republik – als „Graue Eminenz" und Mitglied der so genannten Kamarilla – einer der wichtigsten Berater des Reichspräsidenten. Seine Kompetenz und Wendigkeit ermöglichten ihm, sein Amt auch im „Dritten Reich" zu behalten.

Verfassungsreformdiskussion

Die Gefahr, vom Geist, wenn nicht sogar vom Wortlaut der Reichsverfassung abzuweichen, verstärkte sich angesichts der Ende der zwanziger Jahre einsetzenden ökonomischen und politischen Krise auf dramatische Weise: Bis dahin hatte es in der Verfassungsreformdiskussion zwei Tendenzen gegeben: 1. jene Vorschläge aus dem demokratischen Lager unterschiedlicher parteipolitischer Couleur, die das Ziel der Vollendung der – so die enttäuschten Kritiker – unvollendeten Reichsverfassung hatten. Vorgeschlagen wurden Dezentralisierungsbestrebungen, eine Neugliederung des Reichsgebiets, die Aufhebung des Dualismus von Reich und Preußen, eine Wahlrechtsreform, die auf die Einführung von Elementen des Mehrheitswahlrechts abzielte, sowie eine Neuordnung des Notverordnungsrechts der Exekutive. 2. Vorstöße der radikalen Linken und der Rechten, die auf eine Fundamentalkritik an der Weimarer Reichsverfassung hinausliefen und „Verfassungsreform als Verfassungsüberwindung" (Christoph Gusy) betrieben. Dabei orientierte sich die KPD ganz an sowjetischen Vorstellungen, während die DNVP und andere rechtsextreme Gruppen Ideen von einem „Ständestaat" bzw. einem „autoritären" oder „totalitären", manchmal aber auch nur schlicht einem „Neuen Staat" propagierten.

Sozialdemokratische Positionen

Mit der doppelten Wirtschafts- und Staatskrise erfuhr der bisherige Verfassungsdiskurs eine qualitative Änderung: Selbst entschiedene Anhänger des demokratisch-parlamentarischen Verfassungsstaats erörterten nun offen Erscheinungsformen und Gründe der eingetretenen Systemkrise sowie die Möglichkeiten einer tiefgreifenden politischen Reform, die vor allem die Exekutive auf Kosten der Legislative stärken sollte. Entsprechende Stimmen gab es sogar in der SPD, für die die Weimarer Republik offiziell noch sakrosankt war. Doch jüngere Funktionäre und Intellektuelle sowohl vom linken wie vom rechten Parteiflügel wichen Anfang der dreißiger Jahre deutlich von dieser Parteilinie ab. Der Darmstädter SPD-Reichstagsabgeordnete **Carlo Mierendorff** veröffentlichte im September 1932 in den „Sozialistischen Monatsheften" eine scharfe Kritik an der bisherigen Verfassungsentwicklung: Durch die tiefe Kluft zwischen Reich und Ländern werde die Exekutive gelähmt; das „unglückselige Listenwahlsystem" fördere die politische Zersplitterung und das entstandene „Durcheinander der widerstrebenden Kräfte" werte wiederum den Reichspräsidenten über Gebühr auf. Deshalb mahnte Mierendorff seine Partei, nicht die Augen vor der notwendigen Verfassungsrevision zu verschließen und damit nicht jenen Kräften den Weg frei zu machen, die eine „Verfassungsrevision [...] in reaktionärem Geist" beabsichtigten.

Stichwort

Carlo Mierendorff

(1897–1943) war nach der Teilnahme am Ersten Weltkrieg und dem Studium der Volkswirtschaft von 1922 bis 1926 im Transportarbeiterverband tätig, dann zwischen 1926 und 1928 Parlamentssekretär der SPD im Reichstag und schließlich von 1930 bis 1933 sozialdemokratischer Reichstagsabgeordneter. 1931 veranlasste er die Veröffentlichung der „Boxheimer Dokumente", hochverräterischer Pläne hessischer Nationalsozialisten, die im „Boxheimer Hof" bei Worms ausgearbeitet worden waren. Zwischen 1933 und 1938 saß Mierendorff in verschiedenen Konzentrationslagern. Nach seiner Entlassung beteiligte er sich am Widerstand gegen den Nationalsozialismus, bis er bei einem Luftangriff starb.

Ein weiterer Aufsatz Mierendorffs in den „Sozialistischen Monatsheften" vom Dezember 1932 zeigt, wie sehr die linke Kritik an der aktuellen Verfassungsentwicklung jene historischen Vorbehalte spiegelte, welche Teile der SPD immer schon gegen den Verfassungskompromiss von 1919 empfunden hatten und wie schmal der Grat zwischen „arbeitsfähiger Demokratie" und staatlichem Zwangssystem war:

Quelle

Carlo Mierendorff in den „Sozialistischen Monatsheften" im Dezember 1932

Quelle: Winkler: Weg, S. 803.

„Die Weimarer Demokratie ist für uns nie das Ziel unseres staatspolitischen Kampfs gewesen. Sie war für uns immer nur ein zeitbedingter Kompromiß, ein Durchgangsstadium. Unser Ziel heißt sozialistische Demokratie. Die Weimarer Demokratie ist ein Produkt typisch liberalistischer Ideen. Diese liberale Vorstellungswelt, die sich den Staat nur als einen schwachen Staat denken kann, ist der Weimarer Demokratie zum Verhängnis geworden. Die Aufgabe, die uns zuwächst, ist: das Bild einer demokratischen Staatsorganisation zu schaffen, die den Staat als einen starken Staat will und die Verfassung nicht als eine Organisation von Hemmungen zur Sicherung der Individualsphäre betrachtet, sondern als die straffe Organisation des Kollektivwillens mit dem Ziel der Beherrschung und Lenkung der Wirtschaft durch die staatlichen Machtmittel."

Ähnliche Ideen fanden sich im Herbst 1932 auch in verschiedenen Artikeln der „Neuen Blätter für den Sozialismus", wobei in einem Aufsatz von Hans Simons (1893–1972), einem Vertreter des rechten SPD-Flügels, der Regierungspräsident in Liegnitz war, sogar die Forderung nach einer „Zweiten Kammer", einer berufsständisch gegliederten Wirtschaftsvertretung, auftauchte. Das war bisher eine klassische Forderung der politischen Rechten gewesen, welche das politische Gewicht der Arbeitnehmer mindern und den Einfluss der „produktiven Stände" stärken sollte. Natürlich wollten die sozialdemokratischen Reformer das genaue Gegenteil, doch sie stimmten bemerkenswerterweise durchaus mit reaktionären Politikern wie dem damaligen Reichskanzler Papen und seinem Innenminister Wilhelm von Gayl (1879–1950) darin überein, dass eine Aufwertung korporativer Interessen zu Lasten der allgemeinen Volksvertretung die Gesetzgebungsarbeit entpolitisieren und versachlichen könnte. Insofern gab es also bei allen sonstigen Unterschieden „ein Stück ‚autoritärer' Gemeinsamkeit von konservativer und sozialistischer Liberalismuskritik" (Heinrich August Winkler).

Liberale Reformvorschläge

Aber selbst im liberalen Lager wurde die vermeintliche Dominanz des Reichstags beklagt und eine Stärkung der Regierung verlangt. Ein beredtes Beispiel dafür lieferte der liberaldemokratische Nationalökonom und Kultursoziologe Alfred Weber in einem Vortrag aus dem Jahr 1931 mit dem Titel „Das Ende der Demokratie". Darin beklagte er zwar einerseits die mittlerweile im Zuge der Präsidialregime eingetretene Ausschaltung des Parlaments, die lediglich ein „Zwischenzustand" sein dürfe. Andererseits kritisierte er aber auch den seiner Meinung nach schon vorher zu beobachtenden „Parlamentsabsolutismus", der der eigentliche Auslöser der aktuellen Krise sei: Die verschiedenen Volksvertretungen auf Reichs-, Landes- und kommunaler Ebene hätten sich ihnen nicht zustehende exekutive Befugnisse angemaßt und damit „die Regierung usurpiert". Da das Parlament jedoch ein „notwendig regierungsunfähiges Kollektiv" sei, habe es „überall versagt" – von der Reichs- bis hinunter auf die lokale Ebene. Folglich müssten sich die Volksvertretungen zukünftig „auf Kontrolle, Auslese, Anregung, Mitberatung" beschränken und sich gegenüber der Exekutive zur „Erteilung von Regierungsvollmachten ziemlich weitgehender Art" bereit erklären. Weber bezeichnete das ihm vorschwebende System selber als eine „autoritäre Demokratie".

Natürlich beabsichtigten Linksliberale wie er nicht eine Unterminierung der Weimarer Demokratie, sondern gerade deren Stärkung, um dadurch die bei den rechten Parteien verbreiteten Ressentiments gegen die Republik zu bekämpfen. Staatliche „Autorität" meinte nicht einen „autoritären Staat" und die Ausschaltung demokratischer (Kontroll-)Institutionen, wie auch die deutliche Ablehnung von Papens „Neuem Staat" durch die Linksliberalen belegte. Diese plädierten in der zweiten Hälfte der zwanziger Jahre von ihrer Warte aus nur für notwendige Reformen des bestehenden politischen und sozialen Systems. Ihr Ziel war, „von der unvollkommenen zur vollkommenen Republik" zu gelangen, wie es in einem DDP-Flugblatt zu den Reichstagswahlen von 1928 hieß. Konkret ging es dabei sowohl um eine Reichsreform als auch eine Wahlrechts- und eine Finanzreform; in der Parteiausschusssitzung vom 30. Juli 1930 in Berlin forderte der Partei- und Fraktionsvorsitzende Erich Koch-Weser (1875–1944) sogar ein noch umfangreicheres Paket, das eine Reichs-, eine Wahl- und eine Bildungsreform sowie eine Reform des Gemeinde- und des Wirtschafts- und Finanzwesens umfassen sollte.

Ungeachtet seiner guten Absichten musste ein solcher Aktionismus die Anfang der dreißiger Jahre ohnehin eingetretene Krise des Vertrauens in die bestehenden Institutionen zumindest ungewollt noch fördern und damit die politische Stabilität der Weimarer Republik weiter gefährden. Zudem konnte es, wenn auch wider Willen, Wasser auf die Mühlen der politischen Rechten leiten, wenn nun auch im linksliberalen Verfassungsdiskurs die Forderung nach dem „starken Staat" in den Vordergrund rückte und nicht mehr – wie bisher – die Erweiterung demokratischer Mitbestimmungsmöglichkeiten, sondern deren Einengung gefordert wurde, um die staatliche Effizienz zu erhöhen und die Einheit der nun auch von Linksliberalen propagierten Geschlossenheit der „Volksgemeinschaft" zu stärken – eine Vision, die mittlerweile zunehmend Eingang in den gesellschaftlichen Diskurs gefunden hatte und den Überdruss an der fragmentierten modernen Gesellschaft ebenso wie an dem pluralistischen politischen System reflektierte.

„Neuer Staat"

Das Unbehagen an den herrschenden politischen Verhältnissen, das sich selbst bei überzeugten Anhängern der Weimarer Republik fand, fiel verständlicherweise umso stärker bei jenen Vertretern einer **Konservativen Revolution** aus, die seit Jahren das Bewusstsein einer umfassenden kulturellen und moralischen Dekadenzkrise pflegten und unter dem Signum „Neuer Staat" eine organische Fortentwicklung der Verfassung weg von der parlamentarischen, hin zur konstitutionellen Demokratie anstrebten.

Stichwort

Konservative Revolution

Das politische Schlagwort wurde durch die Rede Hugo von Hofmannsthal (1874–1929) über „Das Schrifttum als geistiger Raum der Nation" von 1927 bekannt und von Armin Mohler 1949 in seiner gleichnamigen Dissertation zur Umschreibung verschiedener völkischer, jungkonservativer, nationalrevolutionärer und bündischer Gruppen sowie der Landvolk-Bewegung verwandt. Diesen war demnach gemeinsam, dass sie sich sowohl von den liberaldemokratischen Ideen der Französischen Revolution von 1789 und des 19.Jahrhunderts und damit ebenso der Weimarer Republik abzugrenzen suchten als auch von einer bloßen Restauration und Reaktion einschließlich des 1918 untergegangenen Kaiserreiches, weswegen sie sich selbst auch als „revolutionär" begriffen. Indes hat die jüngere Forschung die Heterogenität der fraglichen Gruppen betont, aber auch die Zuordnung zum Konservatismus negiert und stattdessen von einem „neuen Nationalismus" (Stefan Breuer) gesprochen. Auf jeden Fall wurden manche Vertreter und Gruppierungen durch ihre sozialromantischen, antiparlamentarischen und antidemokratischen Tendenzen direkt oder indirekt zu Wegbereitern des Nationalsozialismus.

In der neokonservativen Publizistik war die Wendung zum autoritären Regime schon seit längerem durch die Schriften von Oswald Spengler (1880–1936) und Arthur Moeller van den Bruck (1876–1925) verbreitet und innerhalb des etablierten Parteienspektrums zumindest auch auf dem rechten Flügel der DNVP fest verankert. Überdies wurden solche Ideen im außerparlamentarischen Raum durch den nationalkonservativen **Tat-Kreis** aufgegriffen, aber auch vom elitären **Deutschen Herrenklub**.

Stichwort

Tat-Kreis

Die bereits 1909 gegründete Zeitschrift „DIE TAT" entwickelte sich ab Herbst 1929 unter ihrem damaligen Herausgeber und Chefredakteur Hans Zehrer (1899–1966) zu einer einflussreichen Monatsschrift, die ein elitäres Selbstverständnis pflegte und sich vor allem an die nationalistische Intelligenz wandte. Ihre Auflage wuchs zwischen 1929 und 1932 von 800 auf 30000 Exemplare. Die Artikel der „TAT" forderten zum „Kampf gegen Versailles und Weimar" auf. Carl Schmitts Ablehnung des parlamentarischen Systems wurde hier ebenso verbreitet wie ein nationaler Sozialismus in Abgrenzung zum kapitalistischen Westeuropa. Gleichzeitig kultivierte der Tat-Kreis ein Krisenbewusstsein, vor dessen Hintergrund er die Bildung einer nationalen Gemeinschaft propagierte. Mittels einer „konservativen Revolution" sollte an die Stelle der Parteienherrschaft ein autoritärer Machtstaat treten, der, gestützt auf Südosteuropa, eine wirtschaftliche Autarkie erringen sollte. Der Tat-Kreis unterstützte 1932 Schleichers Versuch einer Spaltung der NSDAP. Seine Fehleinschätzung des Nationalsozialismus und seine Diskreditierung des Weimarer „Systems" machten ihn – wenn auch teilweise wider Willen – zum geistigen Wegbereiter des „Dritten Reiches".

Stichwort

Deutscher Herrenklub

Der Deutsche Herrenklub konstituierte sich im November 1924 in Berlin als Nachfolger des „Juniklubs", der im Juni 1919 von Repräsentanten der Neuen Rechten aus Protest gegen die Unterzeichnung des Versailler Vertrages gegründet worden war. Dem Herrenklub gehörten führende Vertreter von Schwerindustrie, Großgrundbesitz, höherer Beamtenschaft, Offizierskorps, Wissenschaft und extrem konservativer Publizistik an. Verbindungen bestanden zur DVP und zur DNVP, zum Tat-Kreis, aber auch zu völkischen Gruppen. 1932 gab es etwa 20 Herrenklubs oder Herrengesellschaften in Deutschland mit etwa 5000 Mitgliedern. Diese lehnten die Weimarer Republik entschieden ab. Stattdessen pflegten sie einen aristokratischen Elitegedanken und orientierten sich am Ideal des preußischen Obrigkeitsstaats, teilweise aber auch an Moeller van den Brucks Idee eines „Dritten Reiches". Dementsprechend forderten sie die Bildung eines autoritären, hierarchisch gegliederten nationalen Staates. Der Herrenklub hatte starken Anteil am Kampf gegen die Regierung Brüning und bei der Bildung des Kabinetts Papen im Frühjahr 1932.

Hier paarten sich unterschiedliche Formen von Antiliberalismus mit einem vehementen Antibolschewismus. Gemeinsamer Nenner dieser konservativen Kritik am politischen System der Republik war die angebliche „Herrschaft der Parteien", der damit einhergehende Verfall von Autorität und Führung und die Geißelung des überhandnehmenden Partikularinteresses. Dessen Überwindung war seit der Gründung der Weimarer Republik von neokonservativen Autoren ebenso wie von katholischen Ständetheoretikern unablässig gepredigt worden, ohne dass diese aber praktikable Gegenkonzepte vorgelegt hätten.

Lehre vom Staatsnotrecht

Es blieb bei der Vorstellung von einer berufsständischen Ordnung, letztlich aber vor allem bei der Forderung nach einem autoritären Staat und einem gehorsamen Untertan, der sich als Teil einer größeren Gemeinschaft oder eines Organismus verstehen und einer sachgerechten und wohltätigen Führung freiwillig unterordnen sollte. In der Endphase der Weimarer Republik schien diese alte Kritik umso plausibler, als der Staat anscheinend außerstande war, der ökonomischen und politischen Krise Herr zu werden. Entsprechend lauter erschallte im rechten Lager nun der Ruf nach einer Stärkung der Exekutive und vor allem der Rechte des Reichspräsidenten, der zum Symbol von Einheit, Staatswohl und Überparteilichkeit stilisiert wurde. Dabei wurde unter Berufung auf die Lehre vom Staatsnotrecht selbst ein Verstoß gegen zentrale Bestimmungen der Verfassung erwogen: Demzufolge ging die Verfassung in Art. 48 WRV nur von äußeren Störungen aus, sagte aber nichts über den Fall einer inneren Erosion des Staates aus. Folglich müsste hier ein ungeschriebenes, überpositives Staatsnotrecht greifen. Dessen Träger wäre jedes Staatsorgan, das nicht von der „Lähmung" betroffen sei – sei dies nun der Reichspräsident oder das Volk.

Die Anhänger einer solchen Meinung konnten sich auf den konservativen „Kronjuristen" **Carl Schmitt** berufen, der Anfang der dreißiger Jahre ebenfalls für einen grundlegenden Verfassungsumbau plädierte. In seiner Schrift „Legalität und Legitimität", die im Juli 1932 abgeschlossen wurde, verlangte er, den ersten Teil der Weimarer Reichsverfassung, also die Vorschriften über die Verfassungsorgane, zugunsten des zweiten Teils, der die Grundrechte umfasste und damit seiner Meinung nach den eigentlichen Kern der ursprünglichen Verfassungsentscheidung bildete, zur Disposition zu stellen, da sich die Staatsorgane angeblich selber außer Kraft gesetzt hätten. Eine entsprechende Reform „von oben" sollte dem Reichspräsidenten obliegen, der für Schmitt der eigentliche „Hüter der Verfassung" war und dessen plebiszitäre „Legitimität" für ihn der bloß formalen „Legalität" des pluralistischen Parteienstaats übergeordnet war.

Stichwort

Carl Schmitt

(1888–1985) studierte Rechtswissenschaft in Berlin, München und Straßburg, wo er 1911 auch promoviert wurde und sich 1914 für Staats- und Verwaltungsrecht, Völkerrecht und Staatstheorie habilitierte. Nach Professuren in Greifswald (1921) und Bonn (1922) erhielt er 1926 einen Ruf an die Handelshochschule Berlin. Schmitt war ein extrem konservativer Intellektueller, dessen Wirkung weit über sein Fach hinausreichte. Bereits in seiner erstmals 1923 erschienenen grundlegenden Abhandlung „Die geistesgeschichtliche Lage des heutigen Parlamentarismus" erwies er sich als ein scharfer Kritiker der Weimarer Republik. Aufgrund seiner antiliberalen, ja autoritären Gesinnung warf er ihr fehlende politische Homogenität und einen Mangel an staatliche Einheit verbürgender Substanz vor. Gleichzeitig setzte er sich für die plebiszitär legitimierte Gewalt des Reichspräsidenten ein, in dessen Amt er die wahre Souveränität verkörpert sah, weil es mit dem Recht über die Verhängung des Ausnahmezustands verbunden war. Dementsprechend vertrat er auch die Reichsregierung im Staatsgerichtsverfahren um den so genannten Preußenschlag, die Absetzung der geschäftsführenden preußischen Regierung am 20. Juli 1932, und begrüßte auch die Errichtung des nationalsozialistischen Herrschaftssystems nach 1933 sowie die spätere Expansionspolitik des „Dritten Reiches", wenngleich er sich seit Ende 1936 aus dem öffentlichen Leben zurückzog.

Bewunderung Mussolinis

Für manche hatte das parlamentarische System der Weimarer Republik Ende der zwanziger/Anfang der dreißiger Jahre sogar derart abgewirtschaftet, dass sie den Wunsch nach einem starken Mann äußerten. Symptomatisch hierfür war die Bewunderung, die dem italienischen Diktator Benito Mussolini (1883–1945) damals bis weit in das demokratische Milieu hinein entgegengebracht wurde. In keinem anderen europäischen Land wurde bis 1933 so viel über den italienischen Faschismus geschrieben und gesprochen wie in Deutschland. Und eben längst nicht nur Nationalsozialisten zeigten sich beeindruckt vom faschistischen System, das nicht nur eine effektivere Alternative zum parlamentarischen Parteienstaat zu bieten schien, sondern dessen korporativistisches Wirtschaftssystem auch den Klassenkampf und damit den Marxismus, ja soziale Konflikte überhaupt, überwunden zu haben schien. Während SPD und KPD in klarer Gegnerschaft zum faschistischen Staat standen, seine Gefahr aber unterschätzten, weil sie aufgrund der eigenen marxistischen Überzeugung von der Gesetzmäßigkeit des Klassenkampfes eine Übertragung auf deutsche Verhältnisse ausschlossen, zeigten sich Angehörige der bürgerlichen Mitte, des politischen Katholizismus und der politischen Rechten sehr wohl offen für die Parole des „Italia docet", die der jungkonservative Publizist Moeller van den Bruck bereits unmittelbar nach Mussolinis Marsch auf Rom im November 1922 ausgegeben hatte.

Hiervon konnten sich selbst zwei so prominente liberal-demokratische Publizisten wie Emil Ludwig (1881–1948) und Theodor Wolff (1868–1943) nicht freimachen: Auch sie kehrten nach Gesprächen mit Mussolini begeistert aus Rom zurück und feierten den „Duce" sowie dessen autoritäres System, das ihnen auch ein Ausweg aus der aktuellen deutschen Krise zu sein schien. Die Tragweite dieser Äußerungen wurde nicht dadurch gemindert, dass beide hiermit keinerlei Sympathie für den Nationalsozialismus verbanden, ja diesen gerade schwächen wollten.

Unternehmer wiederum empfanden zumindest nach dem Ausbruch der Weltwirtschaftskrise zunehmend Sympathien für das faschistische Modell einer korporativ organisierten Gesellschaft. Politiker und Journalisten aus dem Lager von Zentrum und BVP ihrerseits machten seit dem Konkordat zwischen dem faschistischen Staat und dem Vatikan im Februar 1929 ihren Frieden mit Mussolini, den sie zunächst wegen seines diktatorischen Charakters, aber auch aufgrund seiner Südtirolpolitik abgelehnt hatten. Schließlich schwanden angesichts der ökonomischen und politischen Krise im eigenen Land dann auch die ursprünglichen Vorbehalte der nationalkonservativen Rechten gegen den italienischen Faschismus, die sich ursprünglich ebenfalls aus den entgegengesetzten Interessen in der Südtirolfrage ergeben hatten. Nun stellte man hier die bisherigen nationalistischen Ressentiments hintan und schätzte den antidemokratischen und antisozialistischen Charakter des autoritären Systems in Italien.

Alles in allem reflektierte das in größeren Teilen der deutschen Gesellschaft Ende der zwanziger/Anfang der dreißiger Jahre verbreitete „philofaschistische Meinungsklima" die zunehmend virulenten antidemokratischen Ressentiments am Ende der Weimarer Republik, und gleichzeitig trug es auch zur weiteren autoritären Entwicklung der ersten deutschen Demokratie, ja „zumindest indirekt zur Ermöglichung Hitlers" bei (Wolfgang Schieder).

Ausgangs der Weimarer Republik zeigte sich, dass weit über die politischen Parteien hinaus generell in der deutschen Gesellschaft der republikanische Grundkonsens verloren zu gehen drohte. Dieser war ja 1918/19 ohnehin schwer zu stiften gewesen. Der Verlust der Mehrheit jener die Verfassung uneingeschränkt bejahenden „Weimarer Koalition“ in den Reichstagswahlen vom Juni 1920 hatte dann bereits frühzeitig gezeigt, wie fragil die gesellschaftliche Basis der jungen Republik war. Immerhin hatte die zumindest vordergründige politische und wirtschaftliche Erholung Deutschlands zwischen 1924 und 1929 die Stimmen jener vorherrschen lassen, die die Republik eindeutig bejahten oder sich zumindest mit ihr arrangiert hatten. Seit Beginn der Weltwirtschaftskrise und deren Übergang in eine umfassende Staatskrise schwand diese Akzeptanz jedoch sukzessive, gewannen die Kritiker der Weimarer Republik von Tag zu Tag wieder mehr Bedeutung und Gehör, seien es nun jene Republiktreuen, die sich von ihren Reformvorschlägen eine Stärkung der Demokratie erhofften, oder jene, die nun endgültig den Weg für eine Fundamentalrevision des ihnen verhassten Staatswesens frei sahen.

Rechtsruck in bürgerlichen Parteien

Ein weiteres Symptom dieser Krise, in die der deutsche Parlamentarismus damals geriet, war der Rechtsruck, der in allen Parteien der bürgerlichen Mitte zu verzeichnen war: Bereits im Oktober 1928 wurde der ehemalige Krupp-Direktor und Medienzar **Alfred Hugenberg** zum neuen Parteivorsitzenden der DNVP gewählt. Damit einher ging eine tiefgreifende politische Kursänderung hin zur radikal nationalistischen Obstruktionspolitik: Die DNVP verweigerte sich fortan nicht nur jeder Regierungskoalition, sondern attackierte auch vehement die Stresemann‘sche Verständigungspolitik. Im Dezember 1928 bekam dann auch das Zentrum mit dem Prälaten **Ludwig Kaas** einen neuen Vorsitzenden, der nicht nur wieder stärker den Katholizismus als einigendes Element der Partei betonte, sondern auch für tiefgreifende Änderungen des Parlamentarismus eintrat. Im Jahr darauf vollzog schließlich die DVP ebenfalls einen Rechtsschwenk: Dem verstorbenen Parteivorsitzenden Stresemann folgte mit Ernst Scholz (1874–1932) ein Mann, der sich deutlich von den bisherigen Grundlagen volksliberaler Politik entfernte: Kompromissbereitschaft gegenüber der SPD im Innern, Verständigungspolitik gegenüber den Siegermächten nach außen.

Stichwort

Alfred Hugenberg

(1865–1951) war Jurist und Volkswirt und gehörte bereits 1890 zu den Gründern des extrem nationalistischen Alldeutschen Verbandes. 1909 schied er aus dem Staatsdienst aus und wurde Vorsitzender der Friedrich Krupp KG. Überdies baute er schon bald einen eigenen Pressekonzern auf. 1919 gab er sein Amt bei Krupp auf und wurde Reichstagsabgeordneter der DNVP. 1928 übernahm er den Parteivorsitz und führte die DNVP noch weiter nach rechts. Mit der Parole „Block, nicht Brei“ betrieb er eine Fundamentalopposition und bekämpfte auch mit Hilfe seines Presseimperiums rücksichtslos das parlamentarische System der Weimarer Republik und deren angebliche „Erfüllungspolitik“ gegenüber den Siegermächten.

Stichwort

Ludwig Kaas

(1881–1952) ging nach dem Besuch des Priesterseminars in Trier nach Rom, wo er 1906 zum Priester geweiht wurde. 1918 wurde er Professor für Kirchenrecht in Trier, 1919 folgte eine Berufung nach Bonn. Mit seiner Wahl in die Verfassunggebende Nationalversammlung im selben Jahr für die katholische Zentrumspartei, deren Fraktion er dann auch in den folgenden Reichstagen bis 1933 angehörte, begann Kaas eine politische Karriere. Er konzentrierte sich in seiner parlamentarischen Arbeit auf die Sicherung und Wahrung der Rechte und Privilegien der katholischen Kirche. 1928 wurde er als Kompromisskandidat der gemäßigten Rechten gegen den Gewerkschaftsflügel der Partei zum Vorsitzenden des Zentrums gewählt. Durch verstärkte Anlehnung an die katholische Kirche versuchte er, die Position der eigenen Partei zu festigen. Gleichzeitig trat er für ein Zusammengehen mit der NSDAP ein. Dementsprechend bemühte er sich nach der nationalsozialistischen Regierungsübernahme im Januar 1933 auch – vergeblich – um eine Beteiligung an der Regierungskoalition. Anfang April 1933 ging Kaas in den Vatikan nach Rom, wo er bis zu seinem Tod blieb.

Deutsche Staatspartei

Den verbreiteten Trend zur Abkehr vom hergebrachten politischen System der Weimarer Republik und die Hinwendung zur neuen Zeit, die vermeintlich eine andere politische Ordnung forderte, spiegelt selbst die Entwicklung der linksliberalen DDP, also einer Partei, die einst die Trägerin der Weimarer Republik schlechthin gewesen war: Angesichts der zunehmenden Verluste von Mitgliedern und Wählern und mit Blick auf die anstehenden Reichstagswahlen schloss sie sich im Juli 1930 mit der aus dem **Jungdeutschen Orden** hervorgegangenen Volksnationalen Reichsvereinigung zur Deutschen Staatspartei zusammen.

Stichwort

Jungdeutscher Orden

Die auch „Jungdo" genannte nationale Vereinigung wurde 1920 von dem konservativen Politiker Arthur Mahraun (1890–1950) als nationaler Wehrverband gegründet. Er hatte zwischen 1925 und 1929 zwischen 150000 und 200000 Mitglieder, die überwiegend aus dem Mittelstand kamen und durch das „Fronterlebnis" im Ersten Weltkrieg geprägt waren. Der Jungdeutsche Orden pflegte eine dem mittelalterlichen Deutschen Ritterorden nachempfundene Organisation und Lebensweise – Mahraun nannte sich „Hochmeister" – und setzte sich für einen jungdeutschen Volks- und Führerstaat ein. Trotz seiner antiparlamentarischen und antikapitalistischen Ziele lehnte er die Monarchie ab und bekannte sich seit Mitte der zwanziger Jahre zur präsidial-demokratischen Republik. Überdies trat er für eine deutsch-französische Aussöhnung ein. Im Juli 1930 fusionierte der parteipolitische Arm des Jungdeutschen Ordens – die Volksnationale Reichsvereinigung – mit der DDP zur Deutschen Staatspartei, trat allerdings wenige Monate später aus Enttäuschung über den Misserfolg der neuen Partei bei der Reichstagswahl im September 1930 wieder aus und unterstützte in der Folgezeit Reichspräsident Hindenburg und die von ihm initiierten Präsidialregierungen. Im Juni 1933 wurde der Jungdeutsche Orden von den neuen nationalsozialistischen Machthabern verboten.

Die Deutsche Staatspartei bekannte sich zwar einerseits weiterhin zur Weimarer Reichsverfassung, betonte indes andererseits allein schon durch ihre Namensgebung jene verbreitete Wendung von individueller Freiheit hin zur Stärkung des Staates. Dazu passte auch ihre Kritik an der bisherigen Parteipolitik, der sie vorwarf, nicht die zur Überwindung der Krise notwendige „volksnationale Geschlossenheit" geschaffen zu haben. Die Staatspartei löste sich zwar bereits bald wieder auf, weil die ihr innewohnenden Tendenzen auf Dauer nicht zusammenpassten. Dennoch kommt der Konversion der DDP paradigmatische Bedeutung zu für jene damals verbreitete Neigung zur Abkehr vom bisherigen politischen System und der Suche nach einer anderen politischen Ordnung, die Deutschland scheinbar besser anstünde als der westliche Parlamentarismus. Solche Überzeugungen fanden sich eben beileibe nicht nur bei den alten Gegnern der Republik oder den enttäuschten Verlierern der Wirtschaftskrise, sondern weit darüber hinaus auch in einem Kreis von Intellektuellen, Politikern und Wissenschaftlern, die sich entweder von Beginn an oder zumindest in den letzten Jahren zur Weimarer Republik bekannt hatten.

Autoritäre Wende

Die „Politik der autoritären Wende" (Detlev Peukert) der Präsidialkabinette in den Jahren 1930 bis 1933 förderte diese negative Entwicklung zusätzlich, indem sie den Parlamentarismus durch ihre fehlende Anbindung an den Reichstag sukzessive aushöhlte und durch unpopuläre ökonomische Entscheidungen den radikalen Parteien weitere Anhänger zutrieb: Dem „stillen Verfassungswandel" seit der ersten Regierung Brüning folgte spätestens mit der Berufung Papens im Frühjahr 1932 ein faktisches „Hinübergleiten in die Präsidialdiktatur" (Jürgen Falter). Parallel hierzu erstarkten die radikalen Republikgegner von links und von rechts immer mehr. Das belegen die entsprechenden Wahlergebnisse eindeutig: Im Dezember 1924 hatten extreme Linke und Rechte zusammen rund 12 Prozent, im Mai 1928 kamen sie kaum darüber hinaus, während sie dann im September 1930 fast 32% der Reichstagsmandate auf sich vereinigten, ihren Anteil im Juli 1932 sogar auf rund 52% steigerten und auch im November 1932 nur unwesentlich auf 50% absanken.

Quelle

Reichsinnenminister Carl Severing im Dezember 1929

Quelle: Vierteljahrshefte für Zeitgeschichte 8 (1960), S. 281–289.

„Seit der Nichterneuerung des Republikschutzgesetzes [28. Juni 1929] vergeht kaum ein Tag, an dem nicht irgendwo in Deutschland, zumeist an mehreren Stellen, auf politisch Andersdenkende geschossen, eingeschlagen oder eingestochen wird. Der Zustand staatsbürgerlicher Sicherheit hat einen beklagenswerten Tiefpunkt erreicht und sinkt täglich mehr. Die Ursache dieser betrübenden Erscheinung ist hemmungslose Verhetzung durch Wort und Schrift, die von den Gegnern der Republik auf der äußersten Linken und auf der äußersten Rechten getrieben wird. […] Im folgenden wird eine Auswahl von Beispielen für die von rechts und links beliebte Hetze, die in den letzten Monaten durch kein Republikschutzgesetz gezügelt werden konnte, gegeben. […] Am 16.8. bezeichnete der Kommunist Rogalla in einer öffentlichen Versammlung der National-Sozialisten in Wanne-Eikel (Westfalen) die Republik als einen ‚Sau- und Schweinestall'. […] Gelegentlich des Stahlhelmtages in Brandenburg am 31.8. bezeichnete der Landwirt Oswald Herter die Reichsfarben öffentlich als ‚schwarz-rot-scheiße'. […] In einer öffentlichen kommunistischen Versammlung in Freiheit (Kreis Osterode, Reg.-Bez. Hildesheim) am 14.9. rief der Arbeiter Schubert in bezug auf die Minister Severing und Wissell: ‚Hängt sie an den Baum!' […] Die Folge solcher beschimpfenden, verhetzenden Äußerungen, deren Steigerung nicht mehr mit Mitteln der Sprache, sondern nur noch mit denen der Gewalt möglich ist, ist eine Aufwühlung der politischen Leidenschaften, die dann letzten Endes in der Begehung von Gewalttätigkeiten ihre Entladung findet. Eine keineswegs lückenlose Zusammenstellung von Zusammenstößen in der letzten Zeit mag als Beweis dafür folgen: […] Am 25.8. wurden in Essen vier von einer Veranstaltung des Reichsbanners Schwarz-Rot-Gold kommende Mitglieder dieses Verbandes auf ihrem Heimwege von Nationalsozialisten überfallen. Die Nationalsozialisten rissen ihnen die Abzeichen des Reichsbanners ab und zerfetzten zum Teil ihre Kleidung. Die mitgeführten Musikinstrumente wurden zertrümmert; ein Reichsbannermitglied erhielt mit einem Schlagring einen Hieb über den Kopf. Am 1.9.1929 überfielen in Köln einige Kommunisten zwei der Hitlerjugend angehörende junge Leute und verletzten einen durch Messerstiche in die Hand. […] Am 6.9. wurde in Köln ein Angehöriger der Lützowjugend von Kommunisten schwer misshandelt. Am gleichen Tag kam es in Oranienburg zu einer Schlägerei zwischen 25 Nationalsozialisten, die in ein von der KPD benutztes Versammlungslokal einzutreten begehrten, und Anhängern der KPD. Dabei fanden Messer, Spaten und andere gefährliche Werkzeuge Verwendung, sodass verschiedene Personen verletzt wurden. Am 8.9. wurden in Berlin am Wittenberg-Platz jüdisch aussehende Passanten von Anhängern der NSDAP überfallen und geschlagen. […] Am 17.11. wurden Mitglieder der SPD in Breslau, als sie die auf den Bürgersteigen für ihre Partei angebrachten und von den Kommunisten abgeänderten Wahlaufschriften wiederherstellen wollten, von etwa 30 Kommunisten angegriffen. Der Sozialdemokrat Fischer wurde dabei mit einem Kalkpinsel ins Gesicht geschlagen und der Kellner Schröter durch einen Tritt vor den Leib so schwer verletzt, dass er später daran starb. […]."

Parlamentarische Kultur

Die starke Stellung der systemfeindlichen Kräfte im Reichstag aber zerstörte jene parlamentarische Kultur der Kommunikation und Kooperation, die sich hier über die Parteigrenzen hinweg sowie ungeachtet politischer Meinungsverschiedenheiten in den letzten Jahren herausgebildet hatte, und legte die Arbeit der wichtigsten Volksvertretung in der Weimarer Republik vollends lahm: „Nach 1930 erschienen [die] Momente der institutionellen Kommunikation sozusagen im Negativbild. Gerade das Fehlen von Normalität, das Nicht-Gelingen und die Verweigerung von Kommunikation, der Zusammenbruch der Regelgeflechte lässt Schlüsse zu auf die Bedingungen ihres Funktionierens. Während ‚draußen' mehrere nebeneinander bestehende politische Kulturen minorisiert wurden oder die Sprachfähigkeit verloren, gilt im Reichstag, dass hier eine hegemoniale Kultur zerstört wurde. Ab 1930 zeigte sich die Zerstörung der Republik als Kollaps der parlamentarischen Kommunikation. [...] Dass der Reichstag in der Krise ab 1931 seine Funktion aufgab, ist mithin nicht nur dem Umstand zuzuschreiben, dass ihm diese von außen genommen wurde, sondern auch, dass er kein gemeinsames Regelverständnis mehr herstellen konnte. Die Kommunikationstaktik der systemfeindlichen Parteien führte zu einem Verlust der konsensuellen Sprache und von Praktiken, die – und sei es nur als Prozedur – regelhafte Politik möglich machten" (Thomas Mergel).

Bürgerkriegsähnliche Zustände

Parallel hierzu entartete die politische Auseinandersetzung seit Ende der zwanziger Jahre zunehmend zur hemmungslosen Diskreditierung politisch Andersdenkender, die überdies im Zuge eines immer blutigeren Straßenkampfes, der fast täglich neue Opfer forderte und bald bürgerkriegsähnliche Züge annahm, im wahrsten Sinne des Wortes als „Feinde" empfunden und dementsprechend rücksichtslos bekämpft wurden.

Die Konflikte nahmen in den Jahren 1931 und 1932 noch einmal drastisch zu: Im Sommer 1931 zählte man allein in Preußen 300 Todesopfer; im Jahr darauf eskalierte die Gewalt weiter, weil das politische Klima durch die rasche Abfolge von Wahlkämpfen (Reichspräsidentenwahl und zwei Reichstagswahlen sowie etliche Landtags- und Kommunalwahlen) zusätzlich aufgeheizt wurde: Auf dem Höhepunkt wurden in Preußen nur im Juli 86 Menschen getötet und über 1100 verletzt. Dabei agierten vor allem jene paramilitärischen Verbände offensiv, die sich die links- und rechtsradikalen Parteien hielten – seitens der KPD der **Rote Frontkämpferbund**, seitens der NSDAP Sturmabteilung (SA) und Schutzstaffeln (SS). Gemeinsamer Gegner beider Formationen wiederum waren neben der Polizei das republiktreue **Reichsbanner „Schwarz-Rot-Gold"** sowie die hieraus entstehende **Eiserne Front**.

Stichwort

Roter Frontkämpferbund

Erste Ortsgruppen dieses kommunistischen Kampfverbandes wurden im Mai 1924 in Thüringen und Sachsen gegründet.1928 zählte der RFB etwa 100000 Mitglieder. Nebenorganisationen waren die „Rote Jungfront", die „Rote Marine" und der „Rote Frauen- und Mädchenbund". An der Spitze des RFB stand seit 1925 der KPD-Vorsitzende Ernst Thälmann (1886–1944). Dieser richtete seine Partei Ende der zwanziger Jahre ganz am sowjetischen Vorbild aus und vollzog auch die 1928/29 von der Komintern angeordnete Wiederaufnahme des verschärften Klassenkampfes. Zum „Hauptfeind" wurde nun die SPD erklärt, die 1918 die Arbeiter verraten habe sowie eine Hauptstütze des Kapitalismus und folglich auch des Faschismus sei. Dementsprechend griff der RFB nun verstärkt die „Sozialfaschisten" sowie die von ihnen in der Zeit der Großen Koalition auf Reichsebene und im Rahmen der „Weimarer Koalition" in Preußen getragene Staatsgewalt an. Er wurde zwar im Frühjahr 1929 nach blutigen Ausschreitungen bei Kundgebungen zum 1. Mai in Berlin verboten, doch wirkte er illegal weiter oder gab Männer und Waffen an Nachfolgeorganisationen wie den „Kampfbund gegen den Faschismus" ab.

Stichwort

Reichsbanner „Schwarz-Rot-Gold"

Die republikanische Selbstschutzorganisation wurde im Februar 1924 von sechs Magdeburger Sozialdemokraten und je einem Mitglied der DDP und des Zentrums gegründet. Sie erfuhr in den folgenden Jahren einen starken Zulauf, auch von etlichen prominenten Politikern der Weimarer Republik, sodass sie 1932 schließlich 3,5 Millionen Mitglieder umfasste und damit den zahlenmäßig stärksten politischen Kampfverband der Weimarer Republik darstellte. Allerdings fehlte es dem Reichsbanner aufgrund seiner parteipolitischen Heterogenität an innerer Einheit. Darunter litten auch Einsatzbereitschaft und Kampfstärke der bis zu 400000 Angehörigen seiner Schutzformationen. Dennoch hat das Reichsbanner in der zweiten Hälfte der zwanziger Jahre durch seine Propaganda zur Stärkung der Weimarer Demokratie beigetragen und diese Anfang der dreißiger Jahre auch aktiv gegen die gewaltsamen Übergriffe von KPD und NSDAP verteidigt.

Stichwort

Eiserne Front

Das Reichsbanner „Schwarz-Rot-Gold" rief zusammen mit SPD, ADGB und dem Arbeitersportbund am 16. Dezember 1931 in Berlin die Eiserne Front ins Leben. Ziel war die Koordination der politischen Aktionen der beteiligten Organisationen, um den republikanischen Widerstand zu stärken. Dies gelang jedoch nur unzureichend: Zum einen geriet die Eiserne Front aufgrund der sozialdemokratischen Dominanz in Führung und Mitgliedschaft schnell in den Verdacht, ein „roter Verband" zu sein. Das schwächte ihre Akzeptanz in der Öffentlichkeit. Zum anderen wurde sie einseitig abhängig von den Entscheidungen der SPD-Führung, die wiederum in der Endphase der Weimarer Republik davor zurückschreckte, die Kampfbereitschaft der Eisernen Front zur offensiven Verteidigung der Demokratie zu nutzen.

Obwohl man sich vor jedem historischen Determinismus hüten und die Offenheit der historischen Entwicklung in der Endphase der Weimarer Republik betonen sollte, bleibt festzuhalten, dass die erste deutsche Demokratie seit dem Ausbruch der Weltwirtschaftskrise auf die abschüssige Bahn geriet und ihr Bestand extrem gefährdet war. Das lag nicht nur an den objektiven – vor allem ökonomischen – Schwierigkeiten, mit denen sie nun zu kämpfen hatte, sondern auch an den verbreiteten antidemokratischen, antiparlamentarischen und antirepublikanischen Ressentiments in weiten Teilen der deutschen Gesellschaft, die letztlich bereits in den Jahren vorher zumindest latent vorhanden gewesen waren, dann angesichts der Wirtschafts- und Staatskrise vollends manifest und schließlich von den Weimarer Systemfeinden skrupellos ausgenutzt wurden. ■

Auf einen Blick

Die Weltwirtschaftskrise und die dadurch eingetretene Verelendung größerer Teile der Gesellschaft war zweifellos eine weitere starke Belastung der noch jungen Weimarer Demokratie. Umstritten ist dabei zum einen, inwiefern die Krise in Deutschland durch „ungesundes" Wirtschaftsgebaren in den Jahren zuvor – zu hohe Ausgaben, wachsende Verschuldung, überproportionale Steigerung von Löhnen und Sozialleistungen – verstärkt worden ist und ob eine antizyklische Konjunkturpolitik in der Krise – mittels Arbeitsbeschaffungsprogrammen und expansiver Geldpolitik – die verheerenden Auswirkungen der Massenarbeitslosigkeit entscheidend hätten abmildern können. Zum anderen wird kontrovers diskutiert, inwiefern die ökonomische Krise der Weimarer Republik den finalen Todesstoß versetzt hat oder ob die sich hieraus ergebende Staatskrise durchaus noch hätte überwunden werden können.

Literaturhinweise

Fritz Blaich: Der Schwarze Freitag. Inflation und Weltwirtschaftskrise. München ³1994.

Dirk Blasius: Weimars Ende. Bürgerkrieg und Politik 1930–1933. Göttingen 2005.

David F. Crew: Germans on Welfare. From Weimar to Hitler. NewYork–Oxford 1998.

Jan-Otmar Hesse/Roman Köster/Werner Plumpe: Die Große Depression. Die Weltwirtschaftskrise 1929–1939. Frankfurt 2014.

Harold James: Deutschland in der Weltwirtschaftskrise 1924–1936. Stuttgart 1988.

II. Der Bruch der Großen Koalition im März 1930: Abschied vom Parlamentarismus?

Überblick

Die Entstehung der Großen Koalition nach den Reichstagswahlen vom Mai 1928 offenbarte einmal mehr die strukturellen Schwächen von Parteiensystem und Parlamentarismus in der Weimarer Republik. Die Verhandlungen zogen sich nämlich über Wochen hin und die hieraus resultierende Regierung war eher ein „Kabinett der Persönlichkeiten" als ein von den beteiligten Parteien – SPD, DDP, Zentrum, BVP und DVP solidarisch getragenes Bündnis. Gleichwohl gelang der neuen Regierung mit der Verabschiedung des Young-Plans noch einmal ein wichtiger außenpolitischer Erfolg. Diese neue Reparationsregelung bot Deutschland erhebliche Vorteile im Vergleich zum bisherigen Dawes-Plan. Indes gab seine lange Laufzeit – bis 1988 – der Agitation der radikalen Rechten gegen die Republik willkommenen Nährstoff. Zwar scheiterte der von ihr initiierte Volksentscheid, doch bedeutete dies am Ende nur einen Pyrrhussieg für die junge Demokratie, denn deren innenpolitisches Klima hatte sich durch die neuerliche rechte Hetze gegen die Republik weiter verschlechtert. Überdies zeigte die Polemik um den Young-Plan auch, dass die internationale Verständigungspolitik der letzten Jahre an ihr Ende zu kommen drohte. Schließlich brachen angesichts der Weltwirtschaftskrise auch die finanz- und wirtschaftspolitischen Gegensätze zwischen den Regierungspartien aus: Während die arbeitnehmerorientierte SPD die unter Druck geratene Arbeitslosenversicherung vor allem durch Beitrags- und Steuererhöhungen liquide halten wollte, plädierte die arbeitgeberfreundliche DVP für eine Verringerung der Zuwendungen für Arbeitslose. Hierüber kam es im März 1930 zum Bruch der Großen Koalition.

Zeittafel	
20.5.1928	Wahlen zum Reichstag
28.6.1928	Bildung einer Großen Koalition unter Reichskanzler Hermann Müller
Okt.–Dez.1928	Ruhreisenstreit
11.2.–7.6.1929	Sachverständigenkonferenz zur Revision des Dawes-Plans in Paris unter Vorsitz des Amerikaners Owen D. Young
7.6.1929	Unterzeichnung des Young-Plans
9.7.1929	Bildung eines „Reichsausschusses für das deutsche Volksbegehren" gegen den Young-Plan
6.–31.8.1929	Erste Konferenz in Den Haag über den Young-Plan
3.10.1929	Tod von Außenminister Gustav Stresemann
22.12.1929	Scheitern des Volksbegehrens gegen den Young-Plan

3.–20.1.1930	Zweite Konferenz in Den Haag über den Young-Plan
12.3.1930	Annahme des Young-Plans durch den Reichstag
27.3.1930	Rücktritt des Kabinetts Müller

1. Parteienkoalition oder „Kabinett der Persönlichkeiten"?

Entstehung und Scheitern der Großen Koalition sind als „ein republikanisches Lehrstück" (Hagen Schulze) bezeichnet worden. Und in der Tat: Die Entwicklung dieser letzten demokratisch legitimierten und parlamentarisch getragenen Regierung der Weimarer Republik ist ein „Lehrstück", allerdings kein zur Nachahmung empfohlenes. Denn alle Gebrechen des damaligen deutschen Parlamentarismus und seiner Akteure kulminierten noch einmal in dieser Regierungszeit. Deren beeindruckende Dauer von 637 Tagen, immerhin die längste, die einem Kabinett zwischen 1919 und 1932 beschieden war, täuscht nur vordergründig darüber hinweg, wie innerlich zerrissen, latent zerbrechlich und potentiell handlungsunfähig diese neue Große Koalition war.

Reichstagswahlergebnis

Zunächst schien 1928 alles für die erfolgreiche Neuauflage eines solchen Regierungsbündnisses zu sprechen: In den Reichstagswahlen vom 20. Mai 1928 legte die SPD im Vergleich zu 1924 um fast vier Prozent zu und errang mit knapp 30% und über 150 Mandaten ihr zweitbestes Ergebnis seit den Wahlen zur Verfassunggebenden Nationalversammlung im Januar 1919. Dabei profitierte sie von der starken Mobilisierung ihrer Anhängerschaft, ein Umstand, der umso mehr zu Buche schlug, als bei dieser Reichstagswahl die niedrigste Wahlbeteiligung seit 1919 zu verzeichnen war. Den sozialdemokratischen Gewinnen standen deutliche Verluste der Parteien der vorherigen „Bürgerblock"-Regierung gegenüber, insbesondere bei der DNVP (6,3%), etwas schwächer bei Zentrum (1,5%), BVP (0,6%) und DVP (1,4%). Ebenfalls Stimmeneinbußen erlitt die bisher oppositionelle DDP (1,4%). Gewinner war neben der SPD die KPD, die auf über 10% der Stimmen kam, und etliche kleinere Interessengruppen, wie die Wirtschaftspartei, die Landvolk-Partei und die Bauernpartei, die der Weimarer Republik eher feindlich gegenüberstanden und nun 8% der Stimmen erreichten. Dementsprechend verfügte weder die vorangegangene Mitte-Rechts-Koalition noch die alte Weimarer Koalition aus SPD, DDP und Zentrum über eine Mehrheit. Als Alternativen boten sich ein Minderheitskabinett, eine um die BVP erweiterte Weimarer Koalition oder aber eine Große Koalition von SPD, DDP, Zentrum, BVP und DVP an. Für letztere Kombination schien die deutliche Mehrheit von mehr als 60% der Reichstagssitze zu sprechen.

Regierungsbildung

Dennoch stellten sich die Verhandlungen über die Regierungsbildung als äußerst schwierig heraus: Eigentlich wollten nur SPD und DDP eine solche

Koalition. Die DVP hingegen war hierzu lediglich bereit, wenn auch das preußische Staatsministerium, wo seit 1925 als Sonderfall im Reich eine Weimarer Koalition regierte, entsprechend umgebildet wurde. Das Zentrum wiederum forderte mehr Ministerien, als ihm aufgrund seines Stimmenanteils zustanden. Hinzu kamen sachliche Differenzen in verschiedenen Einzelfragen. Schließlich versuchte der DVP-Vorsitzende **Stresemann** den gordischen Knoten zu zerschlagen, indem er dem SPD-Vorsitzenden Hermann Müller am 23. Juni 1928 in einem Telefonat sowie einem anschließenden Telegramm aus dem Sanatorium Bühlerhöhe im Schwarzwald statt einer klassischen Parteienkoalition zunächst die Bildung eines Kabinetts der Persönlichkeiten vorschlug: „Ich glaube nach wie vor, dass ein Zusammenwirken von Sozialdemokraten bis Volkspartei notwendig und möglich ist. Dieses Zusammenwirken wird am besten zum Erfolge führen, wenn Persönlichkeiten aus den Fraktionen der Großen Koalition sich über das Programm klar werden, mit dem sie vor den Reichstag treten, und ihrerseits mit diesem Programm stehen und fallen. Eine solche Kabinettsbildung entspricht auch dem Geiste der deutschen Reichsverfassung, die nur die persönliche Verantwortlichkeit der Reichsminister, aber nicht die Verantwortlichkeit von Fraktionen kennt."

Stichwort

Gustav Stresemann

(1878–1929) war erstmals 1907 als Vertreter der Nationalliberalen Partei in den Reichstag gekommen. Während des Ersten Weltkriegs war er lange einer der vehementesten Vertreter eines annexionistischen „Siegfriedens" gewesen. Deshalb lehnte ihn auch die neugegründete linksliberale DDP Ende 1918 ab. Daraufhin gründete Stresemann die nationalliberale DVP. Im Laufe der kommenden Jahre wandelte sich der Parteivorsitzende vom „Herzensmonarchisten" zum „Vernunftrepublikaner", der den Nutzen des neuen Staatswesens anerkannte und auch bereit war, sich für die Republik einzusetzen. Im Sommer 1923 wurde er Reichskanzler und Außenminister. Er hatte den Mut, den ebenso erfolglosen wie kostspieligen „passiven Widerstand" gegen die französische Besetzung des Rheinlands zu beenden und eine zwar schmerzhafte, aber notwendige Währungsreform durchzuführen. Auch nach dem Verlust der Kanzlerschaft Ende 1923 blieb er bis zu seinem Tod sechs Jahre später Außenminister. In dieser Zeit, die als „Ära Stresemann" bezeichnet worden ist, führte er Deutschland an die Westmächte heran, insbesondere auch an den bisherigen „Erbfeind" Frankreich. Er versuchte erstmals, das deutsche Revisionsverlangen mit den Sicherheitsbedürfnissen der deutschen Nachbarn zu verknüpfen. Diesen außenpolitischen Neuansatz spiegelten die am 16. Oktober 1925 geschlossenen Verträge von Locarno, mit denen Deutschland seine Westgrenzen anerkannte und dafür einen ersten alliierten Teilabzug aus dem besetzten Rheinland erreichte. Für seine Bemühungen erhielt Stresemann 1926 zusammen mit seinem französischen Amtskollegen Aristide Briand (1862–1932) den Friedensnobelpreis. Auch in der deutschen Innenpolitik trat Stresemann für einen allmählichen Ausgleich der gegensätzlichen politischen Kräfte auf dem Boden der Verfassung ein.

„Schuss von Bühlerhöhe"

Der „Schuss von Bühlerhöhe", wie die Presse Stresemanns Initiative nach Bekanntwerden nannte, brachte die festgefahrenen Koalitionsverhandlungen wieder in Gang und nach einigen weiteren Wirren endlich auch zum glücklichen Abschluss. Am 28. Juni 1930 ernannte Hindenburg das neue Kabinett unter dem sozialdemokratischen Reichskanzler **Hermann Müller**.

Abb. 3 Das Kabinett Müller II, eine Erweiterung der „Weimarer Koalition" aus SPD, Zentrum und DDP um DVP und BVP, amtierte vom 28. Juni 1928 bis zum 27. März 1930 (sitzend 2. v. l. Reichskanzler Hermann Müller, Gustav Stresemann fehlt).

Stichwort

Hermann Müller

(1876–1931) hatte sich in der SPD, der er seit 1893 angehörte, hochgearbeitet: Von 1903 bis 1906 war er Stadtverordneter in Görlitz gewesen. Danach war er in den Reichsvorstand seiner Partei aufgerückt und dort für die Pressearbeit und die Auslandsverbindungen der Partei zuständig gewesen. 1916 wurde er Mitglied des Reichstags. 1919 gehörte er der Verfassunggebenden Nationalversammlung an, seit 1920 dann dem neugewählten Reichstag, wo er zeitweise Vorsitzender der sozialdemokratischen Fraktion war. Als Reichsaußenminister unterzeichnete er am 28. Juni 1919 den Versailler Friedensvertrag. Von März bis Juni 1920 stand er erstmals an der Spitze einer Regierung der „Weimarer Koalition" aus SPD, Zentrum und DDP. Von 1919 bis 1929 war er auch Vorsitzender seiner Partei. Müller war ein bewährter Funktionär und Organisator, dem indes jedes Charisma abging. Das hätte sein innerparteilicher Konkurrent, der preußische Ministerpräsident Otto Braun (1872–1955), durchaus gehabt. Überdies hatte er bei den parallel zur Reichstagswahl stattgefundenen Landtagswahlen in Preußen einen noch deutlicheren Sieg errungen als seine Partei auf Reichsebene. Doch Braun konnte sich gegen Müller nicht durchsetzen, weil er der eigenen Partei zu unbequem und machtbewusst war.

Weitere SPD-Politiker im Kabinett waren Innenminister Carl Severing (1875–1952), Finanzminister Rudolf Hilferding und Arbeitsminister Rudolf Wissell (1869–1962). Für die DVP traten Gustav Stresemann, erneut als Außenminister, und Julius Curtius (1877–1948), als Wirtschaftsminister, dem Kabinett bei, vom Zentrum Theodor von Guérard (1863–1943) als Minister für Verkehr und die besetzten Gebiete, für die BVP Postminister Georg Schätzel (1874–1934) und schließlich für die DDP Justizminister Erich Koch-Weser und Ernährungsminister Hermann Dietrich (1879–1954). Dazu kam der parteilose Reichswehrminister Wilhelm Groener (1867–1939). Wie gesagt, dies war ein „Kabinett der Persönlichkeiten“, mit der bizarren Konsequenz, dass zumindest Zentrum und DVP erklärten, dass sie sich an die Regierungsvereinbarung nicht gebunden fühlten und sich eine Opposition gegen etwaige Regierungsbeschlüsse vorbehielten. Zu Recht bezeichnete das „Berliner Tageblatt“ daher bereits damals die Große Koalition als „ein Kabinett mit eingebauter Dauerkrise“.

Tatsächlich drohte die Koalition in den beiden folgenden Jahren wiederholt auseinander zu fallen. Im Februar 1929 trat das Zentrum sogar vorübergehend aus der Regierung aus, um seiner ultimativen Forderung nach zwei weiteren Ministerposten Nachdruck zu verleihen. Hierin glaubte Reichskanzler Müller bereits ein unheilvolles Menetekel für das politische Klima in Deutschland zu sehen: „Der Austritt des Zentrums aus der Regierung hat im deutschen Bürgertum diejenigen Strömungen gestärkt, die in Anbetracht von Uneinigkeiten der auf dem Boden der Verfassung stehenden Parteien und der dadurch bedingten Ohnmacht des Reichstages das Heil von einer überparteilichen starken Regierung erwarten.“ Erneut war es Stresemann, der seine ganze Autorität einsetzte, um den Widerstand gegen diese Forderung vor allem in der eigenen Partei – der DVP – zu überwinden. Am Ende konstituierte sich die Große Koalition im April 1929 erneut – mit drei Zentrumsministern und immerhin nunmehr mit der formellen Zustimmung aller vier beteiligten Parteien zu dieser Regierung.

Distanz der Regierungsparteien

Das spätere Scheitern der Großen Koalition lässt sich zwar keineswegs zwangsläufig aus ihren Geburtswehen ableiten, dennoch bleibt der Tatbestand, dass sich die erklärte Distanz der Parteien und deren Reichstagsfraktionen zu den Ministern aus ihren eigenen Reihen als eine schwere Hypothek für ihren Bestand erweisen sollte. Das latente Spannungsverhältnis zwischen Kabinett und Parlamentariern selbst der Koalitionsparteien trieb bereits im Sommer/Herbst 1928 eigenartige Stilblüten – beispielsweise bei der Entscheidung über den Bau des so genannten **Panzerkreuzers A**.

Stichwort

Panzerkreuzer A

Im Versailler Vertrag vom 28. Juni 1919 hatten die Siegermächte des Ersten Weltkrieges Deutschland erhebliche Rüstungsbeschränkungen auferlegt. Dazu zählten neben einem 100000-Mann-Heer aus Berufssoldaten auch eine Begrenzung der

Marine auf 15000 Mann, deren Bewaffnung, einschließlich der zugelassenen Ersatzbauten für veraltete Schiffe, genau festgelegt war. Nachdem die Marineleitung zunächst verschiedene kleine Kreuzer, Zerstörer und Torpedoboote durch neue Modelle ersetzt hatte, entschied sie sich in der zweiten Hälfte der zwanziger Jahre auch zur Erneuerung der veralteten größeren Kriegsschiffe der im Friedensvertrag erlaubten 10000-Tonnen-Klasse. Als Ersatz für das außer Dienst gestellte Linienschiff „Preußen" (Baujahr 1903) sollte die erste Einheit der neuen Schiffsserie, das Panzerschiff A, im Haushaltsjahr 1928/29 auf Kiel gelegt werden.

Der militärische Nutzen eines solchen Schiffs – dessen vorgebliche Befähigung zum Küstenschutz in der Ostsee – war durchaus umstritten. Auch war die Finanzierung zunächst ungeklärt. Hinzu traten Sorgen wegen etwaiger negativer außenpolitischer Auswirkungen dieser rüstungspolitischen Maßnahme. Dementsprechend hatte bereits die vorherige Reichsregierung Marx 1927 zwar den Bau beschlossen, ihre Entscheidung aber wegen finanzieller Probleme nicht mehr umsetzen können, zumal auch der Reichsrat unter Führung des sozialdemokratisch dominierten Preußens Einspruch gegen den Bau erhob. Das Kabinett Müller indes schob alle Einwände beiseite und entschied am 10. August 1928 überraschend, die alte Regierungsentscheidung zugunsten des neuen Schlachtschiffs nun umzusetzen, zumal die Finanzierung mittlerweile durch Umschichtungen im Wehretat gesichert war.

Abstimmung im Reichstag

Allerdings zog ihr das erheblichen Protest zu: Während die bürgerlichen Parteien DDP, Zentrum und DVP den Bau billigten, opponierten SPD und KPD entschieden. In der SPD bestritt man nicht nur die Notwendigkeit eines solchen Panzerkreuzers, sondern fürchtete auch, der KPD-Propaganda in die Hände zu spielen: Kommunisten und Sozialdemokraten hatten den Wahlkampf im Frühjahr 1928 gemeinsam mit der demagogischen Parole „Kinderspeisung statt Panzerkreuzer" geführt und damit die Frage des Panzerkreuzer-Baus gegen die populärere Forderung nach einer kostenlosen Kinderspeisung an Volksschulen ausgespielt. Stimmte die SPD der Regierungsvorlage jetzt doch zu, drohte ihr der Vorwurf der Wahlkampflüge. Kippen konnte sie sie indes nicht, weil sie außer in der KPD in dieser Frage keinen Verbündeten hatte. Letztlich stimmte denn auch Mitte November 1928 eine bürgerliche Mehrheit im Reichstag dem Bau des Panzerkreuzers zu. Allerdings zwang die SPD-Fraktion Reichskanzler Müller und die übrigen SPD-Minister, in der entscheidenden Abstimmung von der Regierungsbank aufzustehen, ihre Abgeordnetensitze einzunehmen und dann gegen die Vorlage zu stimmen, die sie eigentlich mit initiiert und für deren Annahme sie in der vorherigen Debatte plädiert hatten. Es war dies ein ebenso entwürdigendes wie lächerliches Schauspiel, das jene in ihren Ressentiments bestätigen musste, die das Parlament für eine Schwatzbude und die Regierungsvertreter für willenlose Werkzeuge einseitiger Parteieninteressen hielten.

2. Außenpolitischer Erfolg und innenpolitische Hypothek: Der Young-Plan 1929

In den kommenden Monaten brachte die Große Koalition immerhin den Young-Plan über die parlamentarischen Hürden – der größte außenpolitische Erfolg, ja der größte Erfolg dieser Regierung überhaupt und eigentlich der einzige Kitt der heterogenen Koalition.

Stichwort

Young-Plan

Er wurde am 7. Juni 1929 im Rahmen einer internationalen Sachverständigenkonferenz in Paris mit Vertretern aus Großbritannien, Frankreich, Belgien, Italien, Japan und den USA, die seit Februar getagt hatte, unterzeichnet und war, wie bereits der Dawes-Plan von 1924, erneut nach einem amerikanischen Bankier, Owen D. Young (1874–1962) – dem Vorsitzenden der Pariser Konferenz – benannt. Objektiv betrachtet bedeutete er für Deutschland einen Fortschritt: Die endgültige Reparationssumme wurde nun auf 112 Milliarden Mark festgelegt, zahlbar in 58 Jahresraten bei deutlich geringeren Beträgen, als sie der Dawes-Plan vorgesehen hatte: Von 1,7 Milliarden Goldmark sollten sie langsam auf 2,4 Milliarden steigen, um gegen Ende der Laufzeit wieder auf 1,7 und zuletzt sogar auf 0,9 Milliarden zu fallen. Zudem verteilten sich die jährlichen Zahlungen auf einen „geschützten" und einen „ungeschützten" Teil. Während letzterer unbedingt und fristgerecht zu bezahlen war, konnte die Reichsregierung bei ersterem notfalls einen Aufschub von zwei Jahren beantragen. Geriet Deutschland in Zahlungsschwierigkeiten, konnte es überdies einen internationalen Sachverständigenausschuss anrufen. Dieser musste im Falle einer deutschen Zahlungsunfähigkeit Vorschläge für eine Revision des Young-Plans unterbreiten. Schließlich war vorgesehen, dass bei einem amerikanischen Schuldenerlass gegenüber den interalliierten Schuldnern der USA hiervon zwei Drittel auf die deutsche Reparationslast angerechnet werden sollte. Dies alles musste die prekäre finanzielle und wirtschaftliche Lage Deutschlands stabilisieren und seine internationale Kreditwürdigkeit erhalten. Gleichzeitig verzichteten die Alliierten auf alle Wirtschaftskontrollen und verpflichteten sich auf einer Folgekonferenz in Den Haag, das Rheinland vorzeitig zum 30. Juni 1930 zu räumen.

Volksbegehren gegen den Young-Plan

Trotz seiner Vorzüge erwies sich der Young-Plan als eine schwere innenpolitische Hypothek: Die endgültige Regelung der Reparationsfrage wurde nämlich von der innenpolitischen Agitation und Hetze in Deutschland überlagert. Besonders die lange Laufzeit des Plans lieferte einem „Reichsausschuss für das Volksbegehren" gegen den Young-Plan aus DNVP, dem Frontkämpferverband „Stahlhelm", der aufsteigenden NSDAP und weiteren Rechtsgruppen Munition für seine Agitation gegen diesen „Neuen Plan". Er formulierte den Entwurf eines „Gesetzes gegen die Versklavung des deutschen Volkes", das Reichsminister und ursprünglich sogar den Reichspräsidenten mit Zuchthausstrafen bedrohten, sollten sie den Young-Plan unterzeichnen und überhaupt noch weiter Reparationen bezahlen. Zudem wurde die Nichtanerkennung des Artikels 231 des Versailler Vertrags, des „Kriegsschuldartikels", und die bedingungslose Räumung aller besetzten Gebiete gefordert. Mittels eines eigenen Pressedienstes, verschiedener Kampfschriften und zahlreicher Flugblätter, Handzettel sowie Broschüren und sogar eines besonderen Werbefilms verbreitete der „Reichsausschuss" unter Führung des DNVP-Vorsitzenden Hugenberg seine Hetzpropaganda.

Hugenberg und der NSDAP-Vorsitzende Adolf Hitler mussten zwar gegenüber den Hindenburg-Anhängern in der DNVP zurückstecken und die Strafandrohung zumindest gegen den Reichspräsidenten zurückziehen. Auch spaltete sich nun ein pragmatischer Flügel um den Vorsitzenden der Reichstagsfraktion, Kuno Graf von Westarp (1864–1945), von der DNVP ab, weil er nicht nur das Reichsgesetz ablehnte, sondern auch Hugenbergs Fundamentalopposition gegen die ihm verhasste Republik sowie seinen autokratischen Führungsstil. Doch der „Reichsausschuss" war dennoch nicht gänzlich erfolglos: Immerhin stimmten am 2. November 1929 gut zehn Prozent der stimmberechtigten Bevölkerung für den Gesetzesentwurf und machten damit den Weg für einen entsprechenden **Volksentscheid** frei.

Stichwort

Volksentscheid

Art. 73 WRV und ein späteres Ausführungsgesetz sahen die Möglichkeit eines Volksentscheids vor. Dabei konnte die Initiative hierdurch einerseits vom Volk – im Zuge eines Volksbegehrens – ausgehen, andererseits vom Reichspräsidenten, dem Reichsrat oder einem Drittel des Reichstags. Letzteres blieb jedoch eine theoretische Möglichkeit. Tatsächlich fanden Volksentscheide in einer Reihe von Fällen nur aufgrund eines Volksbegehrens statt. Dabei musste ein Zehntel der Stimmberechtigten beantragen, dass der Reichstag einen von den Antragstellern ausgearbeiteten Gesetzesentwurf unverändert annehmen sollte. Lehnte eine Mehrheit der Abgeordneten dies ab oder nahm den beantragten Entwurf nur in veränderter Form an, fand ein Volksentscheid statt. Dessen Erfolg war allerdings angesichts der geforderten Mehrheiten von vornherein unwahrscheinlich: Zwar reichte normalerweise eine einfache Mehrheit der abgegebenen Stimmen aus, sollte jedoch mit dem Volksentscheid ein Beschluss des Reichstags außer Kraft gesetzt werden, musste überhaupt erst eine Mehrheit der Stimmberechtigten an der Abstimmung teilnehmen. Das betraf nach der herrschenden staatsrechtlichen Lehre faktisch alle Fälle eines Volksentscheides. Damit brauchten dessen Gegner ihre Anhänger jeweils nur aufzufordern, nicht an der Abstimmung teilzunehmen, um diese scheitern zu lassen, zumal es ja ohnehin immer eine relativ große Zahl von politisch Passiven gab. Entsprechend endeten auch alle drei Versuche eines Volksentscheids mit einem Misserfolg: 1926 der kommunistisch-sozialdemokratische Antrag auf entschädigungslose Enteignung der Fürstenvermögen, 1928 der kommunistische Volksentscheid gegen den Bau des Panzerkreuzers A – bereits wegen fehlender Zustimmung im Volksbegehren – und 1929 schließlich auch der Versuch, die Annahme des Young-Plans zu verhindern.

Der relative Erfolg der rechten Agitatoren des „Reichsausschusses“ erklärte sich aus der Tatsache, dass auch im Regierungslager, einschließlich der SPD, der Eindruck vorherrschte, Deutschland werde selbst die im Vergleich zum Dawes-Plan geringeren Jahresraten auf Dauer nicht erbringen können, zumal sich Deutschland auf den Haager Folgekonferenzen gegenüber verschiedenen Staaten – vor allem Polen – zum Verzicht auf die Herausgabe der Liquidationserlöse hatte bereit erklären müssen, die sie bei der Verwertung des im Ersten Weltkrieg beschlagnahmten deutschen Eigentums erzielt hatten. Entsprechend verlasen die deutschen Vertreter in Paris vor der Ratifizierung auch eine Erklärung, in der bereits auf die Revisionsmöglichkeiten des Young-Plans und die noch offenen deutschen Revisionsziele hingewiesen wurde, ohne deren Verwirklichung der Friede in Europa nicht gesichert sei. Reichsbankpräsident **Hjalmar Schacht** hatte sogar öffentlich seine Vorbehalte verdeutlicht.

Stichwort

Hjalmar Schacht

(1877–1970) wurde Ende 1923 Reichswährungskommissar und Reichsbankpräsident. In dieser Funktion spielte er auch in den Reparationsverhandlungen eine wichtige Rolle: Bereits 1924 hatte er an den Konferenzen über die Dawes-Plan-Anleihe teilgenommen. Auf der Pariser Sachverständigenkonferenz 1929, die das Dawes-Abkommen zugunsten des Young-Plans revidierte, leitete er die deutsche Delegation. Allerdings trat er im März 1930 demonstrativ von dieser Funktion zurück, um so gegen die seiner Meinung nach zu große Konzessionsbereitschaft der Reichsregierung zu protestieren. Einen Monat später legte er auch das Amt des Reichsbankpräsidenten nieder und heizte damit die innenpolitische Kontroverse über die Reparationszahlungen weiter an. In der Folgezeit rückte Schacht, der 1918 Mitbegründer der DDP gewesen war, auch politisch weiter nach rechts und beteiligte sich an der Bildung der „Harzburger Front“, eines Bündnisses von „Stahlhelm“, DNVP und NSDAP. Überdies führte er Hitler in die Kreise von Großfinanz und Großindustrie ein und machte ihn damit weiter salonfähig. In der Zeit des „Dritten Reiches“ wurde er erneut Reichsbankpräsident – 1933 bis 1939 – und zusätzlich noch Reichswirtschaftsminister – 1934 bis 1937 –, bevor er mit den nationalsozialistischen Machthabern brach und Kontakte zu Widerstandskreisen aufnahm. 1947 wurde er im Rahmen eines Entnazifizierungsverfahrens zu acht Jahren Haft verurteilt, jedoch 1950 vorzeitig entlassen. Danach arbeitete er als Privatbankier.

Die verbreitete Kritik am Young-Plan unterschlug, dass Deutschland in dem Maße, wie es international kooperierte, bereits in der Vergangenheit zunehmend von den Einschränkungen und Belastungen des Friedensvertrags befreit worden war. Insofern war ein Ende der Zahlungen wenn auch noch nicht definitiv, so doch prinzipiell absehbar. Vielleicht scheiterte auch deshalb der Versuch der Rechten, die Annahme des Young-Plans zu verhindern, letztlich doch deutlich: Nachdem der Reichstag wie erwartet mit Mehrheit den Gesetzesentwurf des „Reichsausschusses“ abgelehnt hatte, wurde für den 22. Dezember 1929 ein Volksentscheid angesetzt, der aber mit nur 13,8% der Stimmen deutlich an der geforderten 50%-Hürde scheiterte.

Republikanische Außenpolitik

Dennoch verriet die offene, persönlich diffamierende Hetze der Rechten einen erneuten innen- und außenpolitischen Klimawechsel in Deutschland: Stresemanns Politik internationaler Aussöhnung und Kooperation, die auch der deutsche Beitritt zum Briand-Kellogg-Pakt, einem weltweiten Kriegsächtungsabkommen, Ende August 1928 dokumentiert hatte, wurde in Deutschland zunehmend weniger akzeptiert. Seine „republikanische Außenpolitik" (Peter Krüger) beruhte auf drei Prinzipien: 1. Die Interessen der übrigen Mächte wurden als gleichberechtigte Größen neben dem eigenen Nationalinteresse ins außenpolitische Kalkül einbezogen. 2. Deutschland band sich nicht einseitig an den Westen oder den Osten, sondern unterhielt gute Beziehungen sowohl zu den Westmächten als auch zur Sowjetunion, wobei allerdings finanzielle Abhängigkeiten und ideologische Gemeinsamkeiten im Zweifelsfall für eine stärkere Orientierung nach Westen sprachen. 3. Die deutsche Außenpolitik bemühte sich, Spannungen zu vermeiden oder durch gegenseitige Kompromisse zu beseitigen. Dementsprechend stützten sich ihre Revisionsforderungen auch nicht auf militärische Gewalt, sondern auf die eigene Finanz- und Wirtschaftskraft. Insofern praktizierte Stresemann zwar durchaus auch Macht-, ja Hegemonialpolitik, doch nicht in der traditionellen Variante von militärischer Drohung und kriegerischem Einsatz, sondern mit den neuen Mitteln ökonomischer Abhängigkeit und Durchdringung. Prämisse dieser Politik war die Einsicht in die internationale Interdependenz und die daraus resultierende Notwendigkeit des Multilateralismus: Zwischenstaatliche Kooperation und umfassende Vernetzung sollten die Verfolgung des nationalen Interesses international verträglich machen.

Stresemanns außenpolitischer Kurs hatte Deutschland in den letzten Jahren wieder in den Kreis der europäischen Mächte zurückgeführt, ihm neue internationale Reputation eingebracht und auch erste revisionspolitische Erfolge beschert. Indes schien selbst dem Außenminister und erst recht seinen deutschen Kritikern die Suspendierung der Bestimmungen des Versailler Vertrags nicht schnell genug voranzuschreiten. Gleichzeitig machte sich im westlichen Ausland Ende der zwanziger Jahre der Verdacht breit, Deutschland strebe zu rasch nach einer vollständigen Liquidation des Krieges und einer Rückkehr zur Normalität. Bereits die Ergebnisse von Locarno in der Hochphase der deutsch-französischen Verständigungspolitik waren in Frankreich und Deutschland gänzlich unterschiedlich interpretiert worden: in Frankreich als ein Mittel, die begonnene Aushöhlung des Versailler Vertrags zu stoppen, in Deutschland hingegen gerade als ein Ausgangspunkt für eine weitere und nun sogar beschleunigte Revision der Pariser Nachkriegsordnung.

Auch für Stresemann drohte die Harmonisierung von deutschen Forderungen und ausländischer Konzessionsbereitschaft bzw. von andauerndem deutschen Großmachtanspruch und neuer europäischer Friedensordnung gegen Ende seiner Amtszeit immer schwerer zu werden. Vor diesem Hintergrund mutet eine Frage des Staatssekretärs im Auswärtigen Amt, **Carl von Schubert**, an die britische und französische Regierung vom Juli 1928 fast wie eine implizite Drohung an: „Wollt ihr die Locarnopolitik tatkräftig weiterführen oder nicht?"

Stichwort

Carl von Schubert

(1882–1947) stammte aus einer sehr vermögenden Familie. 1906 trat er in den diplomatischen Dienst ein und durchlief verschiedene Auslandsstationen. Nach dem Krieg bestimmte er maßgeblich die Reorganisation des Auswärtigen Amtes und wurde im Dezember 1924 Staatssekretär. In den folgenden fünf Jahren war er aufgrund seiner herausragenden beruflichen Qualifikation der wichtigste Mitarbeiter von Außenminister Stresemann, dessen Verständigungspolitik mit dem Westen er weitgehend initiiert hat. Nach Stresemanns Tod verlor er rasch an Einfluss gegenüber den Kritikern der bisherigen Außenpolitik und wurde im Juni 1930 als Staatssekretär abgelöst und auf den Botschafterposten nach Rom abgeschoben. Im September 1932 erfolgte die Versetzung in den einstweiligen und im Juli 1933 in den endgültigen Ruhestand.

Tod Stresemanns

Der Außenminister selber musste die Probe auf die Beständigkeit seiner Politik nicht mehr antreten, denn er starb am 3. Oktober 1929 nach einem Schlaganfall, der auf seine völlige Überarbeitung und die dauernden Auseinandersetzungen mit innenpolitischen Gegnern sogar innerhalb der eigenen Partei zurückzuführen war. Kurz darauf brach die Weltwirtschaftskrise aus und erfasste bald auch Deutschland, wo sich Innen- und Außenpolitik infolgedessen weiter radikalisierten. Damit einher ging eine endgültige Absage an die von Stresemann praktizierte verständigungsbereite Revisionspolitik. Die Folgezeit stand im Zeichen forcierter Revisionsforderungen und der Geringschätzung einer multilateralen Einbindung Deutschlands in das europäische Mächtesystem.

2. Der Streit über die Arbeitslosenversicherung und das Ende der Großen Koalition 1930

„Ruhreisenstreit"

Noch während die Regierung Müller mit der Beilegung des Streits über den Panzerkreuzer A innerhalb der Koalition beschäftigt war, wurde sie mit einem Tarifkonflikt in der westdeutschen Eisen- und Stahlindustrie konfrontiert. Hier war es in der Lohnrunde 1928 zu keiner Einigung zwischen Arbeitnehmern und Arbeitgebern gekommen. Einen Schiedsspruch im Rahmen des Schlichtungsverfahrens erklärte Reichsarbeitsminister Wissell gegen den erbitterten Widerstand von Reichswirtschaftsminister Curtius am 31. Oktober 1928 für bindend.

Stichwort

Schlichtungsverfahren

Anknüpfend an ältere Bestimmungen aus dem Hilfsdienstgesetz von 5. Dezember 1916 und einer Verordnung des Rats der Volksbeauftragten vom 23. Dezember 1918 schrieb eine Verordnung der Reichsregierung vom 30. Oktober 1923 für den Fall eines Arbeitskampfes den Einsatz staatlicher Schlichtungsbehörden vor: Die zuständigen Schlichtungsausschüsse wurden in der Regel von den obersten Landesbehörden im Einvernehmen mit dem Reichsarbeitsminister für bestimmte Bezirke gebildet. In ihnen saßen paritätisch jeweils Beisitzer aus dem Kreis der Arbeitgeber und der Arbeitnehmer. Den unparteiischen Vorsitzenden bestimmte die oberste Landesbehörde nach Anhörung der beiden Berufsverbände im betreffenden Bezirk. Die für größere Wirtschaftsbezirke vom Reichsarbeitsminister bestellten Schlichter wurden bei Arbeitsstreitigkeiten tätig, die für das Wirtschaftsleben von besonderer Bedeutung waren. Das Schlichtungsverfahren endete entweder mit der Einigung zwischen den Tarifpartnern – oder, wenn sich dies als unmöglich erwies, – mit der Verbindlichkeitserklärung des gefällten Schiedsspruchs durch den Schlichter sowie – in bedeutenderen Arbeitskonflikten – den Reichsarbeitsminister.

Die Metallindustriellen verweigerten im Herbst 1928 ihre Zustimmung zum Schiedsspruch, weil sie die vorgesehene Lohnerhöhung angesichts rückläufiger Konjunktur für zu hoch ansahen. Sie hatten bereits am 13. Oktober allen ihren Arbeitern zum 1. November gekündigt. Dementsprechend sperrten sie an diesem Tag 230000 Beschäftigte aus. Gleichzeitig legten sie Widerspruch gegen den ergangenen Schiedsspruch ein. Daraufhin griff die Regierung zum damals üblichen Mittel der Zwangsschlichtung: Reichsinnenminister Severing unterbreitete als neu eingesetzter Oberschlichter am 21. Dezember 1928 einen eigenen Vorschlag, der zwar geringere Lohnerhöhungen als der von den Arbeitgebern kritisierte erste Schiedsspruch vorsah, jedoch zum Ausgleich hierfür eine Kürzung der Arbeitszeit beinhaltete.

Letztlich bedeutete diese Empfehlung einen ausbalancierten Kompromiss zwischen den Forderungen von Industrie und Arbeiterschaft. Gleichzeitig enttäuschte er jedoch die unmittelbar Betroffenen auf beiden Seiten, die von ihren jeweiligen Maximalforderungen Abstand nehmen mussten. Indes ging die Bedeutung des „Ruhreisenstreits" weit über den unmittelbaren Anlass hinaus: Er belegte, wie sehr sich das sozialpolitische Klima angesichts der sich abzeichnenden Wirtschaftskrise verschlechterte: Insbesondere die Arbeitgeber versuchten nun, jene Konzessionen auf dem Lohn- und Arbeitszeitsektor endlich entscheidend zu revidieren, die sie in der Revolutionszeit und der Frühphase der Republik notgedrungen gewährt hatten, und die aufgrund eines überhöhten Kapazitätsausbaus entstandene Selbstkostenkrise durch Senkung der

Löhne zu überwinden. Im Streit der beiden Tarifparteien lief die Regierung wiederum Gefahr, zerrissen zu werden, spiegelten sich die unterschiedlichen Interessen von Arbeitgebern und Arbeitnehmern doch unmittelbar in der Zusammensetzung der Großen Koalition: hier die den Arbeitgebern nahestehende DVP, dort die der Arbeiterschaft verbundene SPD.

Krise der Arbeitslosenversicherung

Die sich hier abzeichnenden Bruchlinien in der Großen Koalition sollten sich in den kommenden Monaten noch weiter verstärken, denn seit Anfang 1929 kämpfte Deutschland mit großen wirtschaftlichen Problemen: Im Februar 1929 waren 2,5 Millionen Menschen arbeitslos und auf finanzielle Unterstützung angewiesen. Indes war die 1927 geschaffene Arbeitslosenversicherung nur für höchstens 800000 Menschen konzipiert, notfalls konnten weitere 600000 Betroffene durch Reichsdarlehen unterstützt werden. Das war schon damals angesichts von 1,3 Millionen Arbeitslosen sehr knapp gerechnet. Zwei Jahre später erwies sich diese Kalkulation aufgrund der fast doppelt so hohen Arbeitslosenzahl als völlig unrealistisch. Die entstandene Deckungslücke zu schließen, erwies sich zudem als umso schwieriger, als gleichzeitig der seit der ersten amerikanischen Anleihe 1924 stete Fluss ausländischen Kapitals nach Deutschland stockte und auch die Steuereinnahmen deutlich geringer als erwartet ausfielen.

Diese negative wirtschaftliche Entwicklung verschärfte sich in den folgenden Monaten dramatisch. Der New Yorker Börsenkrach am 24. Oktober 1929 löste einen noch stärkeren Abzug kurzfristiger amerikanischer Kredite aus. Daraufhin kam es in vielen europäischen Ländern, vor allem aber in Deutschland zu Firmenzusammenbrüchen, Bankenschließungen und Massenentlassungen. Die Zahl der Arbeitslosen stieg weiter an und belief sich im Januar 1930 auf 2,8 Millionen Menschen. Gleichzeitig wies der Haushalt eine Deckungslücke von 1,4 Milliarden Reichsmark auf. 700 Millionen, die man durch die geringeren Raten des Young-Plans einsparte, ließen sich davon abziehen. Bei den restlichen 700 Millionen schlug vor allem der Anteil für die Reichsanstalt für Arbeitsvermittlung und Arbeitssicherung in Höhe von 250 Millionen Reichsmark zu Buche. Es war klar, dass die bestehende Finanzierung der Arbeitslosenversicherung hinten und vorne nicht ausreichte.

Beitragserhöhung oder „innere Sanierung"

Über das „Wie“ der erforderlichen Sanierung sollte die Große Koalition zerbrechen. Es zeigte sich nun, wie sehr ein solches Regierungsbündnis, das von der arbeitnehmerorientierten SPD bis hin zur unternehmerfreundlichen DVP reichte, latent Gefahr lief, sich über sozial- und wirtschaftspolitische Maßnahmen zu zerstreiten, zumal in einer Zeit tiefgreifender finanzieller und wirtschaftlicher Probleme: Während die DVP und die Arbeitgeberverbände für eine Erhöhung der indirekten Steuern, vor allem aber einen Abbau der Versicherungsleistungen plädierten – eine „innere Sanierung“, wie ihre Vertreter es nannten, – traten SPD und Gewerkschaften für eine Erhöhung der Beiträge, die Heranziehung der Beamten zu den Beiträgen der Arbeitslosenversicherung sowie eine Erhöhung der direkten Steuern und ein „Notopfer" der Bezieher höherer Einkommen sowie der Besitzer größerer Vermögen ein.

Bereits Ende 1929 schien die Regierung am Ende: Reichsbankpräsident Schacht verweigerte ihr weitere Darlehen, und der Reichstag billigte den von Finanzminister Hilferding eingebrachten Haushalt nur mit knapper Mehrheit. Die DVP drang erfolgreich auf die Entlassung des Ministers und seines Staatssekretärs Johannes Popitz (1884–1945). Nachfolger Hilferdings wurde der DVP-Politiker Paul Moldenhauer (1876–1947), der auf eine entschiedene Reform der Arbeitslosenversicherung drang. Im Februar 1930 entschied die Reichstagsfraktion seiner Partei, die von der SPD geforderten Zugeständnisse bei der Arbeitslosenversicherung und dem Notopfer für Beamte abzulehnen. Die Abgeordneten waren sogar bereit, hierüber notfalls die Koalition platzen zu lassen. Auch Zentrumspolitiker drangen auf eine langfristige Sanierung der Reichsfinanzen. Reichskanzler Müller legte seinerseits Anfang März überraschend einen neuen Plan für den Reichshaushalt 1930 vor. Dieser sah Steuer- und Zollerhöhungen, aber auch eine Anhebung der Beiträge zur Arbeitslosenversicherung vor. Gegen Letzteres opponierte die DVP entschieden: Auf ihrem Mannheimer Parteitag bekräftigten die Delegierten am 22./23. März 1930 ihre Haltung und drohten notfalls mit einem Austritt aus der Großen Koalition.

Kompromissvorschlag Brünings

Am Ende ging es in diesem Streit nur noch um ein halbes Prozent, ja der Zentrums-Fraktionsvorsitzende Brüning schlug am 27. März bei einer neuerlichen Besprechung der Parteiführer sogar eine Vertagung der endgültigen Entscheidung vor, um zu sehen, ob nicht weitere Einsparungen und etwaige zusätzliche staatliche Zuschüsse zur Sanierung der Reichsanstalt ausreichten. Aber das erbitterte Ringen lässt sich nur verstehen, wenn man bedenkt, dass der Streit um Prozente lediglich vordergründig war. Dahinter verbarg sich ein fundamentaler Meinungsunterschied in Sachen Ökonomie: Auf der einen Seite fürchtete die SPD, dass ein Einlenken in dieser Frage der KPD weitere Wähler aus der Arbeiterschaft in die Arme treiben würde. Zudem unterstellte sie, dass es der DVP um weit mehr als nur eine Sanierung der Arbeitslosenversicherung ginge. Vielmehr, so der sozialdemokratische Verdacht, wollten die Arbeitgeber und ihre politische Pressure group – die DVP – den erreichten sozialpolitischen Standard generell wieder herunterfahren. Das war sicher nicht falsch. Tatsächlich forderten die Unternehmerverbände angesichts der schwierigen wirtschaftlichen Lage mittlerweile eine Neubewertung der getroffenen Maßnahmen. Dabei hoffte mancher auch durchaus, über den Appell an die ökonomische Vernunft die eine oder die andere ihm lästige Beschränkung seiner innerbetrieblichen Machtbefugnisse abschütteln zu können und eine umfassende Wirtschaftsdemokratie mit noch größeren Mitbestimmungsrechten der Arbeitnehmer, wie sie den Freien Gewerkschaften vorschwebte, zu verhindern. Doch daneben gab es auch ernste Sorgen, dass die Finanz-, Sozial- und

Wirtschaftspolitik so nicht weitergehen könne und die SPD zur Sanierung des Haushalts auch ihrer Klientel Opfer zumuten müsse.

Dem wirtschaftspolitischen Credo der DVP, Stärkung der Investitionsfähigkeit der Unternehmer durch Erhaltung ihrer Finanzkraft, setzten die finanz- und wirtschaftspolitischen Experten der SPD den Glauben an die notwendige Stärkung der Kaufkraft der Massen durch die Garantie der geltenden Sozialleistungen entgegen. Dabei trugen personelle Wechsel an der Spitze der bürgerlichen Parteien das Ihrige dazu bei, dass sich die jeweiligen Positionen verhärteten und nun der „Klassenkampf im Kabinett“ (Heinrich August Winkler) ausgetragen wurde: Im Zentrum war der bisherige konziliante Vorsitzende Marx bereits Ende 1928 durch den konservativeren Prälaten Kaas abgelöst worden, und dem verstorbenen Stresemann, der sich immer wieder für den Zusammenhalt der Großen Koalition eingesetzt hatte, folgte im Oktober 1929 mit Scholz ein erklärter Vertreter der Arbeitgeberinteressen. Es zeigte sich nun, wie der ehemalige Finanzminister Moldenhauer feststellte, dass „nach Fortfall der Klammer, die der Kampf um den Young-Plan bedeutet hatte, [...] die Flügel [der Regierung] nicht mehr zusammenarbeiten wollten“. Gleichzeitig bekam die Frage der Arbeitslosenversicherung über das Ökonomische und Tagespolitische hinaus eine grundsätzliche Bedeutung: Hierbei handele es sich – so der Ernährungsminister Dietrich von der DDP – „um die endgültige Entscheidung im Kampf um die Republik“.

Ende der Großen Koalition

Vor diesem Hintergrund weitete sich die Wirtschaftskrise in Deutschland im Gegensatz zu vielen anderen europäischen Ländern zur allgemeinen Staatskrise aus: Am 28. März 1930 trat die „Große Koalition“ zurück, weil zwar Zentrum, DDP und DVP sowie immerhin drei der vier sozialdemokratischen Minister – nur Arbeitsminister Wissell votierte dagegen – Brünings Kompromissvorschlag zugestimmt hatten, aber die überwiegende Mehrheit der SPD-Reichstagsfraktion ihn abgelehnt hatte. Ihre Entscheidung hat der SPD bei vielen Zeitgenossen wie auch etlichen späteren Historikern den Vorwurf zugezogen, sie habe leichtfertig die Regierung gestürzt. Bereits die liberale „Frankfurter Zeitung“ kritisierte die Entscheidung der sozialdemokratischen Abgeordneten am 28. März 1930 in scharfer Form:

Quelle

Die „Frankfurter Zeitung“ zum Bruch der Großen Koalition

Quelle: Schulze, Weimar, S. 316f.

„Es gibt ein Maß von Einsichtslosigkeit, das zur Schuld wird. Diese Schuld einer wirklich unerlaubt großen Einsichtslosigkeit hat gestern die Mehrheit der sozialdemokratischen Reichstagsfraktion auf sich geladen. Denn auch wenn man, wie wir, durchaus in Rechnung stellt, was der Sozialdemokratie in den ganzen eindreiviertel Jahren des Bestandes der großen Koalition das Zusammenarbeiten mit der Deutschen Volkspartei wirklich nicht leicht gemacht hat, wenn man die Intransigenz der Deutschen Volkspartei jetzt bei der Frage in der Arbeitslosenversicherung als dem letzten Streitobjekt schon in Anbetracht der Kleinheit dieses Objektes nichts weniger als großartig findet – so bleibt unabweisbar, daß gerade darum die sozialdemokratische Fraktion dem gestern schließlich gefundenen Kompromiß hätte zustimmen müssen, um Größeres, Wichtigeres zu bewahren. [...] Die Sozialdemokratie hat mit der Sprengung der Koalition gestern das Spiel ihrer Gegner gespielt."

Doch auch innerparteiliche Kritiker meldeten sich zu Wort: Der preußische Ministerpräsident **Otto Braun**, ein Vertreter des rechten Parteiflügels, verurteilte das Verhalten der SPD-Minister und der sozialdemokratischen Reichstagsfraktion im Frühjahr 1930 nachdrücklich, weil er den vorhandenen Streit als nichtigen Grund für einen gefährlichen Regierungswechsel ansah. Er war der Meinung, dass die starre Haltung der SPD allein schon sachlich falsch war, da nach Maßgabe der Wirtschaftslage „die Sanierung der Arbeitslosenversicherung sich nicht einseitig nach der gewerkschaftlichen Doktrin durchführen ließe". Überdies hielt er diese Politik auch unter taktischen Gesichtspunkten für verfehlt, weil die parlamentarischen Mehrheitsverhältnisse die Durchsetzung der sozialdemokratischen Forderungen unmöglich machten. Ohne Not hatte sich die Partei, seiner Ansicht nach, ihrer Mitgestaltungsmöglichkeiten in der Reichspolitik entledigt: „Man kann auf den Kurs des Wagens keinen Einfluß nehmen, wenn man nebenher läuft, man muß auf dem Kutschbock sitzen bleiben."

Stichwort

Otto Braun

(1872–1955) war gelernter Stein- und Buchdrucker. Seit 1889 gehörte er der SPD seiner Heimatstadt Königsberg an, wo er auch bald den Ortsvorsitz übernahm. Er erwies sich als ein sehr guter Organisator ohne allzu großes Interesse an theoretischen Fragen. 1911 bis 1917 war er Mitglied des SPD-Parteivorstandes und von 1913 bis 1918 auch Mitglied des preußischen Landtages. Die Novemberrevolution von 1918 erlebte Braun als Mitglied eines Arbeiter- und Soldatenrates. Er gehörte 1919 der Weimarer Nationalversammlung an und bekleidete schließlich von März 1920 bis Juli 1932 – mit kurzen Unterbrechungen – das Amt des preußischen Ministerpräsidenten. Dabei stand er überwiegend an der Spitze einer „Weimarer Koalition" aus SPD, DDP und Zentrum und baute als „roter Zar" Preußen zum demokratisch-republikanischen „Bollwerk" im Reich aus. Nach seiner Absetzung im Zuge des „Preußenschlages" im Juli 1932 zog sich Braun aus der Politik zurück und emigrierte Anfang März 1933 in die Schweiz, wo er bis zu seinem Tode blieb.

Aber selbst so ein prominenter Vertreter des linken Parteiflügels wie Hilferding hat das Verhalten seiner Partei im Frühjahr 1930 kritisiert. Bereits im Mai-Heft der von ihm herausgegebenen theoretischen Zeitschrift „Die Gesellschaft" wies er das Hauptargument der Parteimehrheit zurück, eine Zustimmung zu Brünings Vertagungsvorschlag hätte den befürchteten Leistungsabbau der Arbeitslosenversicherung nur auf den Herbst verschoben: „Gerade vom Standpunkt der Sicherung der Arbeitslosenversicherung erscheint der Rücktritt aus der Regierung zumindest als kein Gewinn. Die Befürchtung, im Herbst wäre es doch zur Verschlechterung gekommen, erscheint für einen so schwerwiegenden Schritt nicht ausreichend; es ist nicht gut, aus Furcht vor dem Tode Selbstmord zu verüben.“ Das Fehlverhalten seiner Partei wog für Hilferding umso schwerer, weil sich hieraus für die weitere Entwicklung der Weimarer Republik gefährliche Konsequenzen ergaben:

Quelle

Rudolf Hilferding zum Ende der Großen Koalition

Quelle: Winkler: Weimar, S. 372.

„Es unterliegt keinem Zweifel, daß, wenn das Parlament in seiner grundlegenden und wichtigsten Funktion versagt, nämlich eine Regierung zu bilden, die Macht des Reichspräsidenten sich auf Kosten und durch Schuld des Parlaments erweitert und der Reichspräsident Funktionen ausüben muß, die zu erfüllen sich der Reichstag versagt. Nimmt man hinzu, daß die Lähmung des Parlaments von sehr starken Gruppen direkt gewünscht und gefördert wird, so wird man verstehen, daß die eigentliche Gefahr für die Zukunft des deutschen Parlamentarismus nicht von außen, nicht von einem gewaltsamen Putsch her droht, sondern von innen her [...] Gerade diese Gefahr zu vermeiden, war ja stets ein zwingendes Moment für die Sozialdemokratie, in den schwierigsten Situationen die Verantwortung zu übernehmen.“

Alternativen zum Regierungsrücktritt

Tatsächlich sollte die Große Koalition das letzte parlamentarisch legitimierte Kabinett der Weimarer Republik sein. Gerade wegen der Folgen dieses Rücktritts, nämlich der Bildung undemokratischer Präsidialkabinette, schließlich der Regierungsübernahme Hitlers im Januar 1933, haben sich auch viele Historiker der zeitgenössischen Kritik am sozialdemokratischen Regierungsaustritt angeschlossen. So hat Hagen Schulze dem damaligen Reichskanzler Müller vorgeworfen, angesichts der Nichtigkeit des Streitgegenstandes nicht noch stärker um das Regierungsbündnis gekämpft zu haben, von dessen Notwendigkeit er persönlich ja durchaus weiterhin überzeugt gewesen sei. Für Müller hätte es ungeachtet des negativen Votums des Gewerkschaftsflügels seiner Partei und sogar trotz dessen Unterstützung durch die Mehrheit der Reichstagsfraktion durchaus noch Alternativen zum Rücktritt gegeben: entweder der Versuch, im Parlament durch eine Kampfabstimmung doch noch eine Mehrheit für seine Politik zu finden, also jene „offene Feldschlacht“ zu suchen, die Innenminister Severing empfahl, oder aber notfalls die Bildung einer rechtsgerichteten Koalition mit ihm an der Spitze – eine Lösung, die der britische Labour-Premierminister Ramsay MacDonald (1866–1937) im Jahr darauf in einer vergleichbaren Situation in Großbritannien wählte.

Es ist sicher äußerst fraglich, ob dies eine Regierung gerettet hätte, aus der ja neben der SPD zumindest noch ein weiterer Partner austreten wollte, nämlich die DVP. Auch war bekannt, dass mittlerweile einflussreiche Kreise Hindenburg drängten, ein neues Kabinett zu bilden, vorbei am Parlament und nur vom Vertrauen des Reichspräsidenten abhängig. Allerdings hätte Müller alles unternehmen müssen, um Hindenburg keinen Anlass zu seinem Manöver zu geben, zumal dieser einen offenen Verfassungsbruch weiterhin scheute. Zudem hätte der Reichskanzler so verdeutlichen können, dass nicht er und die kompromissbereiten Mitglieder seiner Partei, sondern die Rechtskoalitionäre und ihre Hintermänner die Regierung gesprengt hatten. Indes gab es im Frühjahr 1930 bis ins demokratische Lager hinein so etwas wie die Sehnsucht nach einem Ende der „Fraktionswirtschaft" und einer starken Führung. Diese Neigung erfasste teilweise selbst jene, die die Macht innehatten: Sollte sich der Reichspräsident doch eine andere, notfalls auch autoritäre Regierungsvariante überlegen.

Zudem war Müller nicht nur durch eine akute Erkrankung geschwächt, sondern auch grundsätzlich kein Mann überraschender Schachzüge. Er war ein aufrechter Sozialdemokrat, erzogen zur Disziplin gegenüber seiner Partei, unfähig, sich einen Bruch mit ihr vorzustellen – ein hervorragender Organisator, aber kein kämpferischer Führer. Disziplin, Organisationsfähigkeit und Zuverlässigkeit – das waren in den Jahren der Verfolgung bis 1914/18 die Tugenden gewesen, mittels derer sozialdemokratische Funktionäre das Überleben ihrer Partei gesichert, ja sie groß gemacht hatten. Es waren nicht mehr die Tugenden, deren die SPD als verantwortliche Regierungspartei allein bedurfte. Ungeachtet der taktischen Fehler der SPD im Frühjahr 1930 darf man indes nicht die strukturellen Schwächen der Weimarer Republik – die ausgeprägten gesellschaftlichen Gegensätzen, das eingeschränkte systemloyale Parteienspektrum und die unzureichende Kooperation zwischen Regierungen einerseits, Parteien und Parlamentsfraktionen andererseits – vergessen sowie die Tatsache, dass die ursächliche Schuld am Zerfall der Großen Koalition bei jenen Kreisen um den Reichspräsidenten lag, die seit längerem auf eine Ablösung des sozialdemokratischen Kanzlers und auf eine Kabinettsbildung ohne Beteiligung der SPD drangen. ■

Auf einen Blick

Die Geschichte der Großen Koalition der Jahre 1928 bis 1930 bündelt noch einmal wie in einem Brennglas die strukturellen Belastungen der Weimarer Demokratie: den parteipolitischen Dogmatismus sowie die hieraus resultierende fehlende Konsensbereitschaft selbst im demokratischen Spektrum; die sich dadurch ergebende Schwäche letztlich aller Regierungen der Weimarer Republik, von denen die letzte Große Koalition mit ihren knapp zwei Jahren noch die längste Lebensdauer hatte. Auch offenbarte die erbitterte Polemik gegen den Young-Plan, wie sehr die deutsche Niederlage im Ersten Weltkrieg und der folgende Versailler Vertrag immer noch eine schwere außenpolitische Hypothek für die junge Republik waren. Insofern war es in gewisser Weise von allen Beteiligten fahrlässig, die demokratisch legitimierte Große Koalition im Frühjahr 1930 wegen einer ökonomischen Detailfrage, für die es bei gutem Willen eine einvernehmliche Lösung hätte geben können, zu opfern. Obwohl dies keineswegs zwangsläufig war, gab es dem Reichspräsidenten und seiner Entourage die Möglichkeit, die von ihnen seit längerem schon verfolgten Pläne einer Schwächung der „Parlamentsherrschaft" nunmehr umzusetzen.

Literaturhinweise

Franz Knipping: Deutschland, Frankreich und das Ende der Locarno-Ära 1928–31. München 1987.

Kolb, Eberhard: Gustav Stresemann. München 2003.

Peter Krüger: Die Außenpolitik der Republik von Weimar. Darmstadt 1985.

Thomas Mergel: Parlamentarische Kultur in der Weimarer Republik. Politische Kommunikation, symbolische Politik und Öffentlichkeit im Reichstag. Düsseldorf 2002.

Heinrich August Winkler: Weimar 1918–1933. Die Geschichte der ersten deutschen Demokratie. München ^{4}2005.

III. Die „Ära Brüning" 1930–32: Präsidialkabinett als Weg aus der Krise?

Überblick

Das Scheitern der Großen Koalition ermöglichte Reichspräsident Paul von Hindenburg, eine neue Regierung mit dem Zentrumspolitiker Heinrich Brüning als Reichskanzler zu berufen. Es handelte sich hierbei um ein Präsidialkabinett, das allein von der Gunst Hindenburgs abhing. Mittels der von ihm erlassenen Notverordnungen und der Drohung mit Neuwahlen verhinderte er etwaige Misstrauensvoten gegen die Regierung. Damit wandelten sich Instrumente, die die Weimarer Verfassung zur Stabilisierung der Demokratie in Ausnahmesituationen vorgesehen hatte, zu einem Mittel, um den Parlamentarismus sukzessive auszuhöhlen und ein autoritäreres System zu etablieren. Verschärft wurde diese Entwicklung durch die zunehmende Unpopularität des neuen Reichskanzlers, denn Brünings strikte Sparpolitik verstärkte die negativen Auswirkungen der Weltwirtschaftskrise in Deutschland. Gleichzeitig weckte sein unverhohlenes Streben nach einer raschen Revision des Versailler Vertrags, insbesondere von dessen Reparationsbestimmungen, das Misstrauen der ehemaligen Siegermächte des Ersten Weltkrieges, vor allem jenes von Frankreich, und verschlechterte damit weiter die internationalen Beziehungen.

Zeittafel	
29.3.1930	Bildung des ersten Präsidialkabinetts unter Reichskanzler Heinrich Brüning
16 7.1930	Reichstag verlangt Aufhebung der Notverordnung zur Behebung finanzieller, wirtschaftlicher und sozialer Notstände Reichstagsauflösung
14.9.1930	Reichstagswahlen („Erbitterungswahlen")
1.12.1930	„Erste Notverordnung zur Sicherung von Wirtschaft und Finanzen"
21.3.1931	Reichsregierung veröffentlicht deutsch-österreichischen Zollunionsplan
5.6.1931	„Zweite Notverordnung zur Sicherung von Wirtschaft und Finanzen"
5.9.1931	Haager Gerichtshof verkündet Unzulässigkeit des Zollunionsplans
6.7.1931	Erklärung des Hoover-Moratoriums
6.10.1931	„Dritte Notverordnung zur Sicherung von Wirtschaft und Finanzen"
9.10.1931	Zweites Kabinett Brüning
8.12.1931	„Vierte Notverordnung zur Sicherung von Wirtschaft und Finanzen"
2.2.1932	Eröffnung der internationalen Abrüstungskonferenz in Genf
10.4.1932	Wiederwahl Hindenburgs zum Reichspräsidenten
13.4.1932	Verbot von SA und SS
30.5.1932	Entlassung des Kabinetts Brüning

1. Pläne für ein „Hindenburg-Kabinett"

„Hindenburg-Kabinett"

Bereits am Abend des 27. März 1930 bat Reichspräsident Hindenburg den Zentrumspolitiker Brüning inoffiziell, eine neue Regierung zu bilden, weil er „die letzten Jahre seines Lebens nicht mit einer liberalen, sondern einer staatskonservativen Lösung arbeiten" wolle. Binnen dreier Tage stand dann das neue Kabinett fest. Diese Schnelligkeit verweist darauf, dass der Reichspräsident und seine Berater seit längerem für den Fall eines Regierungswechsels vorgesorgt hatten: Seit Ostern 1929 und dann verstärkt zur Jahreswende 1929/30 wurde hier eine Ablösung der Großen Koalition und die Bildung eines so genannten Hindenburg-Kabinetts erörtert, also einer Präsidialregierung, die unabhängig von den Mehrheitsverhältnissen im Reichstag gebildet werden und allein vom Vertrauen des Reichspräsidenten abhängig sein sollte.

Mit der Unterzeichnung des Young-Plans waren nicht nur die einzigen Gemeinsamkeiten der alten Regierungskoalitionäre aufgebraucht, sondern auch die letzten Skrupel der bürgerlichen Rechten vor einem offenen Bruch mit der Sozialdemokratie verschwunden. Das neue Kabinett sollte ebenso antiparlamentarisch wie „antimarxistisch" sein. Folglich wurde Brüning der erste Reichskanzler der Weimarer Republik, der seine Regierung ohne jede Rücksichtnahme auf die Mehrheitsverhältnisse im Reichstag bildete. Er berief ein Minderheitskabinett, in dem die bisherigen sozialdemokratischen Minister durch Politiker aus Zentrum, DDP, DVP und Wirtschaftspartei ersetzt wurden. Außer ihm traten neu in die Regierung ein: Johann Viktor Bredt (1879–1940) von der Wirtschaftspartei als Justizminister; Martin Schiele (1870–1939), der im Juli 1930 die DNVP verließ, als Reichsernährungsminister und Gottfried Reinhold Treviranus (1891–1971), der bereits im Dezember 1929 aus der DNVP ausgetreten war, für das Ministerium für die besetzten Gebiete. Für Brüning war nun „die Autorität der Regierung gegenüber dem Parlament wiederhergestellt". Die neue Regierung wollte ohne Berücksichtigung der Mehrheitsverhältnisse im Reichstag und ohne Verhandlungen mit den Parteien und Fraktionen regieren. Etwaiger Widerstand der Abgeordneten sollte mit Hilfe von Notverordnungen des Reichspräsidenten nach **Art. 48 WRV** und notfalls sogar mit der Parlamentsauflösung nach **Art. 25**, also unter skrupelloser Ausnutzung jener der parlamentarischen Verfassung innewohnenden präsidialen „Reserveverfassung", gebrochen werden.

Stichwort

Art. 25 WRV:

Der Reichspräsident kann den Reichstag auflösen, jedoch nur einmal aus dem gleichen Anlass. Die Neuwahl findet spätestens am sechzigsten Tage nach der Auflösung statt.

Stichwort

Art. 48 WRV:

Wenn ein Land die ihm nach der Reichsverfassung oder dem Reichsgesetz obliegenden Pflichten nicht erfüllt, kann der Reichspräsident es dazu mit Hilfe der bewaffneten Macht anhalten. Der Reichspräsident kann, wenn im Deutschen Reiche die öffentliche Sicherheit und Ordnung erheblich gestört oder gefährdet wird, die zur Wiederherstellung der öffentlichen Sicherheit und Ordnung nötigen Maßnahmen treffen, erforderlichenfalls mit Hilfe der bewaffneten Macht einschreiten. Zu diesem Zwecke darf er vorübergehend die in den Artikeln 114, 115, 117, 123, 124 und 153 festgesetzten Grundrechte ganz oder zum Teil außer Kraft setzen. Von allen gemäß Abs. 1 oder Abs. 2 dieses Artikels getroffenen Maßnahmen hat der Reichspräsident unverzüglich dem Reichstag Kenntnis zu geben. Die Maßnahmen sind auf Verlangen des Reichstags außer Kraft zu setzen. Bei Gefahr im Verzuge kann die Landesregierung für ihr Gebiet einstweilige Maßnahmen der in Abs. 2 bezeichneten Art treffen. Die Maßnahmen sind auf Verlangen des Reichspräsidenten außer Kraft zu setzen. Das Nähere bestimmt ein Reichsgesetz.

Damit bekam insbesondere Art. 48 der Reichsverfassung eine Bedeutung, die ihm so ursprünglich nicht zugedacht gewesen war: Als sich 1919 die Nationalversammlung konstituiert hatte und ihre Verfassungsberatungen begann, war Deutschland nicht nur durch die Folgen des gerade zurückliegenden Krieges und der Revolution gezeichnet. Vielmehr prägten andauernde bürgerkriegsähnliche Zustände das innenpolitische Bild. Vor diesem Hintergrund stellte sich die Frage, welche zusätzlichen Möglichkeiten der Staat haben sollte, wenn die normale Polizeigewalt nicht ausreichte, um die öffentliche Sicherheit zu gewährleisten. Insofern war Art. 48 WRV ausdrücklich für den Fall politischer Unruhen gedacht. Keineswegs beabsichtigte die Nationalversammlung, „mit der Ausnahmegewalt auch ein umfassendes Notverordnungsrecht in die Verfassung einzuführen“ (Peter Blomeyer).

Notverordnungen

Die ersten Notverordnungen bewegten sich ausdrücklich in diesem Rahmen. Doch bereits in den Jahren 1922 bis 1924 kam es dann zur umfassenden Ausweitung des Art. 48 im Sinne einer Anwendung auf wirtschaftliche, finanzielle und soziale Probleme, weil die damaligen Regierungen der Meinung waren, der normale parlamentarische Gesetzgebungsweg garantiere keine raschen und umfassenden Maßnahmen. Zwar blieben dies „nur Notbehelfe“ (Ernst Rudolf Huber), doch es entstand immerhin eine gewisse gewohnheitsrechtliche Akzeptanz: Die zusätzliche Anwendung des Ausnahmeartikels erschien den Politikern als ein wenn nicht optimales, so doch durchaus legitimes Mittel der Verfassung. In der Bevölkerung wiederum führte diese Praxis dazu, dass das Bewusstsein für den qualitativen Unterschied zwischen wünschenswerter parlamentarischer Gesetzgebung und notfalls zu akzeptierendem Notverordnungsrecht des Reichspräsidenten frühzeitig unscharf zu werden drohte.

Im Zuge einer zumindest relativen Stabilisierung der innenpolitischen Lage in Deutschland wurde Art. 48 in den ersten fünf Jahren der Reichspräsidentschaft Hindenburgs nicht angewendet. Allerdings versäumten es die Parlamentarier auch in dieser Zeit, Gründe und Umfang des präsidialen Notverordnungsrechts klar zu definieren und damit endlich jenes Anwendungsgesetz zu schaffen, das auszuarbeiten die Verfassungsväter dem Gesetzgeber aufgetragen hatten. So blieb es bei den vagen Umschreibungen des Art. 48, denen zufolge der Reichspräsident in fast allen politischen Bereichen tätig werden konnte. Wo und wie dies geschah, lag in seinem Ermessen. Außer richterlichen Urteilen konnten letztlich alle staatlichen Handlungen betroffen sein, soweit die formale Voraussetzung – eine erhebliche Störung oder Gefährdung der öffentlichen Sicherheit und Ordnung – vorlag.

Stellung des Reichspräsidenten

Mit der Bildung des Präsidialkabinetts Brünings spielte der Reichspräsident erstmals seine ganze Machtfülle aus. Die Verfassung hatte ihn nicht nur mit zahlreichen Kompetenzen ausgestattet, sondern auch die Tür zu etlichen und ganz unterschiedlichen Erwartungen an die Rolle des jeweiligen Amtsinhabers geöffnet: Je nach Standpunkt erschien der Reichspräsident als Inhaber einer „neutralen Macht“, „Hüter der Verfassung“, „Vermittler“, „Nothelfer“, „Ersatzkaiser“ oder „Gegengewicht zum Reichstag“. Bereits kurz nach Verabschiedung der Verfassung empfanden ihn Juristen als das „merkwürdigste Lebewesen, das je die deutsche Erde betreten hat“ (Leo Wittmayer). Als Hindenburg 1925 zum Reichspräsidenten gewählt worden war, fürchteten seine innenpolitischen Gegner dementsprechend auch zunächst um den Bestand der Republik. Doch erst mit der zunehmenden Finanz- und Wirtschaftskrise 1929 entstand im Kreis der „Grauen Eminenzen“, wie Staatssekretär Meißner und General **Kurt von Schleicher** sowie verschiedenen agrarischen und industriellen Interessenvertretern, von deren Rat Hindenburg abhängig war, der Gedanke an ein vermeintlich überparteiliches und nur dem Staatswohl verpflichtetes Präsidial- oder Hindenburg-Kabinett.

Stichwort

Kurt von Schleicher

(1882–1934) war nicht nur Berufsoffizier, sondern wurde aufgrund seines Organisationstalents und seines großen Verhandlungsgeschicks sowie seiner Wendigkeit in den zwanziger Jahren auch ein besonders einflussreicher politischer Akteur. 1929 übernahm er unter seinem Mentor, dem Reichswehrminister Groener, die Leitung des Ministeramtes, was dem Rang eines Staatssekretärs gleichkam. Den Höhepunkt seines politischen Einflusses erreichte er in der Zeit der Präsidialkabinette, da diese besonders auf eine Unterstützung durch die Reichswehr angewiesen waren. 1934 wurde er von den Nationalsozialisten ermordet.

Hindenburg selber war von der Idee eines bürgerlichen Minderheitskabinetts, das nur von seinem Vertrauen abhängig sein sollte, zunächst keineswegs überzeugt. Erst der Bruch der Großen Koalition spielte den Ränkeschmiedern in seinem Umfeld in die Hände, zumal der Reichstag durch den Rückzug der SPD und die Fundamentalopposition der DNVP unter ihrem im Oktober 1928 gewählten Vorsitzenden Hugenberg nicht in der Lage war, eine mehrheitsfähige Regierung zu bilden. Schleicher warnte den Reichspräsidenten nun vor der Gefahr eines absehbaren Bürgerkriegs und mahnte ihn, zur Konsolidierung des konservativen Lagers beizutragen.

Vor diesem Hintergrund erschien jetzt auch dem Reichspräsidenten eine außerparlamentarische Beamtenregierung auf Basis von Notverordnungen die einzige Alternative. Entsprechend hat Hindenburg den Zerfall der Regierung Müller nicht bewusst herbeigeführt, aber er hat das Kabinett in den entscheidenden Tagen Ende März 1930 auch nicht im Amt zu halten versucht, indem er beispielsweise Müller erlaubt hätte, an der Spitze eines Minderheitskabinetts mit Hilfe von Notverordnungen weiter zu regieren. Dass er damit durchaus einer breiten populären Stimmung entsprach, die angesichts der akuten Wirtschaftskrise nach einem „starken Mann“ an der Regierungsspitze verlangte, nimmt ihm nichts von seiner Verantwortung.

Gründe für die Berufung Brünings

Hindenburgs Entscheidung, den 44-jährigen **Heinrich Brüning** zum neuen Kanzler zu bestimmen, konnte nicht überraschen: Von seiner Biographie und seinen politischen Überzeugungen her stand der Zentrumspolitiker dem Reichspräsidenten nahe.

Stichwort

Heinrich Brüning

(1885–1970) wurde als Sohn eines Essigfabrikanten und Weinhändlers geboren. Nach dem Studium der Geschichte, Philosophie und Nationalökonomie meldete er sich 1915 als Kriegsfreiwilliger. Er wurde Infanterieoffizier und stand noch in den letzten Kriegstagen an der Spitze einer Eliteeinheit, die direkt der 3. OHL unterstellt war und die Revolution niederschlagen sollte. Die Kriegsjahre sollten Brüning entscheidend prägen: Sie befreiten ihn aus seiner bisherigen Orientierungslosigkeit und verschafften ihm erstmals eine praktische Bewährung. Gleichzeitig erhielt er sich aus dieser Zeit das Ideal einer überparteilichen und unpolitischen Kameradschaft und Zusammenarbeit, die eingebunden in eine strenge Disziplin einem übergeordneten Staatsinteresse diente. 1919 wurde er Mitglied der Zentrumspartei und trat ins politische Leben ein. Aufgrund seiner Sozialisation im Elternhaus und seiner Kriegserfahrungen ging es ihm darum, Katholizismus und Preußentum auszusöhnen und gleichzeitig das katholische Zentrum an den preußischen Konservatismus heranzuführen. Folgerichtig wurde Brüning 1920 Referent des christlich-nationalen Gewerkschaftsführers und preußischen Wohlfahrtsministers Adam Stegerwald (1874–1945), der für die Gründung einer interkonfessionellen christlichen Partei warb. Brüning machte in den zwanziger Jahren rasch Karriere, zumal er als asketischer Junggeselle ganz in seiner Arbeit aufging: 1920 wurde er Geschäftsführer der Vereinigung christlicher Gewerkschaften; 1924 eroberte er ein Reichstagsmandat, und 1929 übernahm er sogar den Vorsitz der Zentrumsfraktion im Reichstag. Bis dahin hatte Brüning sich einen Namen als Haushalts- und Finanzexperte gemacht. Allerdings mied er möglichst den öffentlichen Auftritt, sodass er einer breiten Öffentlichkeit erst durch die Übernahme der Reichskanzlerschaft im Frühjahr 1930 bekannt wurde. 1934 emigrierte er in die USA. In Deutschland blieb ihm auch nach 1945 weiterer politischer Einfluss versagt.

Brüning hat in seinen 1970 erschienenen Memoiren betont, er sei von der Berufung durch Hindenburg im Frühjahr 1930 völlig überrascht worden. Tatsächlich hatten ihn die Berater des Reichspräsidenten bereits Monate zuvor zumindest grundsätzlich auf diese Möglichkeit vorbereitet. Damit ist allerdings noch nicht belegt, dass Brünings Vermittlungsvorschlag vom 27. März 1930 nicht ernst gemeint gewesen sei, ja sogar auf das Scheitern der Großen Koalition abzielte. Faktisch war der Zentrumspolitiker wohl durchaus gewillt, an die Spitze eines Präsidialkabinetts zu treten, wollte den Bruch der Großen Koalition aber zunächst noch verhindern, allein schon mit Blick auf das Ausland und die Bereitschaft der ehemaligen Siegermächte des Ersten Weltkrieges, ihre letzte Besatzungszone im Rheinland im Sommer zu räumen. Zudem fühlte er sich Reichskanzler Müller freundschaftlich verbunden. Die dramatische Zuspitzung der Regierungskrise Ende März 1930 hat ihn offensichtlich selbst überrascht. Ausschlaggebend für seine Bereitschaft, Hindenburgs Auftrag zur Bildung eines Präsidialkabinetts anzunehmen, waren letztlich die Sorge vor einem direkten Eingriff der Reichswehr und sein soldatisches Pflichtgefühl. Immerhin war ihm aufgrund seiner fachlichen Kompetenz durchaus zuzutrauen, die akute Finanzkrise zu beseitigen, zumal er über gute Kontakte sowohl zum konservativen Lager und zum Militär als auch zur Sozialdemokratie verfügte. Manchem Historiker mutet er selbst aus dem Rückblick zumindest noch als die „zweitbeste Lösung" (Hagen Schulze) an.

Auch die meisten Zeitgenossen glaubten zunächst, dass die Berufung Brünings nur Ausdruck eines vorübergehenden „notstandsrechtlichen Interims" (Ernst Rudolf Huber) sei, wie man es aus den ersten Jahren der Weimarer Republik kannte. Noch schien keineswegs ausgemacht, dass nicht bereits in Kürze wieder eine arbeitsfähige parlamentarische Regierung im Amt sein würde. Insofern wurde das erste Präsidialkabinett von etlichen sogar als eine positive Entwicklung gewertet, die helfen konnte, die unübersehbaren Defizite des parlamentarischen Betriebs der Weimarer Republik zu überwinden.

Brünings Regierungserklärung

Brüning selber gab sich in seiner ersten Regierungserklärung am 1. April 1930 ebenso kämpferisch wie selbstbewusst. Er präsentierte sich als ein Politiker, der gewillt war, die akuten politischen, sozialen und wirtschaftlichen Probleme Deutschlands zu meistern. Dabei ging er zunächst auf die Außenpolitik ein: „Die neue Regierung wird Deutschlands Lebensinteressen in organischer Weiterentwicklung der bisherigen Außenpolitik aktiv vertreten. Nationales Selbstbewusstsein, Vertrauen in die innere Kraft des eigenen Volkes sind die Grundlagen ebenso wie die Erkenntnis, dass der Wiederaufstieg Deutschlands nur im friedlichen Zusammenwirken mit allen Völkern erreichbar ist." Mit Blick auf die aktuelle Wirtschaftskrise suggerierte er, dass er sich nicht im täglichen Krisenmanagement erschöpfen wolle, sondern ein umfassendes Lösungskonzept besitze: „Neue Steuerlasten zur Sanierung der Kassenlage sind nur tragbar, wenn sie im Rahmen eines auf weite Sicht gestellten, Schritt für Schritt durchzuführenden Gesamtprogramms stehen."

Bestandteile seines Planes zur Sanierung der Wirtschaft waren neben Steuererhöhungen eine Vereinfachung der öffentlichen Verwaltung, eine zeitgemäße Sozialpolitik sowie die Überwindung der Agrarkrise durch ein landwirtschaftliches Hilfsprogramm, wobei Brüning insbesondere die Osthilfe erwähnte. Diese wirtschaftspolitischen Maßnahmen ordnete der neue Reichskanzler in eine umfassende Beruhigung der innenpolitischen Lage ein. Er deutete das Anwachsen einer Fundamentalopposition auf der Linken wie der Rechten nicht als eine tiefgreifende Krise des politischen Systems, sondern lediglich als eine Folge der sozialen und wirtschaftlichen Krise. War die erst einmal beigelegt – und das traute er sich durchaus zu –, würden auch die radikalen Parteien wieder an Boden verlieren. Insofern war für ihn eine erfolgreiche Wirtschaftspolitik die beste Innenpolitik.

Zuckerbrot und Peitsche kennzeichneten Brünings abschließenden Appell an die anwesenden Parlamentarier, ihn zu unterstützen. Ausdrücklich betonte er, dass „[d]as neue Reichskabinett [...] entsprechend dem mir vom Herrn Reichspräsidenten erteilten Auftrag an keine Koalition gebunden [sei]". Dennoch wolle er die Abgeordneten nicht gänzlich ausschalten, allerdings – so Brünings Warnung – sei dies „der letzte Versuch [...] die Lösung mit diesem Reichstage durchzuführen". Damit hatte der neue Reichskanzler hinreichend verdeutlicht, dass er notfalls auch mit Hilfe von Notverordnungen des Reichspräsidenten nach Art. 48 WRV zu regieren gedachte.

Quelle

Brünings Regierungserklärung vom 1. April 1930

Quelle: Verhandlungen des Reichstags. Stenographische Berichte, Sitzung vom 1. April 1930, S. 4730.

„Die Reichsregierung wird an diesen Vorschlägen und an ihrer schnellsten Durchführung unter allen Umständen festhalten. Sie ist gewillt und in der Lage, alle verfassungsmäßigen Mittel hierfür einzusetzen. Das Werk des versöhnenden Ausgleichs zwischen den einzelnen Berufsständen und Schichten der Bevölkerung verträgt keinen Verzug. Diesem Gedanken muß auch der Reichstag in seiner Stellungnahme zur neuen Reichsregierung Rechnung tragen. Parteipolitische Erwägungen müssen in dieser Stunde in den Hintergrund treten. Sachliche Einstellung zu diesem Programm des Kabinetts allein sichert die Zukunft des deutschen Volkes."

Abb. 4 Nachdem die Koalition unter Hermann Müller im März 1930 zerbrochen war, beauftragte Paul von Hindenburg Heinrich Brüning (Zentrum) mit der Bildung einer neuen Regierung (hier während der Regierungserklärung).

2. Brünings Innenpolitik 1930–32: Krisenbewältigung durch Krisenverschärfung?

a) Vom Regierungsantritt bis zur Reichstagsauflösung im Juli 1930

Parlamentarische Debatte

Brünings Regierungserklärung provozierte im Reichstag teilweise scharfe Kritik: In der Debatte über die Regierungserklärung am 2. und 3. April 1930 griff der SPD-Redner Rudolf Breitscheid (1874–1943) vor allem die Drohung des Reichskanzlers mit dem Gebrauch von Notverordnungen auf und kündigte in einem solchen Fall den Widerstand der Arbeiterschaft an. Noch heftiger fielen die Angriffe des kommunistischen Redners Wilhelm Pieck (1876–1960) aus. Aber auch der NSDAP-Redner Ernst Graf zu Reventlow (1869–1943) verweigerte dem Kabinett jede Unterstützung. Die DNVP-Fraktion sprach sich hingegen nicht eindeutig aus: Das lag zum einen daran, dass man hier zwar den Bruch der Großen Koalition begrüßte, hingegen Brünings Ankündigung, am Young-Plan festzuhalten, kritisierte und auch seine Finanz- und Wirtschaftspolitik ablehnte. Überdies hatte der neue Kanzler die stärkste bürgerliche Rechtspartei bei der Regierungsbildung wegen der Fundamentalopposition ihres Vorsitzenden Hugenberg bewusst übergangen. Dennoch stimmten die deutschnationalen Abgeordneten schließlich am 3. April gegen die von SPD und KPD eingebrachten Misstrauensanträge, um die angekündigten Hilfsmaßnahmen für die Landwirtschaft, vor allem in den besonders unter der Agrarkrise leidenden Ostgebieten – ihrer eigenen Klientel –, nicht zu gefährden.

Auch in den folgenden Monaten schien Brünings Taktik von Lockung und Abschreckung, das Angebot parlamentarischer Mitwirkung an der Regierungsarbeit bei gleichzeitiger Drohung mit Notverordnungen, zunächst zu funktionieren. Tatsächlich erhielt der Reichskanzler für seine Haushaltssanierungspolitik zunächst die Zustimmung des Reichstages. Nun war an der Notwendigkeit einer solchen Politik auch kaum zu zweifeln: Seit 1925 hatte der Reichsetat regelmäßig ein Defizit aufgewiesen. 1929 waren dann erstmals massive Zahlungskrisen entstanden, die sich in den folgenden Jahren weiter verschärften. Ungeachtet der andauernden Differenzen über den richtigen wirtschaftspolitischen Kurs stimmten deshalb auch wechselnde Mehrheiten Mitte April 1930 für das von der Reichsregierung geschnürte Paket zur Sanierung der Finanzen, das vor allem Steuererhöhungen vorsah, aber auch Unterstützungszahlungen für die Landwirtschaft.

Spaltung der DNVP

Dabei profitierte das Kabinett Brüning auch von der bereits in der Auseinandersetzung über den Young-Plan absehbaren, nun aber unüberbrückbaren Spaltung der DNVP in einen fundamentaloppositionellen Flügel um den Parteivorsitzenden Hugenberg und einen gemäßigten Teil in der Reichstagsfraktion um deren ehemaligen Vorsitzenden **Kuno Graf von Westarp**. Letzterer war entschlossen, die Anfang April eingeleitete Tolerierungspolitik fortzusetzen, während eine Minderheit in der Fraktion um Hugenberg – der wiederum die Mehrheit des Parteivorstands hinter sich wusste – bald schon erneut ihren Willen zur im Jahr zuvor beschlossenen Maxime der unbedingten Opposition bekundete.

Stichwort

Kuno Graf von Westarp

(1864–1945) war nach dem Jura-Studium zunächst Landrat in Posen, dann in Pommern, 1903 wurde er Polizeipräsident in Schöneberg und Wilmersdorf bei Berlin, 1908 zog er für die Deutschkonservativen in den Reichstag, wo er 1912 den Fraktionsvorsitz seiner Partei übernahm. Gleichzeitig war er Oberverwaltungsgerichtsrat in Berlin. Im Ersten Weltkrieg trat Westarp für Annexionen ein. 1920 zog er erneut in den Reichstag, dieses Mal für die DNVP, zu deren Fraktionsvorsitzender er 1925 gewählt wurde. 1926 folgte die Übernahme auch des Parteivorsitzes. Nachdem er dieses Amt bereits im Oktober 1928 an Alfred Hugenberg verloren hatte, legte er im Dezember 1929 ebenfalls den Fraktionsvorsitz nieder und verließ im Juli 1930 sogar die DNVP aus Protest gegen Hugenbergs radikalen Kurs. Danach wurde Westarp Mitbegründer der Konservativen Volkspartei, für die er bis 1932 im Reichstag saß. Danach trat er politisch nicht mehr hervor.

Am Ende wuchsen sich die tiefgreifenden Meinungsunterschiede zur echten Zerreißprobe für die DNVP aus: Im Juli 1930 verloren die Gemäßigten auch in der Reichstagsfraktion ihren Rückhalt und mussten deshalb die Partei verlassen. Sie schlossen sich kleineren Rechtsparteien an – darunter auch der Volkskonservativen Vereinigung, die bereits früher ausgeschlossene Hugenberg-Gegner Ende Januar gegründet hatten. Indes gelang es weder ihnen noch den verbleibenden Hugenberg-Anhängern, an den Erfolg der alten DNVP anzuknüpfen: Diese war noch wenige Jahre zuvor ein großes Sammelbecken für das nationale Bürgertum mit starkem Anhang im Bauerntum und in der christlich-sozialen Arbeiterbewegung gewesen. Mit ihrem Zerfall verlor die Weimarer Republik ein wichtiges Gegengewicht zur neuen rechtsradikalen Kraft, der NSDAP, die in den kommenden Wahlen von der zunehmenden politischen Marginalisierung der DNVP profitierte.

Reichstagsauflösung

Das relative Einvernehmen von Regierung und Reichstag änderte sich mit dem 16. Juli 1930: An diesem Tag lehnte der Reichstag mit 256 zu 193 Stimmen die Deckungsvorlage der Regierung für den Reichshaushalt des Rechnungsjahres 1930/31 ab, die angesichts einer Finanzierungslücke im laufenden Haushalt von 500 Millionen Reichsmark verschiedene unpopuläre Steuererhöhungen, einschließlich einer „Reichshilfe" des öffentlichen Dienstes, vorsah. Nun kam es zur offenen Machtprobe zwischen Regierung und Parlament: Brüning hielt an seinem Haushaltsentwurf fest und ließ ihn als Notverordnung des Reichspräsidenten in Kraft treten. Daraufhin stimmte eine Mehrheit der Abgeordneten – insbesondere aus SPD und KPD – am 18. Juli für eine Aufhebung dieser Maßnahme. Doch für einen solchen Fall hatte sich Brüning von Hindenburg bereits eine Auflösungsordre erbeten, von der er nun Gebrauch machte, um sich der ihm unbequemen Abgeordneten zu entledigen. Zudem wurde die vom Reichstag verworfene Notverordnung einige Tage später, am 26. Juli, in erweiterter Form erneut verkündet. Sie sah nicht nur die bereits angekündigten umfangreichen Steuererhöhungen, sondern auch verschiedene Osthilfe-Leistungen, eine Reform der Arbeitslosen- und Krankenversicherung, Anti-Kartell-Verordnungen zur Verhütung wirtschaftlicher Preisbindung sowie Maßnahmen zur „Regelung des Reichshaushalts 1930" vor, die der Reichsregierung wirtschaftsdiktatorische Rechte einräumten.

Über die harten wirtschaftlichen Eingriffe hinaus gewann diese Notverordnung ihren zensierenden Charakter aus der Tatsache, dass sie den Übergang von der parlamentarischen Demokratie zum System des Präsidialkabinetts als einem antiparlamentarischen Kampfkabinett vollzog. Erstmals in der Geschichte der Weimarer Republik wurde ein Etat nicht durch den Reichstag, sondern in Form einer Notverordnung veröffentlicht. Das bedeutete einen „verhängnisvollen Wendepunkt" in der Geschichte der Weimarer Republik und den Beginn eines „bürokratischen Verordnungsregimes" (Karl Dietrich Bracher).

Reichstagswahlergebnis

Brüning selbst hat den Reichstagswahlkampf des Sommers 1930 als ein „Plebiszit über die Notverordnung" bezeichnet. Gemessen daran bedeutete das Wahlergebnis vom September 1930 eine vernichtende Niederlage für seine Politik, aber auch für ihn persönlich: Zwar konnte das Zentrum mit 14,8% seine Stellung knapp ausbauen, doch die übrigen bürgerlichen Mittel- und Rechtsparteien und auch die SPD erlitten teilweise harte Verluste. Vor allem aber zeigte das Anwachsen der NSDAP-Fraktion im Vergleich zur letzten Reichstagswahl 1928 von 12 auf 107 Sitzen und die nicht ganz so deutliche Stärkung der KPD, die statt 54 nun 77 Mandate gewann, die wachsende Radikalisierung des innenpolitischen Klimas in Deutschland. Auch deshalb hatte keine der bisherigen Regierungskoalitionen – weder die „Weimarer Koalition" noch der „Bürgerblock" oder auch eine Große Koalition – im neuen Reichstag eine Mehrheit. Doch ungeachtet dieses beunruhigenden Ergebnisses hielten Kanzler und Minister daran fest, dass ihr „sachliches Notprogramm" (Joseph Wirth) alternativlos sei und unabhängig von der aktuellen politischen Konstellation im Reichstag durchgeführt werden müsse.

Quelle

Harry Graf Kessler zum Reichstagswahlergebnis vom 14. September 1930

Quelle: Harry Graf Kessler: Tagebücher 1918–1937, Frankfurt 1982, S. 677f. (15. September 1930).

„Ein schwarzer Tag für Deutschland. [...] Die Nazis haben ihre Mandatszahl fast verzehnfacht, sind von zwölf auf hundertsieben Mandate gekommen und so die zweitstärkste Partei des Reichstags geworden. Der Eindruck im Ausland muß katastrophal sein, die Rückwirkung außenpolitisch und finanziell verheerend. Wir stehen damit (bei hundertsieben Nazis, einundvierzig Hugenbergern und über siebzig Kommunisten, also etwa zweihundertzwanzig Abgeordneten, die den heutigen deutschen Staat radikal verneinen und revolutionär beseitigen wollen) vor einer Staatskrise, die nur durch die straffe Zusammenfassung aller die Republik bejahenden oder wenigstens tolerierenden Kräfte überwunden werden kann, wenn diese Kräfte außerdem noch das Talent aufbringen, die wirtschaftliche und finanzielle Lage bis zur nächsten Reichstagsauflösung zu sanieren. Allerdings wird das nächste Resultat wohl (falls kein Putsch kommt) die Bildung einer ‚Großen Koalition' zwischen den jetzigen Regierungsparteien und den Sozialdemokraten sein müssen, da anders die Regierung überhaupt nicht fortgeführt werden kann. Ein beunruhigendes Detail ist der Mißerfolg der Staatspartei, die nur zwanzig Mandate, also weniger als die Demokraten im vorigen Reichstag, aufgebracht hat trotz des Zugangs des Jungdo. Das deutsche Bürgertum (in ‚Staatspartei' und Volkspartei verkörpert) scheint endgültig im Aussterben, politisch. Es wird bald zwischen all den aufgeregten Leuten und den sozialdemokratischen Arbeitern überhaupt keine Rolle mehr spielen.

[...] Der Nationalsozialismus ist eine Fiebererscheinung des sterbenden deutschen kleinen Mittelstandes; dieser Giftstoff seiner Krankheit kann aber Deutschland und Europa auf Jahrzehnte hin verelenden. Zu retten ist diese Klasse nicht; sie kann aber ungeheures neues Elend über Europa bringen in ihrem Todeskampf".

b) Tolerierung durch die SPD

Da die alte Regierung auch im neuen Reichstag nicht über eine Mehrheit verfügte, war sie auf eine Tolerierung durch Teile der Opposition angewiesen. Entsprechend suchte Brüning auch das Gespräch mit Hitler – erstes Anzeichen für jenen schwankenden Kurs der bürgerlichen Rechten zwischen Abgrenzung von den Rechtsextremen und dem Versuch zur Einbindung ihrer vermeintlich „guten" Elemente –, um die Unterstützung der NSDAP auszuloten. Indes lehnte der NSDAP-Vorsitzende dieses Ansinnen ab. Hingegen sagte die SPD-Führung Brüning Ende September 1930 in zwei geheimen Gesprächen gleich in mehrerlei Hinsicht ihre Mithilfe zu: Sie versprach, etwaige Misstrauensvoten sowie Anträge zur Außerkraftsetzung der Notverordnungen nicht mitzutragen, ebenso dem Reichskabinett unerwünschte parlamentarische Aussprachen zu ersparen. Damit stärkte die SPD der Regierung wesentlich den Rücken, indem sie die Opposition entscheidend schwächte. Das trug der Parteiführung den nachdrücklichen Tadel ihres linken Flügels ein, auch riskierte sie, dass die Wähler sie zukünftig für die von ihr zwar nicht formell gebilligte, de facto aber mit getragene Politik Brünings haftbar machen würden.

Gründe für Tolerierungspolitik

Doch der eigentliche Grund der Tolerierungspolitik wog schwerer: die Aufrechterhaltung der „Weimarer Koalition" in Preußen unter dem sozialdemokratischen Ministerpräsidenten Braun. Brüning sicherte der SPD im Gegenzug zu deren Tolerierungspolitik nämlich zu, das Zentrum nicht aus der preußischen Regierungskoalition herauszuführen und entsprechende Offerten von DVP und DNVP zu ignorieren. Diese Zusage war umso bedeutsamer, als sich nicht zuletzt am Bestand der preußischen Regierung die Hoffnung auf ein Überleben der parlamentarischen Regierungsform in Deutschland festmachte. Überdies war die SPD-Führung überzeugt, dass auch ihre Partei, obwohl sie weiterhin die stärkste Fraktion im Reichstag stellte, keine eigene Regierung bilden konnte, weil ihr die Koalitionspartner und die Unterstützung des Reichspräsidenten fehlten. Schließlich fürchteten die Sozialdemokraten etwaige Neuwahlen, die den radikalen Kräften von links und rechts – auch auf eigene Kosten – nur weiteren Zulauf bringen würden. Insofern praktizierte die SPD eine „legalistisch-etatistische Defensivpolitik" (Klaus Schönhoven), die auf Zeit setzte sowie sich im Zuge der wirtschaftlichen Erholung auch eine parlamentarische Normalisierung erhoffte und bis dahin ihre Bastionen in den Ländern schützen wollte.

c) Brünings Deflationspolitik und ihre prozyklische Wirkung

Haushaltsdefizit

Die ohnehin kritische finanzielle Lage des Reiches verschärfte sich nach den Wahlen vom September 1930: Aufgrund des beunruhigenden Ergebnisses zogen ausländische Anleger weitere Kredite ab. Das Haushaltsdefizit stieg nun auf 900 Millionen Reichsmark, für das Haushaltsjahr 1931/32 beliefen sich die entsprechenden Berechnungen sogar auf eine 1 Milliarde Reichsmark. In dieser Situation erwies sich ein Kredit des amerikanischen Bankhauses Lee, Higginson & Cie. über 125 Millionen Dollar als ein rettender Strohhalm. Er erfolgte zwar nicht ausdrücklich unter politischen Auflagen, war inoffiziell aber durchaus mit der Erwartung einer Finanzreform verbunden.

Vorübergehend mochte man nun in Deutschland auch hoffen, das Schlimmste hinter sich zu haben, denn Anfang 1931 gab es Hinweise darauf, dass ein neuer Aufschwung einsetzte und sich damit die bisherige Krise tatsächlich nur als eine jener zyklisch wiederkehrenden ökonomischen Abschwünge entpuppte, die man bereits aus der Vergangenheit kannte. Von Januar bis April 1931 signalisierten wichtige Indikatoren, darunter auch die Produktion von Verbrauchsgütern, wieder einen deutlichen Anstieg; überdies sanken die Arbeitslosenzahlen zwischen Februar und Juni 1931 um eine Million. Indes machte die Bankenkrise im Frühjahr/Sommer 1931 wieder alle Hoffnungen auf eine wirtschaftliche Erholung zunichte: Im Mai 1931 schloss die größte Wiener Bank, die Österreichische Creditanstalt, ihre Schalter. Dies verunsicherte auch in- und ausländische Gläubiger in Deutschland weiter. Sie zogen ihre Einlagen nun massiv ab: Von Ende Mai bis Anfang Juli 1931 gab die Reichsbank Gold und Devisen im Wert von fast zwei Milliarden Reichsmark ab.

Bankenkrise

Angesichts der dramatischen Abflüsse verweigerte sie der Darmstädter Nationalbank im Juli 1931 weitere Kredite. Diese Bank hatte sich im Zuge einer sehr riskanten Expansionspolitik besonders hoch im Ausland verschuldet und war auch vom Zusammenbruch des Bremer Nordwolle-Konzerns betroffen. Nun sah sie sich unter extremem Druck ihrer Gläubiger, die ihre Einlagen abziehen wollten. Am 13. Juli musste sie schließlich ihre Schalter schließen und ihre Zahlungen einstellen. Obwohl die Reichsregierung nun doch noch eine Ausfall-Bürgschaft für die anstehenden Verbindlichkeiten übernahm, kam es zum allgemeinen Sturm der Anleger auf die Banken. Den völligen Zusammenbruch des deutschen Bank- und Kreditwesens konnte die Reichsregierung nur durch eine vorübergehende allgemeine Bankschließung und die Erklärung von Bankfeiertagen am 14. und 15. Juli verhindern. Dennoch verschärfte der Bankenkrach die Wirtschaftskrise in Deutschland und trieb die Arbeitslosenzahlen weiter in die Höhe. Zu diesem Zeitpunkt war die Wirtschaftslage durch eine Kontraktion aller ökonomischen Prozesse geprägt: rückläufige Produktion, Investitionen, Volkseinkommen, Preise, Löhne, Gewinne, Einkommen aller Art, Steuereinnahmen, verbunden mit einer deflatorischen Wertsteigerung der nationalen Währung.

Deflationäre „Parallelpolitik"

Trotzdem hielt die Reichsregierung an ihrer strikten Deflationspolitik fest, die versuchte, die Ausgaben durch immer drastischere Einsparungen den sinkenden Einnahmen anzupassen und sich neue Einnahmequellen zu erschließen. Mit Hilfe mehrerer „Notverordnungen zur Sicherung von Wirtschaft und Finanzen" wurden auch Länder und Gemeinden zu einem solchen Vorgehen gezwungen. Folglich prägten die Amtszeit Brünings zum Teil mehrfache Erhöhungen von Lohn-, Einkommens-, Umsatz-, Kraftfahrzeug-, Zucker- und Biersteuer sowie zahlreicher Zölle und sonstiger Abgaben. Überdies wurden Sonderzuschläge zur Lohn- und Einkommenssteuer von Ledigen, eine besondere Umsatzsteuer für Warenhäuser und Konsumvereine, Getränke- und Mineralwassersteuern eingeführt sowie alle Lohn- und Gehaltsempfänger zu einer „Krisensteuer" zugunsten der Arbeitslosen herangezogen.

Schließlich kam im Dezember 1931 noch eine „Reichsfluchtsteuer" zur Abwehr des Kapitalexports hinzu, den Angehörigen des öffentlichen Dienstes wurde eine Sonderabgabe auferlegt, die später durch Gehaltskürzungen ersetzt wurde, und den Gemeinden das Recht eingeräumt, eine „Bürgersteuer", faktisch eine nach dem Einkommen gestaffelte Kopfsteuer, zu erheben. Doch auch diese Abgabenflut reichte nicht aus, die staatlichen Einnahmenverluste auszugleichen und die stetig wachsenden Ausgaben der öffentlichen Hand, insbesondere für soziale Zwecke, wie die Versorgung der Arbeitslosen, zu decken. Deshalb wurden im Zuge einer „Parallelpolitik" zusätzlich alle anderen Sachausgaben so drastisch gesenkt, dass Reich, Länder und Gemeinden als Abnehmer von Gütern und Dienstleistungen weitgehend ausfielen: Seit Oktober 1931 durften keine öffentlichen Gebäude mehr errichtet, Reparaturen und Anschaffungen nur vorgenommen werden, wenn unmittelbare Gefahr für Menschenleben drohten. Gleichzeitig wurden Stellen abgebaut, um auch die Personalkosten zu senken. Den verbleibenden Angestellten, Arbeitern und Beamten im öffentlichen Dienst wurden die Gehälter um bis zu 25% gesenkt. Überdies wurden Pensionen, Kriegsopfer-, Kranken- und Arbeitslosenversicherung deutlich gesenkt. Parallel zu dieser restriktiven Finanzpolitik versuchte die Regierung, durch konsequente Deflation Preise und Löhne auf dem Wege behördlicher Verordnungen zu senken.

Prozyklische Wirkung

Die teilweise drastischen Einkommenseinbußen zwangen die Betroffenen, ihre Einkäufe erheblich zu drosseln. Der Rückgang der öffentlichen wie der privaten Nachfrage aber führte zu dramatischen Produktions- sowie Beschäftigungsrückgängen und wirkte damit prozyklisch: Das Bruttosozialprodukt sank zwischen 1928 und 1932 um fast 40%, die Industrieproduktion ging auf 58% und die Investitionsgütererzeugung sogar auf 38% des ursprünglichen Standes zurück. Dies lag auch daran, dass sich selbst der Export nicht so entwickelte wie von der Regierung erwartet: Das Aktivsaldo stieg zwar zwischen 1930 und 1932 tatsächlich auf 2,8 Milliarden Reichsmark, doch dies war nur darauf zurückzuführen, dass die Einfuhren im Zuge der Deflation noch stärker zurückgingen als der gleichfalls kontinuierlich abnehmende Export. Eine Steigerung der Ausfuhr war trotz stark gesunkener Preise nicht zu erreichen, weil die deutschen Handelspartner ihrerseits ihre Märkte gegen fremde Waren abschlossen und die eigene Produktion mit allen Mitteln förderten. Völlig obsolet wurde diese Hoffnung dann, als Großbritannien am 21. September 1931 das Pfund abwertete und dreißig weitere Währungen in den kommenden Monaten folgten, sodass schließlich die wichtigsten deutschen Konkurrenten ihre Güter und Dienste etwa 20% billiger anbieten konnten als deutsche Firmen. Folglich stieg die Zahl der Arbeitslosen in Deutschland immer weiter an: von 1,3 Millionen im September 1929 über 3 Millionen im September 1930 auf 4,3 Millionen im September 1931 und schließlich zur Jahreswende 1932/33 auf sechs Millionen.

Auch das einjährige Schulden-Moratorium des amerikanischen Präsidenten Herbert Hoover (1874–1964) vom Sommer 1931 änderte an dieser Entwicklung zunächst nichts. Das lag daran, dass Brüning trotz der erheblichen finanziellen Entlastung Arbeitsbeschaffungsmaßnahmen größeren Stils weiterhin kategorisch ablehnte, weil er sie für inflationstreibend und mit den Bestimmungen des Young-Plans nicht vereinbar hielt. Daran änderten auch Stützungsmaßnahmen zugunsten von Landwirtschaft und Industrie – insbesondere der Exportwirtschaft – nichts, da der Versuch, den Verfall der Preise für Agrarprodukte zu stoppen, ebenso an den gegenläufigen Tendenzen des Weltmarktes scheiterte wie das Bemühen, den Außenhandel zu stimulieren.

Letztlich wollte Brüning zumindest seit dem Sommer 1931 die katastrophalen ökonomischen und politischen Auswirkungen der Wirtschaftskrise in Deutschland als Argument gegenüber den Siegermächten gebrauchen, um diese zum Verzicht auf die für Deutschland offensichtlich ruinösen Reparationszahlungen zu zwingen. Dabei kam ihm zustatten, dass er unabhängig vom Parlament allein gestützt auf das Vertrauen des Reichspräsidenten arbeiten konnte. Unter den Bedingungen parlamentarischer Mehrheitssicherung wäre seine „harte“ Politik nicht durchsetzbar gewesen, denn spätestens seit dem Winter 1931/32 herrschte der Wunsch nach einer Änderung der Finanz- und Wirtschaftspolitik in der öffentlichen Meinung vor, da nun klar war, dass der vermeintlich vorübergehende Konjunktureinbruch tatsächlich eine umfassende Strukturkrise war.

d) Die Deflationspolitik und ihre Kritiker

Kritiker der Deflationspolitik

Mit seiner strikten Deflationspolitik geriet Brüning zumindest seit der zweiten Hälfte des Jahres 1931, als die Wirtschaftskrise in Deutschland mit dem Bankenzusammenbruch eskalierte und die Hoffnung auf einen nur vorübergehenden zyklischen Konjunkturabschwung widerlegte, immer mehr unter Beschuss. Zu diesen Kritikern gehörten Wirtschaftswissenschaftler, Gewerkschaftler, Vertreter der Angestellten- und Beamtenverbände, einzelne Unternehmer, ja selbst Angehörige der Reichsregierung, wie der Staatssekretär im Finanzministerium, Hans Schäffer (1886–1967), der sich mittlerweile fragte:

„Kann man es verantworten, an einer richtigen und zweckmäßigen Lösung, die sozial entlastend und politisch beruhigend wirkt, aus taktischen Gründen vorbeizugehen?“ Damit spielte Schäffer auf die zu diesem Zeitpunkt kursierenden Pläne zur staatlichen Wirtschaftsankurbelung an, die von verschiedenen Institutionen, Verbänden und Ökonomen, aber auch Mitarbeitern von Reichsministerien vorgelegt wurden.

Ausschlaggebend war hierbei die Einsicht in das verheerende Ausmaß der Wirtschaftskrise. Deren bedrohliche Konsequenzen führte Arbeitsminister Stegerwald auf einer Ministerbesprechung am 4. März 1932 dem Reichskanzler und seinen Ministerkollegen vor Augen: „Wenn wir dieses Frühjahr nicht den Leuten durch Arbeitsbeschaffung eine seelische Ablenkung geben, halten wir bestimmt nicht durch. Dann halten wir aber nicht einmal bis zum Juli durch.“ Das zielte vor allem auf die Argumentation des Reichskanzlers, der befürchtete, dass jede aktive Bekämpfung der Arbeitslosigkeit seitens der Regierung deren Position in den laufen Reparationsverhandlungen verschlechterte. Dabei ging auch er mittlerweile davon aus, dass sich eine endgültige Lösung erst im März 1933, nach den Präsidentschaftswahlen in den USA und der Amtseinführung des siegreichen Kandidaten, ergeben würde.

Obwohl die damals kursierenden Vorschläge für eine aktive Arbeitsmarktpolitik durchaus durchdacht waren und nicht von Phantasten stammten, verwarf Brüning sie. Dabei betonte er zum einen die Gefahr einer Inflation, die bei jedem Abgehen von seinem Sparkurs drohe – ein Argument, das geschickt die besondere Inflationsfurcht der Deutschen aufgriff, allerdings auch von vielen Fachleuten geteilt wurde. Zum anderen verwies er auf die kontraproduktiven Wirkungen jeder Kreditausweitung nicht nur im Hinblick auf die soziale Reformbereitschaft der Arbeitnehmer, sondern auch in puncto Reparationspolitik. Gerade Letzteres aber spielte für ihn eine entscheidende Rolle: Brünings Wirtschaftspolitik speiste sich aus politischer Überzeugung, und das heißt vor allem aus seinem eisernen Willen, von den Siegermächten des Ersten Weltkrieges eine Beendigung der deutschen Reparationszahlungen zu erzwingen.

Selbstisolierung Brünings

Indes isolierte sich der Reichskanzler mit seiner rigiden Sparpolitik immer mehr. Zuletzt hatte er keinen gesellschaftlichen Rückhalt mehr: Arbeitnehmer, Beamten und Arbeitgeber opponierten mittlerweile, wenn auch aus unterschiedlichen Gründen, gegen ihn. Der Wunsch nach einer aktiven Bekämpfung der Wirtschaftskrise war seit dem Winter 1931/32 fast in der gesamten Bevölkerung verbreitet. Dass die demokratischen Parteien sich diese Stimmung nicht zu Eigen machten, entschuldigt nicht Brünings Intransigenz: Aufgrund ihrer faktischen Entmachtung im Zeichen des Präsidialsystems waren ihre Vorschläge letztlich bedeutungslos; damit aber fehlte ihnen auch jeder Anreiz, die eigenen Positionen zu überdenken und neue Konzepte zu entwickeln. Allerdings hätten sie wohl kaum gegen einen wirtschaftspolitischen

Kurswechsel der Reichsregierung opponiert, zumal die Stützung Brünings angesichts der drohenden Gefahr einer nationalsozialistischen Regierungsübernahme für alle demokratischen Parteien, insbesondere die SPD, oberste Priorität besaß.

Da der Kanzler aber an seiner Deflationspolitik festhielt, fanden die arbeitslosen Massen sowohl in der Regierung als auch im demokratischen Parteienspektrum keine unmittelbaren Verbündeten für ihre verständliche Forderung nach Arbeitsbeschaffungsmaßnahmen, sondern wurden hierzu auf die erklärten Republikgegner vor allem von rechts, in der NSDAP, verwiesen, die sich ihr Anliegen zynisch zu Eigen machten. Damit waren sie umso erfolgreicher, als Brünings Wirtschaftspolitik weit hinter den selbst gesetzten Zielen zurückblieb: Weder gelang es ihm in seiner zweijährigen Regierungszeit, einen ausgeglichenen Haushalt vorzulegen noch Bruttosozialprodukt und Volkseinkommen zu steigern oder die Arbeitslosigkeit abzubauen.

„Borchardt-Kontroverse"

Über die Notwendigkeit oder Unabänderlichkeit dieser Deflationspolitik hat die Forschung vor allem in den 1970er- und 1980er-Jahren im Zuge der „Borchardt-Kontroverse" diskutiert. Ausgangspunkt war eine These des Wirtschaftshistorikers Knut Borchardt, die das bis dahin vorherrschende Verdikt über Brünings Wirtschaftspolitik in Frage stellte: Für Borchardt hatte Brüning aus finanziellen wie politischen Gründen keine Erfolg versprechende Alternative zur Hand, zumal die deutsche Wirtschaft bereits in den zwanziger Jahren „krank" und von einer Lohn- sowie Sozialquote geprägt gewesen sei, die in wachsendem Missverhältnis zur Produktivität gestanden habe. Diese revisionistische Interpretation bestritt wiederum Carl-Ludwig Holtfrerich: Seiner Meinung nach hätte die Regierung in der zweiten Jahreshälfte 1931 erfolgreich ein Arbeitsbeschaffungsprogramm auflegen können, das eine weitere Verschlechterung der wirtschaftlichen Lage mit ihren verheerenden politischen Auswirkungen verhindert hätte. Zu diesem Zeitpunkt wurde eine solche antizyklische Wirtschaftspolitik, wie sie der britische Ökonom Keynes theoretisch entwickelt hatte, durchaus auch in Brünings Umgebung erwogen. Doch der Reichskanzler, so Holtfrerich, verweigerte sich solchen Ratschlägen, weil er auf die Revision des Versailler Vertrages fixiert war und dem die wirtschaftliche Erholung Deutschlands nachordnete.

Instrumentalisierung der Wirtschaftskrise

Tatsächlich hat Brüning die Wirtschaftskrise in Deutschland wohl nicht vorsätzlich verschärft, aber er hat sie als Mittel der Reparationsrevision billigend in Kauf genommen. Insofern mag man einen echten Primat der Reparationspolitik, dem der Reichskanzler die wirtschaftliche Erholung gänzlich untergeordnet habe, bezweifeln. Doch zweifellos war auch eine rasche wirtschaftliche Erholung für ihn nicht vorrangig. Hierzu motivierte Brüning nicht nur die Verschärfung des innenpolitischen Klimas in Deutschland, die eine „nationale" Akzentuierung der Außenpolitik zur Voraussetzung des eigenen politischen Überlebens machte. Vielmehr verordnete er den Deutschen guten Gewissens und aus echter Überzeugung eine wirtschaftliche Rosskur, in der Hoffnung, dass sie ihnen mittel- und langfristig zum Vorteil ausschlagen werde – sei es durch einen Wegfall der Reparationen, sei es durch die Beseitigung tatsächlicher oder vermeintlicher struktureller Defizite, vor allem aber durch eine Haushaltssanierung. Eine vorzeitige Abkehr von diesem Kurs lehnte er trotz Massenarbeitslosigkeit und auch hieraus erwachsender politischer Radikalisierung bis zuletzt ab. Dabei hätte eine wirtschaftspolitische Kurswende noch in der Endphase der „Ära Brüning" unabhängig von ihren – schwer zu kalkulierenden – ökonomischen Auswirkungen auf jeden Fall eine psychologische Wende und damit eine innenpolitische Klimaverbesserung gebracht, die dem Reichskanzler eine größere Popularität und damit vielleicht sogar eine längere Amtszeit beschert und auch die späteren Pläne einer nationalsozialistischen Regierungsbeteiligung im Umfeld des Reichspräsidenten obsolet gemacht hätten.

Überdies bemühte Brüning sich völlig unzureichend, für seine Politik eine Mehrheit im Reichstag zu gewinnen. Spätestens mit der Reichstagsauflösung vom Juli 1930 erwies sich, dass seine Berufung nicht einfach dem Zweck gedient hatte, eine stabile Regierung und damit eine kontinuierliche Regierungsarbeit sicherzustellen, vielmehr sollte das parlamentarische System tiefgreifend verändert werden. Dementsprechend wurden in der gesamten Regierungszeit Brünings 109 präsidiale Notverordnungen erlassen, aber nur 29 ordentliche Gesetze durch den Reichstag verabschiedet. Dieser konnte überdies seine Kontrollrechte allein schon deshalb nicht ausüben, weil er immer seltener zusammentrat: Von Oktober bis Jahresende 1930 fanden 14 Sitzungen des Reichstags statt, 1931 dann 42 und 1932 bis zu Brünings Sturz Ende Mai sogar nur 8. Die völlige politische und soziale Zerrüttung nutzten wiederum die unversöhnlichen Gegner der Republik, vor allem Kommunisten und Nationalsozialisten, zur hemmungslosen Agitation gegen die Regierung und das Weimarer „System". Dabei erhielten sie angesichts der verbreiteten Katastrophenstimmung großen Zulauf aus den Reihen der Entlassenen, Verarmten und Verunsicherten.

3. Brünings Außenpolitik 1930–32: Primat der Reparationspolitik?

a) Brünings außenpolitisches Programm

Außenpolitischer Stilwandel

Als Brüning im März 1930 das Amt des Reichskanzlers übernahm, hatte sich die internationale Lage im Vergleich zur vorangegangenen „Locarno-Ära" deutlich verändert: Aufgrund der Weltwirtschaftskrise nahmen viele Staaten wieder Zuflucht zu traditionellen Mitteln der Machtpolitik. Die neue Reichsregierung passte sich diesem Trend bis in die Sprachregelungen hinein an: Außenminister **Julius Curtius** und sein Staatssekretär Bernhard von Bülow (1885–1936) wiesen die eigenen Diplomaten an, das Wort „Verständigungspolitik“ fortan aus dem internen Vokabular zu streichen. Gleichzeitig drückte sich hier aus, dass man sich zukünftig auch substantiell vom Kernelement der Stresemann'schen Außenpolitik, dem Ausbau multilateraler Beziehungen und internationaler Verflechtungen, lösen wollte. Zwar blieben die alten Ziele – Gleichberechtigung und Rückgewinnung der deutschen Großmachtstellung –, doch sie wurden nachdrücklicher und gewissermaßen ultimativer als früher vorgetragen. Deutschland, so Curtius am 10. Februar 1931 im Reichstag, verlange „Sicherheit, und zwar denselben Grad von Sicherheit, den die anderen Staaten für sich in Anspruch nehmen können“. Dabei war Brüning klar – wie er später selber in seinen Memoiren bekundete –, dass die „Streichung der Reparationen [...] das erste Streben der Außenpolitik der Regierung sein [müsse]“.

Stichwort

Julius Curtius

(1877–1948) gehörte von 1919 bis 1932 dem Zentralvorstand und dem geschäftsführenden Ausschuss der DVP an. Von 1920 bis 1932 saß er als Abgeordneter der DVP sowie zuletzt der Deutschen Staatspartei im Reichstag. Von 1926 bis 1929 war er Reichswirtschaftsminister. Nach dem Tod Stresemanns übernahm er dann 1929 das Außenministerium und behielt dieses Amt auch im ersten Kabinett Brüning. Seiner eigenen Aussage zufolge verstand er sich als „Testamentsvollstrecker Stresemanns“. Tatsächlich billigte er jedoch die Abkehr der neuen Spitzenbeamten des Auswärtigen Amts von der verständnisbereiten Locarno-Politik seines Vorgängers zugunsten einer „nationaleren“ Revisionspolitik. Allerdings bewegte sich die deutsche Außenpolitik unter Curtius weiter in den Bahnen des bestehenden Mächtesystems und des Völkerrechts, was angesichts des wachsenden innenpolitischen Drucks der Rechtsparteien durchaus Mühe bereitete. Letztlich gelang es Curtius nicht, gegenüber dem außenpolitisch ambitionierten Brüning ein eigenes Profil zu gewinnen. Seine einzige bedeutsame Initiative – das Projekt einer deutsch-österreichischen Zollunion – sollte sich als ein völliger Fehlschlag erweisen und ihn letztlich sein Amt kosten. Danach zog er sich ins Privatleben zurück.

Primat der Außenpolitik

Ob man im Hinblick auf die Außenpolitik der Regierung Brüning im Allgemeinen und die Reparationsfrage im Besonderen von einem regelrechten Primat sprechen kann, ist in der Forschung umstritten. Auf jeden Fall konzentrierte sich die deutsche Außenpolitik unter Brüning verstärkt auf eine endgültige Revision der Beschlüsse des Versailler Vertrags, seien sie nun territorialer, finanzieller oder militärischer Art. Die vorzeitige französische Räumung des Rheinlands am 30. Juni 1930 verstärkte diesen Trend eher noch, als dass sie ihn abgeschwächt hätte. Bereits der Ablauf der „Befreiungsfeiern" im Sommer 1930 verdeutlichte den eingetretenen Stilwandel: Entgegen dem französischen Vorschlag einer gemeinsamen deutsch-französischen Zeremonie als Zeichen der Versöhnung in der Tradition des Geistes von Locarno wurde der Abzug der Besatzungstruppen in fast allen Städten und Gemeinden des Rheinlands demonstrativ bejubelt. Vertreter der Reichsregierung nahmen an den wichtigsten Feiern teil, der Reichspräsident unternahm eine Rundreise durch das Rheinland, die Reichswehr führte in Berlin einen großen Zapfenstreich durch, schließlich wurde ein „Befreiungstaler" mit der provozierenden – auf Ernst Moritz Arndt (1769–1860), den Dichter der antinapoleonischen „Befreiungskriege", zurückgehenden – Umschrift „Der Rhein, Deutschlands Strom, nicht Deutschlands Grenze" geprägt. Überdies tauchten nun auch nationalistische Verbände wie der „Stahlhelm" und selbst nationalsozialistische Gruppen links des Rheins auf. Ebenso kam es zu Übergriffen gegen das Eigentum von ehemaligen Separatisten und von Rheinländern, die in irgendeiner Form für die französischen Besatzungsbehörden gearbeitet hatten.

Abb. 5 Reichskanzler Heinrich Brüning und Außenminister Julius Curtius

Die deutsche Außenpolitik hatte nun erstmals seit 1918 einen guten Teil ihrer Handlungsfreiheit wiedererlangt, und die Regierung Brüning zeigte sich bereit, den gewachsenen Aktionsspielraum umgehend zu nutzen. Entsprechend tauchten auch wieder traditionelle Mitteleuropa-Pläne auf: Durch eine verstärkte wirtschaftliche Durchdringung des Donau-Balkan-Raumes hoffte man, sich neue Absatzmärkte zu erschließen und damit die Auswirkungen der Weltwirtschaftskrise zu mildern. Schließlich wurde insbesondere von der Reichswehr die alte Frage nach der militärischen Gleichberechtigung Deutschlands verstärkt gestellt. Dabei wurde zunehmend für nationale Alleingänge plädiert und eine Abkehr von der multilateralen zur bilateralen Methode sowie zum traditionellen Machtegoismus favorisiert.

b) Die deutsch-österreichische Zollunion

Ökonomische und politische Gründe

Im Laufe des Jahres 1930 rückte der Plan einer deutsch-österreichischen Zollunion in den Mittelpunkt der operativen Außenpolitik Deutschlands. Entstanden war er bereits in der Amtszeit Stresemanns, wobei seine Verwirklichung für die Zeit nach Abschluss der Westrevision und der Regelung der Reparationen sowie nach Maßgabe günstiger internationaler Rahmenbedingungen und auf jeden Fall im Zuge einer Verständigung mit den übrigen Mächten vorgesehen war. Unter Curtius geriet die Initiative indes zur isolierten deutsch-österreichischen Aktion, die wegen der unzureichenden internationalen Absicherung und dem Wankelmut des Partners scheitern sollte. Dabei lagen die ökonomischen Gründe auf der Hand, wie Curtius am 31. März 1931 im Reichsrat betonte: „Wirtschaftssorgen sind es, die die österreichische und die deutsche Regierung zusammengeführt haben. [...] Wir erwarten beide, durch Angleichung unserer zoll- und handelspolitischen Verhältnisse, durch freien Wirtschaftsverkehr beide Volkswirtschaften zu beleben, zu heben und zu erweitern." Gleichzeitig war das Zollunionsprojekt eine Antwort auf den Europaplan des französischen Außenministers Briand vom September 1929: Er sah die Schaffung der „Vereinigten Staaten von Europa" als einen Bund souveräner Staaten vor. Bereits Stresemann hatte distanziert auf Briands Vorschlag reagiert. Erst recht unterstellte sein Nachfolger Curtius, dass die französische Regierung lediglich den territorialen Status quo in Europa sichern wolle. Das aber schien für Deutschland unannehmbar. Insofern diente das Zollunionsprojekt auch dazu, die Absichten der französischen Diplomatie zu konterkarieren und insbesondere den Einfluss Frankreichs im Donau- und Balkanraum zu mindern.

Dementsprechend empfahl das Auswärtige Amt im Juli 1930 den Zusammenschluss mit Österreich, das aufgrund seiner Geschäfts- und Bankverbindungen das Tor zum Donauraum bildete. Erstmals wurde eine engere wirtschaftliche Verbindung im Januar 1930 auf der Haager Konferenz über den Young-Plan zwischen Curtius und dem österreichischen Bundeskanzler Johannes Schober (1874–1932) erörtert, einen Monat später bei einem Besuch Schobers in Berlin auch zwischen ihm und Reichskanzler Müller sowie Curtius in Form einer Zollunion. Brüning selber wurde erst im Sommer informiert. Er zeigte sich nicht besonders glücklich über das Projekt, billigte es aber prinzipiell. Der Versailler Vertrag hatte 1919 einen offiziellen **„Anschluss"** Österreichs an das Deutsche Reich verboten. Deshalb bemühten sich die deutsche und die österreichische Seite, den Zollunionsplan so lange wie möglich geheim zu halten. Zu einem geeigneten Zeitpunkt hoffte man, ihn auch den Nachbarn schmackhaft machen zu können, zumal er grundsätzlich für eine Beteiligung andere europäischer Staaten offen war.

Stichwort

Anschluss

Als sich der Vielvölkerstaat Österreich-Ungarn am Ende des Ersten Weltkrieges auflöste, beschlossen die Deutsch-Österreicher spontan den Anschluss an das Deutsche Reich. Auch die WRV eröffnete in Artikel 61 Abs. 2 ausdrücklich die Möglichkeit eines Anschlusses Deutsch-Österreichs. Indes untersagten die Siegermächte 1919 sowohl Deutschland im Versailler Vertrag als auch Österreich im Friedensvertrag von Saint-Germain-en-Laye eine solche Verbindung. Die Reichsregierung wurde gezwungen, den „Anschluss-Artikel" 61 WRV für unwirksam zu erklären. Die nun entstehende Republik Österreich wiederum musste ihre wirtschaftlichen und sozialen Strukturen ganz neu aufbauen und war dabei auf die Hilfe der Alliierten und deren Kredite angewiesen. Diese Einmischung der Siegermächte wurde von allen deutschen Parteien und der gesamten öffentlichen Meinung als eine ungerechtfertigte Diskriminierung und ein eklatanter Verstoß gegen jenes nationale Selbstbestimmungsrecht gewertet, das die Alliierten einst selbst proklamiert hatten.

Internationale Reaktionen

Anfang März 1931 führten Curtius und der Staatssekretär der Reichskanzlei, Hermann Pünder (1888–1976), letzte Gespräche über die Zollunion in Wien. Über die Richtlinien eines entsprechenden Vorvertrages einigte man sich schnell. Hingegen gab es Differenzen im Hinblick auf die Bekanntgabe des Projekts: Während die österreichische Regierung für ein bedächtiges Tempo eintrat, zog die deutsche Diplomatie ein rasches Vorgehen vor. Letztlich wurde der Abschluss der Zollunionsverhandlungen dann auf deutsches Betreiben hin am 21. März publik. Die Tatsache, dass Deutsche und Österreicher hinter dem Rücken ihrer Nachbarn verhandelt hatten, empörte vor allem die französische Regierung. Sie sah in dem Projekt eine erhebliche Belastung und Gefährdung der deutsch-französischen Beziehungen und in seiner propagandistischen Verknüpfung mit Briands Europaplan lediglich eine taktische Camouflage. Überdies war sie gewillt, das Projekt zu Fall zu bringen, weil sie widrigenfalls eine zu starke Aufwertung Deutschlands und eine Begrenzung der eigenen Einflusssphäre in Europa befürchtete.

Unterstützt wurde die französische Diplomatie dabei von anderen europäischen Staaten einschließlich Großbritanniens. Die britische Regierung führte zwar keine sachlichen Einwände gegen das Zollunionsprojekt ins Feld, fürchtete aber um die laufende Vorbereitung der Abrüstungskonferenz und die europäische Zusammenarbeit generell. Überdies war man in London wie auch in den anderen europäischen Hauptstädten über den deutschen Alleingang verstimmt. Dieser breite internationale Konsens ermöglichte es der französischen Regierung, „alle Hebel in Bewegung [zu setzen] und durch finanziellen und politischen Druck die ganze Initiative zum Scheitern [zu bringen]" (Peter Krüger). Dabei erwies sich der französische Druck als umso effektiver, als Österreich im Mai 1931 in große finanzielle Schwierigkeiten geriet und daher auf ausländische Kredite angewiesen war, die wiederum politisches Wohlverhalten voraussetzten. Ebenso gab die Reichsregierung den Zollunionsplan am 20. Juli 1931 aufgrund der sich verschärfenden Finanzkrise auf. Somit war das Projekt bereits gescheitert, als der Internationale Gerichtshof in Den Haag Anfang September schließlich ebenfalls seine Zustimmung verweigerte.

c) Das Ende der Reparationen

Reparationspolitische Doppelstrategie

Für die Regierung Brüning wurde das Problem der Reparationen und seine endgültige Lösung seit dem Frühjahr 1931 immer dringlicher. Dabei bediente sie sich einer Doppelstrategie: Einerseits bemühte sie sich, durch ihre Bereitschaft zu Einsparungen und einer rigiden Deflationspolitik ihre prinzipielle Bereitschaft zur Erfüllung der Bedingungen des Young-Plans zu dokumentieren. Andererseits sollte den Siegermächten demonstriert werden, dass dies letztlich einen völligen Zusammenbruch der deutschen Wirtschaft provozierte mit unabsehbaren Konsequenzen für die internationalen Wirtschaftsbeziehungen, was nicht im Interesse der Staatengemeinschaft liegen könnte.

Am 6. März 1931 gab Brüning im Kabinett offiziell seinen Entschluss bekannt, die Reparationsfrage einer abschließenden Behandlung zuzuführen. Daraufhin erntete er von verschiedenen Seiten Widerspruch: Finanzstaatssekretär Schäffer glaubte nicht an ein Entgegenkommen der deutschen Gläubiger, zumal angesichts des gerade angelaufenen deutsch-österreichischen Zollunionsprojekts und befürchtete deshalb einen Misserfolg. Ebenso opponierten die Vertreter von Auswärtigem Amt und Reichsbank. Doch Brüning sah sich wegen der Deckungslücken im Reichshaushalt und der Zuspitzung der innenpolitischen Lage unter Handlungszwang. Vor diesem Hintergrund eröffnete er mit seinem Aufruf zur zweiten Notverordnung vom 5. Juni 1931 den offenen Kampf gegen die „Tributzahlungen":

Quelle

Brünings „Tributaufruf" vom 5. Juni 1931

Quelle: Schulthess' Europäischer Geschichtskalender, S. 12 (5. Juni 1931).

„Wir haben alles angespannt, um unseren Verpflichtungen aus dem verlorenen Kriege nachzukommen. Auch ausländische Hilfe haben wir hierfür in weitem Ausmaße in Anspruch genommen. Das ist nicht mehr möglich. Die Einsetzung der letzten Kräfte und Reserven aller Bevölkerungskreise gibt der deutschen Regierung das Recht und macht es ihr dem eigenen Volke gegenüber zur Pflicht, vor der Welt auszusprechen: Die Grenze dessen, was wir unserem Volke an Entbehrungen aufzuerlegen vermögen, ist erreicht! Die Erleichterung, die der neue Plan nach der Absicht aller Beteiligten dem deutschen Volke bringen sollte und fürs erste auch zu bringen versprach, hat er nicht gebracht. Die Regierung ist sich bewusst, dass die aufs äußerste bedrohte wirtschaftliche und finanzielle Lage des Reichs gebieterisch zur Entlastung Deutschlands von untragbaren Reparationsverpflichtungen zwingt."

Weiterer Abzug ausländischer Kredite

Reichsbankpräsident Luther hatte vor einem solchen Schritt gewarnt, weil er dann einen weiteren Abzug ausländischer Kredite erwartete. Genau dies geschah denn auch: Die Reichsbank verlor zwischen dem 6. und 11. Juni 1931 Devisen in Höhe von 400 Millionen Reichsmark. Am 11. Juni bezifferte der Reichsbankpräsident die Verluste seit dem 26. Mai auf 600 Millionen Reichsmark, vier Tage später bereits auf eine Milliarde. Damit war der Devisenbestand der Reichsbank binnen eines Jahres von 3 auf 1,7 Milliarden Reichsmark geschrumpft. Folglich sah sich die Reichsbank außerstande, die Verpflichtungen aus dem Young-Plan zu erfüllen. Ihre praktische Zahlungsunfähigkeit erwies sich als fatal in einem Moment, als es zu einer umfassenden Bankenkrise kam: Anfang Mai 1931 erklärte zunächst eine der größten europäischen Banken, die Österreichische Kreditanstalt, ihre Zahlungsunfähigkeit. In anderen Ländern geschah Ähnliches: In Frankreich befürchtete man den Zusammenbruch der Banque Adam in Boulogne-sur-Mer und die Pleite der Banque Nationale de Crédit, zur Rettung der Banque de l'Union Parisienne wurde belgisches Kapital benötigt. In Deutschland wiederum setzte ebenfalls ein Sturm auf die Banken ein – es wurden allein 288 Millionen Reichsmark ausländische Kredite kurzfristig gekündigt. Sehr bald musste auch die Danatbank Konkurs anmelden, womit die Bankenkrise komplett war.

Vor diesem Hintergrund erwies sich der „Tributaufruf" vom 5. Juni als fatal, aber auch der Inhalt der damit verbundenen „Zweiten Notverordnung zur Sicherung von Wirtschaft und Finanzen" rief in der Bevölkerung und bei allen Parteien Empörung hervor: Mit den dort vorgesehenen weiteren öffentlichen Sparmaßnahmen schien das Maß des Erträglichen überschritten. Indes kam Brüning die Welle der Empörung, die sich gegen ihn richtete, nicht ungelegen. Schließlich wollten er und Außenminister Curtius gerade auf den Landsitz der britischen Regierung, nach Chequers, reisen, um sich dort die Rückendeckung des britischen Premierministers Ramsey MacDonald und des Gouverneurs der Bank von England Montagu Norman (1871–1950) für eine Gesamtlösung der Reparationsfrage zu sichern. Das Bild der protestierenden Volksmenge in Bremerhaven, wo Brüning nach England übersetzte, verfehlte nicht seinen Eindruck auf die britischen Gesprächspartner des Reichskanzlers, zumal dieser die wirtschaftliche Misere Deutschlands in drastischen Farben malte und vor einem Umschlag der Wirtschaftskrise in ein allgemeines politisches Chaos warnte. Insbesondere dem Premierminister erschien Brüning als ein Politiker, der auch bereit war, unpopuläre Maßnahmen zu ergreifen, um die internationalen Verbindlichkeiten Deutschlands zu erfüllen, und der deshalb Entgegenkommen verdiente.

Hoover-Moratorium

In den kommenden Monaten blieben Amerikaner und Engländer auf internationalem Parkett die Hauptansprechpartner der Reichsregierung. Insbesondere hoffte Brüning auf ein Entgegenkommen der USA, des Hauptgläubigers der Siegermächte des Ersten Weltkrieges. Zwar verweigerte Präsident Hoover zunächst noch jede Änderung der amerikanischen Schuldenpolitik als einer wichtigen Voraussetzung für einen etwaigen Erlass der deutschen Reparationen. Doch immerhin gelang es der Reichsregierung Mitte 1931, die Reparationsfrage wieder auf den ersten Platz der internationalen Agenda zu hieven. Schließlich lenkte Hoover zumindest teilweise ein, nachdem ihn auch der in den USA hoch angesehene Reichspräsident Hindenburg in einem Brief am 19. Juni darauf hingewiesen hatte, dass „[d]ie Möglichkeiten, ohne Entlastung von außen durch innere Maßnahmen die Lage zu verbessern, [...] erschöpft [seien]. Diese Entlastung muß sofort einsetzen [...], wenn nicht schweres Unheil über uns und andere hereinbrechen soll": Am 20. Juni 1931 regte der amerikanische Präsident ein zwölfmonatiges **Zahlungsmoratorium** an, das am 1. Juli beginnen sollte: „Die amerikanische Regierung schlägt einen einjährigen Aufschub aller Zahlungen [...] vor [...] unter der Bedingung, dass die wichtigeren Gläubigerstaaten ebenfalls alle ihnen geschuldeten Zahlungen auf Regierungsschulden für ein Jahr aufschieben." Dieser Zahlungsaufschub sollte „den Schuldnern Zeit zur Wiedererlangung ihrer nationalen Prosperität [...] geben."

Stichwort

Hoover-Moratorium

Dieses umfasste sowohl jene Anleihen aus dem Ersten Weltkrieg, welche die europäischen Großmächte Frankreich und Großbritannien an die USA zurückzahlen mussten, als auch die deutschen Reparationen. Am 20. Juni 1931 erging ein entsprechendes amerikanisches Angebot, dem sich die deutsche und die britische Regierung umgehend sowie das französische Kabinett – das sich durch den amerikanischen Alleingang düpiert fühlte – einige Wochen später anschloss. Allerdings verlangte die Pariser Regierung, dass Deutschland zumindest die ungeschützten Annuitäten aus dem Young-Plan zahlen musste, wobei vier Fünftel des Betrags aber als verzinsliches Darlehen von der Bank für Internationalen Zahlungsausgleich in Basel finanziert werden sollten. Schließlich einigten sich die beteiligten Länder darauf, dass Deutschland während des Schuldenfreijahres zwar den ungeschützten Teil der Reparationen weiterzahlen, jedoch die notwendigen Mittel vollständig von der Bank für Internationalen Zahlungsausgleich erhalten sollte und im kommenden Jahr wie die aufgeschobenen Zahlungen zinspflichtig zurückzahlen musste. Damit war der Weg für die förmliche Verkündung des Moratoriums durch Hoover am 6. Juli 1931 frei.

Verständlicherweise kommentierte die Reichsregierung Hoovers Initiative besonders positiv. Aus ihrer Perspektive war das Moratorium „ein ganz großer Erfolg der Politik Brünings", wie Staatssekretär Pünder am 24. Juni 1931 in seinem Tagebuch festhielt. Der Kanzler selbst hatte bereits in einer Rede im Deutschlandsender einen Tag zuvor betont, dass „das deutsche Volk und die deutsche Regierung [...] mit herzlicher Dankbarkeit die Vorschläge des Präsidenten Hoover angenommen [haben]", wobei er jedoch gleichzeitig vor der

Annahme warnte, man sei nun bereits „über die Gesamtheit der uns bedrängenden Nöte hinweg“. Tatsächlich begann mit dem Hoover-Moratorium der Anfang vom Ende der deutschen Reparationen. Doch trotz dieser finanziellen Erleichterung hielt der Reichskanzler strikt an seiner Deflationspolitik fest. Er wollte die finanzielle Atempause nicht nutzen, um seine eiserne Sparpolitik mit ihren gravierenden sozialpolitischen Folgen zu lockern. Das würde nur dazu führen – wie Brüning bereits im Oktober 1930 in einem Gespräch gegenüber Hitler ausgeführt hatte –, „dass wir nach anderthalb Jahren nicht mehr als eine kleine Herabsetzung der Reparationen oder ein zwei- bis dreijähriges Moratorium bekommen würden. Das sei aber keine Lösung, man müsse aufs Ganze gehen, da man nach zwei oder drei Jahren dem deutschen Volke unmöglich den Leidensweg erneut zumuten könne“.

Brünings Dogmatismus

Als die Rezession mit der Bankenkrise im Juli 1931 einen neuen Höhepunkt erreichte, erließ der Reichspräsident auf Betreiben Brünings am 6. Oktober 1931 eine „Dritte Notverordnung zur Sicherung von Wirtschaft und Finanzen“, die weitere Einsparungen der öffentlichen Hand vor allem mittels zusätzlicher sozialer Einschnitte ermöglichen sollte. Ganz offensichtlich war Brüning gewillt, eine Politik des Alles oder Nichts zu betreiben. Das verweist auf ein „Moment des Dogmatismus“ (Herbert Hömig), das in seiner Politik enthalten war. Brüning verkörperte weniger einen parlamentarisch versierten Politiker des 20.Jahrhunderts als vielmehr einen Kabinettspolitiker der Metternich-Ära – und das gleich in zweierlei Hinsicht: Zum einen wurde Politik bei ihm weitgehend mit Außenpolitik gleichgesetzt, zum anderen war sie „das Spiel kluger und schweigsamer Männer, ein aristokratisches Metier“ (Hagen Schulze). Daher war er auch ungeachtet seiner wachsenden Unpopularität bereit, an seinem primären Ziel einer endgültigen Regelung der Reparationsfrage festzuhalten und dem auch eine rasche Wiederherstellung von Vollbeschäftigung und Wirtschaftswachstum unterzuordnen.

Einen Hebel für eine Beendigung der Reparationszahlungen bot eine Bestimmung des Young-Plans, der zufolge Deutschland eine Einstellung der Zahlungen aufgrund erwiesener Zahlungsunfähigkeit beantragen konnte. Das entsprechende Gutachten einer internationalen Kommission pflichtete dieser Einschätzung im August 1931 bei und empfahl die vollständige Streichung der Reparationen. Daraufhin trat im Dezember 1931 der Sonderausschuss der Bank für Internationalen Zahlungsausgleich in Basel zusammen. Zwischen den verschiedenen Delegationen herrschte Einvernehmen, dass weitere Reparationen aufgrund der zerrütteten Weltwirtschaft nicht vertretbar seien. Allerdings lehnte die französische Regierung noch eine völlige Streichung der deutschen Zahlungen ab. Brüning wiederum wollte eine Teillösung verhindern und betrieb daher eine Verschiebung der vereinbarten Reparationskonferenz, weil er auf einen Regierungswechsel in Frankreich und eine weitere Verschlechterung der Wirtschaftslage in Deutschland setzte. Dementsprechend trafen sich die Vertreter der betroffenen Staaten England, Frankreich, Italien, Belgien und Japan sowie Deutschland erst vom 16. Juni bis 9. Juli 1932 in Lausanne, wo sie eine Beendigung der deutschen Zahlungen beschlossen. Zu diesem Zeitpunkt war Brüning allerdings schon längst nicht mehr im Amt.

d) Die Forderung nach militärischer Gleichberechtigung

Allgemeine Abrüstung

Eine weitere zentrale Forderung der deutschen Revisionspolitik war neben einer Veränderung der territorialen Bestimmungen des Versailler Vertrags sowie der Frage der Reparationen immer auch die Forderung nach militärischer Gleichberechtigung gewesen. Der Friedensvertrag von 1919 hatte ausdrücklich festgestellt, dass die Deutschland einseitig aufgezwungene Entwaffnung dazu dienen solle, „den Anfang einer allgemeinen Beschränkung der Rüstung zu ermöglichen". Dementsprechend tagte erstmals von 1926 bis 1930 eine vorbereitende **Abrüstungskonferenz**, die eine Konvention ausarbeiten sollte.

Stichwort

Abrüstungskonferenz

Art. 8 der Völkerbundsatzung postulierte ein Programm allgemeiner Abrüstung gemäß dem Grundsatz, „daß die Aufrechterhaltung des Friedens eine Herabsetzung der nationalen Rüstungen auf das Mindestmaß erfordert, das mit der nationalen Sicherheit und mit der Erzwingung internationaler Verpflichtungen durch gemeinschaftliches Vorgehen vereinbar ist". Innerhalb dieses Rahmens forderte Deutschland Rüstungsgleichheit, besonders nachdem eine Botschafterkonferenz am 16. November 1925 festgestellt hatte, dass der Kriegsverlierer seine Abrüstungsverpflichtungen aus dem Versailler Vertrag erfüllt hatte. Im Februar 1926 trat dann ein Vorbereitender Ausschuss der Abrüstungskommission des Völkerbunds einschließlich eines deutschen Vertreters – Johann Heinrich Graf von Bernstorff (1862–1939) – zusammen, um über die Ausrichtung einer Abrüstungskonferenz zu beraten. Diese „Vorbereitende Genfer Abrüstungskonferenz" stellte im September 1928 fest, dass das in Europa erreichte Maß an Sicherheit nunmehr genüge, um eine allgemeine Abrüstung einzuleiten. Doch es sollte bis zum 2. Februar 1932 dauern, bevor zum ersten Mal die Abrüstungskonferenz des Völkerbunds in Genf tagte.

Die deutsche Delegation in Genf strebte die „restlose Beseitigung" der deutschen Rüstungsbeschränkungen und eine Ausdehnung der Abrüstungsforderung auf alle Staaten an. Ziel sollte ein militärisches Kräfteverhältnis sein, das die Verteidigungsfähigkeit des Deutschen Reiches gewährleistete. Brüning gab den Tenor der deutschen Argumentation in Genf vor, wenn er bereits am 2. November 1930 in einem Interview mit der französischen Zeitung „Petit Parisien" ausführte, dass „alle Staaten gleiches Recht auf Sicherheit [hätten] und wir [...] [nicht] verstehen [...], warum hier mit zweierlei Maß gemessen werden soll". Faktisch lief dies angesichts der Intransigenz der übrigen Mächte in der Abrüstungsfrage auf einen Freibrief zur eigenen Aufrüstung hinaus. Allerdings stand die Konferenz von Beginn an unter keinem guten Stern, zumal sich die deutsche Verhandlungsdelegation wenig flexibel zeigte. Dies wiederum erklärte sich durch den Druck, den die Reichswehr auf die zivile Führung ausübte und der im Laufe der Konferenz immer stärker wurde, da das politische Gewicht der Militärs nach der Ablösung Brünings durch Papen noch wuchs. Letztlich ging die deutsche Delegation in Genf davon aus, dass eine Einigung mit Frankreich nicht möglich sei und man deshalb „Frankreich durch Isolierung verhandlungswillig zu machen" versuchen müsse.

Rückzug Deutschlands von der Genfer Abrüstungs-Konferenz

Da der gewünschte Erfolg ausblieb, verließ die deutsche Delegation im Spätsommer 1932 die Konferenz, die somit platzte – eine Option, welche die deutsche Diplomatie offensichtlich bereits frühzeitig erwogen hatte, sollte sie sich mit ihren Forderungen nicht durchsetzen, wohl wissend, dass dies den Völkerbund und das Prinzip kollektiver Sicherheit weiter schwächen würde. Dementsprechend hatte sie schon in einer Erklärung vom 22. Juli 1932 offen ihre Unzufriedenheit mit dem Gang der Verhandlungen ausgedrückt: „Mit dem Gefühl nationaler Ehre und internationaler Gerechtigkeit wäre es nicht vereinbar, wenn die Konferenz die Regeln und Grundsätze für die allgemeine Abrüstung der Staaten festlegen wollte, aber gleichzeitig Deutschland [...] an diesen allgemeinen Regeln und Grundsätzen nicht teilnehmen ließe, sondern [...] einem diskriminierenden Ausnahmeregime unterwerfen würde. [...] Die Deutsche Regierung [...] muss deshalb darauf bestehen [...], dass die Gleichheit der Staaten hinsichtlich der nationalen Sicherheit und hinsichtlich der Anwendung aller Bestimmungen der Konvention ohne weiteren Verzug zur Anerkennung gelangt." Erst in der Regierungszeit Schleichers kehrte Deutschland an den Verhandlungstisch in Genf zurück. Am 11. Dezember 1932 wurde ihm schließlich in einer Vereinbarung der fünf Mächte formell Gleichberechtigung gewährt „in einem System, das allen Nationen Sicherheit bietet".

Fazit von Brünings Außenpolitik

Vordergründig betrachtet zahlte sich Brünings Außenpolitik aus, auch wenn der Zentrumspolitiker selber die Früchte seines Erfolges nicht mehr im Amt des Reichskanzlers genießen konnte. Doch dieser vermeintliche Erfolg war teuer erkauft: Vor allem die Behandlung der Reparationsfrage in der Regierungszeit Brünings bündelt nur wie in einem Brennglas die neuen Tendenzen deutscher Außenpolitik seit 1930: Diese unterschied sich nicht unbedingt im Inhalt von der „Ära Stresemann". Weiterhin ging es um das Streben nach außenpolitischer Souveränität und einer neuen europäischen Großmachtstellung, der größtmöglichen Suspendierung der Auflagen des Versailler Vertrags und letztlich der internationalen Gleichberechtigung Deutschlands. Allerdings praktizierte das Kabinett Brüning hierbei einen gänzlich anderen Stil: Statt der von Stresemann erfolgreich verfochtenen Kooperation ging es wieder zur Konfrontation von Anfang der zwanziger Jahre zurück. Die Siegermächte erschienen erneut als Gegner und nicht mehr – wie bei Stresemann – als notwendige Partner. Folglich wurden Forderungen nun wieder einseitiger vorgetragen, versuchte man, die Gegenseite auszutricksen, negierte zunehmend jene Verständigungsbereitschaft, die Stresemanns Politik ausgezeichnet hatte.

Natürlich waren Desintegrationstendenzen in der internationalen Politik bereits vor 1930 erkennbar, und aufgrund der Weltwirtschaftskrise griff beileibe nicht nur Deutschland auf die „herkömmlichen Rezepte der überlieferten Machtpolitik“ (Klaus Hildebrand) zurück. Dennoch bleibt der Eindruck, dass die neue deutsche Konfrontationspolitik alles in allem lediglich durch das Bewusstsein gedämpft wurde, finanziell abhängig vom Ausland zu sein und dessen Unterstützung nicht völlig entbehren zu können. Immerhin unterschied sich die Außenpolitik der Regierung Brüning durchaus noch von jener der folgenden Präsidialkabinette Papen und Schleicher, von der nationalsozialistischen ganz zu schweigen. Brüning betonte zumindest grundsätzlich „den aufrichtigen Willen [...], mit allen Regierungen an die Lösung der Fragen heranzugehen, die für die Beruhigung Europas von Bedeutung sind“. Sein „gemäßigter evolutionärer Verhandlungsrevisionismus“ unterschied sich zwar einerseits – negativ betrachtet – von Stresemannns „Verständigungsrevisionismus“, aber andererseits – positiv betrachtet – auch vom „chauvinistischen Konfrontationsrevisionismus“ der extremen Rechten (Andreas Rödder).

4. Brünings Sturz im Mai 1932: „Hundert Meter vor dem Ziel“?

a) Kampf mit verkehrten Fronten: Die Reichspräsidentenwahl im März 1932

Neuwahl des Reichspräsidenten

Im März 1932 stand die Neuwahl des Reichspräsidenten an. Hindenburg selber hätte sich aufgrund seines fortgeschrittenen Alters wohl gerne zurückgezogen, wurde aber von Brüning, Schleicher und auch dem Sozialdemokraten Braun bedrängt, noch einmal zu kandidieren. Insbesondere Brüning setzte sich massiv für eine Wiederwahl des greisen Hindenburg ein. Allerdings fand er hierbei nur Unterstützung bei den republikanischen Kräften im parteipolitischem Spektrum, also von der Sozialdemokratie über das Zentrum bis zur DVP, die einen Erfolg des nationalsozialistischen Kandidaten Hitler verhindern wollten. Hingegen verweigerten die Rechtsparteien, denen sich der Reichspräsident eigentlich persönlich verbunden und zugehörig fühlte, ihre Zustimmung. Daher scheiterte Brüning auch mit seinem ursprünglichen Versuch, bei den übrigen Parteien eine verfassungsändernde Mehrheit für eine parlamentarische Verlängerung der Amtszeit Hindenburgs zu gewinnen – wie dies schon einmal 1922 geschehen war –, um dem greisen Reichspräsidenten die Strapazen eines Wahlkampfs zu ersparen.

Hindenburg selber verbitterte in der Folgezeit besonders der Umstand, dass nicht nur die NSDAP – wie zu erwarten gewesen war – ihn nicht unterstützte, sondern der „Stahlhelm", dessen Ehrenvorsitzender er war, ebenfalls einen eigenen Kandidaten, den Vorsitzenden Theodor Duesterberg (1875–1950), aufstellte, den wiederum auch die DNVP unterstützte. Der Reichspräsident fühlte sich gewissermaßen zu einem Wahlkampf mit verkehrten Fronten gezwungen. Als schmachvoll musste er auch empfinden, dass Hitler ihn nach einem ersten Wahlgang am 13. März 1932 noch in einen zweiten Wahlgang zwang, den Hindenburg dann am 10. April 1932 mit 53 % der Stimmen gewann, weil die demokratische Linke, insbesondere die SPD, für ihn stimmte.

Stichwort

Stahlhelm

Im November 1918 gründete Franz Seldte in Magdeburg einen politischen Wehrverband zur Niederschlagung linker Unruhen. Ihm gehörten zunächst nur ehemalige Frontsoldaten an, seit 1924 dann auch so genannte national gesinnte Männer ab 23 Jahren. Mit seinen etwa 400000 (1925) und schließlich sogar rund 500000 Mitgliedern (1930) – einschließlich des „Jungstahlhelms" und des „Stahlhelm-Studentenrings Langemarck" war der Verband neben den Gewerkschaften die größte außerparlamentarische Organisation der Weimarer Republik. Wegen seiner offen republikfeindlichen Haltung erließ die preußische Regierung bereits 1922 kurzzeitig ein Verbot. Auch nach dessen Aufhebung diffamierte der „Stahlhelm" weiter das Weimarer „System" sowie die es tragenden Parteien und Politiker, aber auch die katholische Kirche und die Juden. Dementsprechend beteiligte er sich auch 1929 zusammen mit DNVP und NSDAP am Volksbegehren gegen den Young-Plan und 1931 an der Bildung der „**Harzburger Front**". 1933 trat Seldte als Reichsarbeitsminister in das Kabinett Hitler ein. Der „Stahlhelm" selbst wurde schließlich 1935 aufgelöst.

Stichwort

Harzburger Front

Am 11. Oktober 1931 traf sich die „nationale Opposition" zu einer Großveranstaltung in Bad Harzburg. Dazu zählten neben der NSDAP und der DNVP auch Stahlhelm, Reichslandbund, Alldeutscher Verband sowie wichtige Persönlichkeiten der rechtskonservativen Szene, darunter der ehemalige Reichsbankpräsident Schacht und der frühere Chef der Heeresleitung, General Hans von Seeckt (1866–1936). Trotz des beeindruckenden organisatorischen Aufwands und einem umfangreichen Programm mit Militärmusik, Umzügen, Feldgottesdienst, Reden und den Aufmärschen uniformierter Verbände endete das Treffen ohne greifbare Ergebnisse und ein gemeinsames Programm der beteiligten Gruppen. Deren andauernde Zerstrittenheit belegte auch das ambivalente Verhalten der NSDAP: Einerseits demonstrierte Hitler durch seine Anwesenheit seine Einbindung in die Front der etablierten Rechtsparteien, andererseits achtete er darauf, sich ausreichend von dem ihm als überlebt erscheinenden traditionellen Konservativen zu distanzieren, indem er die Veranstaltung bereits nach dem Vorbeimarsch der SA verließ, ohne die ebenfalls geplante Parade des Stahlhelms abzuwarten.

Spätestens seit dem Frühjahr 1932 trat eine tiefe Verstimmung zwischen dem Reichspräsidenten und Brüning ein. Hindenburg warf dem Kanzler vor, zu eng mit der SPD zu kooperieren, und auch ihn dadurch seinen eigentlichen politischen Freunden entfremdet zu haben, zumal er bereits seit dem Herbst 1931 auf eine „Wende nach rechts" gedrängt hatte, ohne dass er allerdings Brüning hätte sagen können, wer dem Kabinett denn die notwendige Tolerierungsmehrheit hätte sichern sollen, wenn nicht die Sozialdemokraten. Das Vertrauensverhältnis zwischen beiden war nun zerstört. Überdies kamen in den folgenden Wochen Regierungsentscheidungen hinzu, die beim Reichspräsidenten bzw. bei seinen intriganten Ratgebern aus Ostelbiern, Reichswehroffizieren und rechtsnationalen Parteienvertretern den Verdacht weiter erhärteten, der Kanzler mache nicht Politik gegen links, wie von ihm erwartet worden war, sondern agiere im Gegenteil mit Hilfe der Linksparteien gegen rechts.

b) Das SA-Verbot

Putschpläne der SA

Anfang der dreißiger Jahre kam es in Deutschland zu bürgerkriegsähnlichen Zuständen. Straßenschlachten zwischen gegnerischen politischen Gruppen gehörten zur Tagesordnung. Dabei taten sich die rund 400000 Mann der paramilitärischen Verbände der NSDAP, SA und SS, besonders hervor. Am 17. März 1932 ließ die preußische Regierung sämtliche nationalsozialistische Parteigeschäftsstellen durchsuchen. Das dort gefundene Material enthielt Hinweise auf Putsch- und Mobilmachungspläne der SA. Dennoch zögerte die Reichsregierung, gegen die NSDAP vorzugehen. Erst auf Druck verschiedener Landesregierungen unter Führung Preußens erging am 13. April doch noch eine Verordnung des Reichspräsidenten, die alle nationalsozialistischen Wehrverbände im Reich verbot. Hierzu hatte sich Hindenburg nur widerwillig bereit erklärt, weil er unzufrieden damit war, dass nicht auch das sozialdemokratische Reichsbanner verboten werden sollte.

In seiner skeptischen Haltung gegenüber dem Verbot wurde der Reichspräsident auch durch die Reichswehrführung bestärkt: General von Schleicher, der Chef des Ministeramtes im Reichswehrministerium, fürchtete, dass die Armee im Konfliktfall nicht in der Lage sei, gegen die äußerste Rechte vorzugehen. Vor allem aber verfolgte er seit längerem den Plan, die „wertvollen Teile" der SA in eine von ihm geplante Volksmiliz aufzunehmen. Das ordnete sich in seinen übergreifenden Plan, Hitler mittels eines rechtsgerichteten Präsidialkabinetts in die Regierungsverantwortung zu zwingen und ihn so zu „zähmen". Diese Konzeption sah er durch das Verbot von SA und SS gefährdet. Folglich schien ihm eine Ablösung Brünings notwendig. Dementsprechend konspirierte er seit Mai 1932 zunehmend gegen seinen einstigen Förderer, den Reichswehr- und Innenminister **Wilhelm Groener**, sowie den Reichskanzler.

Stichwort

Wilhelm Groener

(1867–1939) war im Ersten Weltkrieg zunächst Leiter des 1916 errichteten Kriegsamtes im preußischen Kriegsministerium gewesen, das die Rüstungsproduktion und Arbeitskräftebeschaffung organisierte. Im Oktober 1918 wurde er dann Nachfolger Ludendorffs als Erster Generalquartiermeister in der Obersten Heeresleitung. Er hatte wesentlichen Anteil an der Abdankung Kaiser Wilhelms II. (1859–1941) am 9. November 1918. Einen Tag später schloss er einen innenpolitischen „Pakt" mit Friedrich Ebert (1871–1925), dem sozialdemokratischen Vorsitzenden des „Rats der Volksbeauftragten", der der neuen Regierung die Unterstützung der Armee sicherte und diese wiederum vor einer weiteren Revolutionierung bewahren sollte. 1928 wurde der parteilose frühere General auf Wunsch Hindenburgs zum Reichswehrminister berufen. 1931 übernahm er auch das Amt des Reichsinnenministers. Er versuchte, Staat und Armee vor einem Zugriff durch die Nationalsozialisten zu schützen.

Groeners Entlassung

Groener wurde das erste Opfer von Schleichers Intrigen: Als er am 10. Mai das SA-Verbot im Reichstag verteidigte, kam es zu Tumulten auf dem rechten Flügel, gegen die sich der gesundheitlich angeschlagene Minister nur unzureichend behaupten konnte. Am Ende der Debatte erklärte Schleicher seinem Vorgesetzten, dass dieser nach Ansicht der militärischen Führung für die Reichswehr untragbar geworden sei. Daraufhin reichte der Minister zwei Tage später seinen Rücktritt als Reichswehrminister ein, verblieb aber im Amt des Innenministers. Dieser „halbe Rücktritt" (Ernst Rudolf Huber) stellte keine überzeugende Lösung dar. Das SA-Verbot hatte Groener ja gerade als Innenminister ausgesprochen, wobei er sich allerdings der Unterstützung der Reichswehr sicher glaubte. Indem der ehemalige General nun die vermeintlichen Stützen seiner Politik – Reichswehr und Reichspräsident – verlor, war auch die Basis der gesamten Regierung gefährdet.

c) Die Ostsiedlungsnotverordnung

Osthilfe-Programm

Im Zuge der Weltwirtschaftskrise waren auch etliche ostelbische Grundbesitzer in Zahlungsschwierigkeiten geraten. Vor diesem Hintergrund entwickelte die Regierung Brüning unter Federführung des zuständigen neuen Reichskommissars Hans Schlange-Schöningen (1886–1960) ein Osthilfe-Programm. Dessen Hauptziel war die Entschuldung der großen Güter, soweit diese lebens- und leistungsfähig schienen. Dafür sollten kurzfristige in langfristige Kredite umgewandelt werden, wobei die Zinsdifferenz zu Lasten des Reichshaushalts sowie des preußischen Staatsbudgets ging. Im Umkehrschluss sollten allerdings Güter, deren Bewirtschaftung ökonomisch nicht mehr sinnvoll schien, vom Staat durch Zwangsversteigerung erworben werden, um sie dann parzelliert an ländliche Kleinsiedler zu geben, worauf auch Arbeitsminister Stegerwald angesichts der andauernden Massenarbeitslosigkeit drängte. So sah es der kabinettsreife Entwurf einer Siedlungsverordnung vom 20. Mai 1932 vor. Dieses aufwendige Programm stand im klaren Gegensatz zu Brünings Deflationspolitik, ordnete sich aber in eine Reihe vorangegangener Interventionen der Regierung zu Gunsten der Landwirtschaft ein, die neben dem Wehretat der einzige Sektor war, in dem trotz Deflationspolitik nicht gespart wurde. Dabei vermischten sich vorrangige innenpolitische Überlegungen, nämlich die Angst der Regierung vor den beiden mächtigen Interessengruppen Großagrariern und Reichswehr, mit der Überzeugung von einem vermeintlichen Staatsinteresse an einer „Festigung deutschen Volksbodens“ im Grenzraum sowie wirtschaftlichen Autarkiebestrebungen und schließlich einer verbreiteten diffusen Zivilisationskritik, welche die ländliche Siedlung idealisierte.

Dennoch traf die geplante Ostsiedlungsverordnung auf den erbitterten Widerstand der großagrarischen Interessenverbände – darunter vor allem der **Reichslandbund** –, die sich bereits im Frühjahr 1929 zur „**Grünen Front**“ zusammengeschlossen hatten. Deren Meinung nach nutzte die Regierung ihre Notlage ohne rechtliche Grundlage aus, indem sie die verschuldeten Güter weit unter Wert ersteigerte. Auch Hindenburg übernahm eine solche verzerrende Sicht der Dinge, zumal er seit einigen Jahren aufgrund einer Schenkung ebenfalls landwirtschaftlichen Besitz in Ostpreußen hatte – Gut Neudeck –, wo er sich auch im Frühjahr 1932 öfters aufhielt und von seinen empörten Nachbarn beeinflussen ließ. Wohl unterstützt von Schleicher, Staatssekretär Meißner und seinem Sohn Oskar (1883–1960) verweigerte Hindenburg Brüning die Unterschrift unter die „Fünfte Notverordnung zur Sicherung von Wirtschaft und Finanzen“, in der auch die Osthilfe enthalten war.

Stichwort

Reichslandbund

Die größte landwirtschaftliche Interessenvertretung der Weimarer Republik entstand 1921 aus einem Zusammenschluss des Bundes der Landwirte mit dem Deutschen Landbund. Er war dezentral in 30 regionale Landbünde organisiert und hatte 1928 etwa 5 Millionen Mitglieder. Hierzu zählten zwar nur 1,5 Millionen Landbesitzende, dennoch vertrat der Reichslandbund vor allem großagrarische Interessen. Dazu gehörte die Forderung nach Schutzzöllen, aber auch nach absatz- und preisregulierenden Maßnahmen. Politisch stand er zunächst der DNVP nahe, radikalisierte sich aber gegen Ende der Weimarer Republik, was die Beteiligung des Reichslandbundes an der „Harzburger Front“ 1931 ebenso belegte wie seine Unterstützung von Hitlers Kandidatur für das Amt des Reichspräsidenten im Jahr darauf.

Stichwort

Grüne Front

Im März 1929 schlossen sich mehrere landwirtschaftliche Interessenverbände – der Reichslandbund, die Deutsche Bauernschaft und die Vereinigung der christlichen Bauernvereine – zu einem interessenpolitischen Zweckbündnis zusammen. Ihr gemeinsames Ziel waren eine Anhebung der Agrarzölle zum Schutz der eigenen Produktion gegenüber billigeren Importen aus dem Ausland und eine Stützung bäuerlicher Großbetriebe. Die Wirksamkeit der „Grünen Front" blieb auf ihr Gründungsjahr beschränkt. In der Folge zeigten sich die in ihr zusammengeschlossenen Verbände mit ihrer idealisierten Zielvorstellung eines national-autarken Bauerntums anfällig für die nationalsozialistische „Blut-und-Boden"-Ideologie, was ihre spätere Überführung in das „Dritte Reich" erleichterte.

d) Brünings Entlassung

Das Vertrauensverhältnis zwischen Reichspräsident und Reichskanzler war nun offensichtlich endgültig zerstört. Insofern war es nur konsequent, dass Hindenburg kurz darauf – am 29. Mai – Brüning in einem Gespräch demonstrativ seine Unterstützung entzog. Damit war dem Reichskanzler jede Möglichkeit zum weiteren Regieren genommen. Dementsprechend demissionierten er und sein Kabinett einen Tag später. Das Vorgehen des Reichspräsidenten empfand Brüning als ebenso unwürdig wie ungerecht, zumal er sich in seiner Außenpolitik auf den „letzten hundert Metern vor dem Ziele" wähnte, wie er noch kurz zuvor – am 11. Mai – im Reichstag verkündet hatte. Dabei bezog er sich auf die absehbare Lösung der Reparationsfrage, der er in seiner Politik zunehmend Priorität beigemessen hatte, weil sie ihm auch als eine unabdingbare Voraussetzung für die Überwindung der Wirtschaftskrise erschien. Das mochte aber auch als eine Warnung an den Reichspräsidenten und seine Umgebung gemeint sein, die – wie Brüning ahnte – auf seinen Sturz hinarbeiteten.

Brünings politischer Stil

In der Forschung ist zumindest Brünings nachträgliche Nutzung der Formel von den „100 Metern" zum Zwecke seiner Selbststilisierung als einem Opfer politischer Intrigen als eine „bescheidene Legende" (Hagen Schulze) kritisiert worden. In der Reichstagsrede vom 11. Mai hatte sich der Zentrumspolitiker nämlich auch der eigenen „Kühle" gegenüber innenpolitischen Anwürfen gerühmt, die er weiterhin bewahren wolle, weil sie „das absolut Wichtigste" sei. Letztlich war es dieser eigentümliche politische Stil, der Brüning seine Kanzlerschaft kostete und der seiner Politik eine so verhängnisvolle Bedeutung gab: Er war unfähig und unwillig, den Deutschen sein Vorgehen mitzuteilen, ihnen konkrete Hoffnungen zu machen und damit die politische Demagogie, vor allem der NSDAP, erfolgreich zu bekämpfen. In völliger Verkennung der eingetretenen Staatskrise in Deutschland hatte sich Brüning auf die Lösung eines außenpolitischen Problems – die Reparationsfrage – konzentriert, das längst keine zentrale Bedeutung mehr besaß.

Überdies hatte er sich in den Jahren seiner Kanzlerschaft primär dem scheinbar unparteiischen Reichspräsidenten verpflichtet gefühlt und gestützt auf dessen Vertrauen tatkräftig die Bedeutung von Parlament und Parteien als Organen politischer Willensbildung minimiert. Er huldigte einem „Begriff des Politischen, der die Bedingungen und Möglichkeiten politischen Planens und Handelns in der modernen Massengesellschaft verkennt [...]“ und stand „in der Tradition einer deutschen Staatsauffassung, die auf der qualitativen Trennung von Parteipolitik und Staatspolitik, auf dem Vorrang des Staates vor der Demokratie beruht“ (Karl Dietrich Bracher). Allerdings musste er erfahren, dass der von ihm als überparteilicher Hüter des reinen Staatsinteresses angesehene Hindenburg geistig und körperlich zunehmend verfiel und in seinen Entscheidungen immer mehr von einer intriganten Kamarilla abhängig wurde, sodass er zum Vehikel zutiefst partikularer Interessen einzelner rechtsnationaler und ostelbischer Gruppen verkam. Insofern war seine Entlassung auch das „Resultat einer von Brüning selbst verantworteten und vorangetriebenen Entparlamentarisierung“ (Andreas Wirsching).

„Bracher-Conze-Kontroverse“

Unter den zwölf Reichskanzlern der Weimarer Republik ist Brüning bis heute der umstrittenste: Bereits die Zeitgenossen belegten ihn wegen seines eisernen Sparkurses mit dem Namen „Hungerkanzler“. Nach 1945 wurde er in der westdeutschen Forschung zwar zunächst durchaus milder beurteilt. Insbesondere Werner Conze (1910–1986) betonte, dass Brüning angesichts der Krise des deutschen Parteiwesens die letzte Chance zur „Rettung der Demokratie“ und seine Politik angesichts der eingetretenen Staats- und Wirtschaftskrise alternativlos gewesen sei. Dem widersprach jedoch Mitte der 1950er-Jahre Karl Dietrich Bracher in seiner bahnbrechenden Studie über die Endphase der Weimarer Republik: Für ihn bildete Brünings Politik der Ausschaltung des Parlamentarismus und sein rücksichtsloser Sparkurs den Ausgangspunkt für jene verhängnisvolle Entwicklung, die schließlich in Hitlers Kanzlerschaft mündete. Deshalb war Brüning für Bracher nicht „der letzte Kanzler vor der Auflösung der Weimarer Republik, er war der erste Kanzler im Prozess dieser Auflösung der deutschen Demokratie“. Die sich hieran entzündende Forschungskontroverse erhielt durch die 1970 posthum erschienenen Memoiren Brünings weitere Anstöße, denn in ihnen stellte sich der ehemalige Reichskanzler als wesentlich antiparlamentarischer, monarchistischer und nationalistischer dar, als er in den zeitgenössischen Quellen erscheint.

Die Diskussion dauert bis heute an, zumal der Quellenwert von Brünings Erinnerungen mittlerweile stark relativiert worden ist. Dennoch lässt sich festhalten, dass Brüning die NS-Diktatur zweifellos nicht gewollt, ihr aber gleichwohl den Boden bereitet hat. Er wollte auf jeden Fall die Republik in ihrer bisherigen Form abschaffen, ohne dass seine letzten Ziele sicher bekannt sind. Hinzu kam sein Selbstverständnis einer elitären Führung, die Widerstände souverän ignorierte. Vermeintlich distanzierte er sich von jeder Parteipolitik und reklamierte für sich die Orientierung allein an einem angeblichen überparteilichen Staatsinteresse. Dazu gehörte auch die bewusste Entmachtung des Reichstages und damit sowohl der Parteien als auch des durch sie repräsentierten Souveräns, des deutschen Volkes. Diese vordergründig „unpolitische Politik" (Karl Dietrich Bracher) knüpfte an vordemokratische, autoritäre Verfassungstraditionen an und bedeutete damit eine nachdrückliche Abkehr, wenn nicht vom Buchstaben, so doch vom Geist der Weimarer Verfassung. Gleichzeitig leitete sie eine Phase der „Diktaturgewöhnung" (Manfred Funke) ein.

Dahinter steckte die Idealisierung der Weltkriegserfahrung durch den ehemaligen Frontoffizier, der das Bild der parteien- und schichtenübergreifenden Existenz im Schützengraben hochhielt. Doch diese Haltung hatte gleichzeitig auch „einen ausgeprägt neurotischen Grundzug": „Der katholische Kanzler aus Westfalen litt darunter, dass Katholiken in den Augen nicht nur des Reichspräsidenten von Hindenburg, sondern vieler Protestanten Deutsche zweiter Klasse waren. Also fühlte sich Brüning herausgefordert das Gegenteil zu beweisen. [...] Die Opfer, die er den Deutschen auferlegte, waren ein Dienst an der nationalen Größe und damit gerechtfertigt. Was er im Krieg als Frontoffizier von seinen Soldaten gefordert hatte, das konnte und musste er jetzt in der Krise dem ganzen Volk abverlangen: Disziplin. Es war die soldatische Haltung, die dem lebenslangen Junggesellen inneren Halt gab" (Heinrich August Winkler).

Vor diesem Hintergrund praktizierte Brüning eine äußerst unpopuläre Deflationspolitik, die die Wirtschaftskrise zwar nicht absichtlich verschärfte, doch eine solche Entwicklung billigend in Kauf nahm, um das Reparationsproblem zu lösen. Seine Ignoranz gegenüber den verheerenden sozialen Auswirkungen der Massenarbeitslosigkeit entfremdete die Deutschen immer mehr der Demokratie, die offensichtlich ihre Probleme nicht löste, und machte sie zu willigen Opfern politischer Rattenfänger, die einfache Lösungen komplizierter Probleme versprachen. Damit förderte Brüning den politischen Radikalismus in Deutschland. Insofern bedeutete seine Regierungszeit einen wichtigen Schritt hin zur nationalsozialistischen Regierungsübernahme. Ein Kanzler, der die Republik in ihrem Grundbestand verändern, wenn nicht sogar abschaffen wollte, konnte nicht deren letzte Chance sein, zumal er letztlich den erklärten Republikgegnern – wenn auch teilweise wider Willen – zuarbeitete, denn in seiner Regierungszeit gewann nicht nur die NSDAP an Boden, sondern kamen auch die adligen Funktionseliten in Militär, Bürokratie und Diplomatie wieder in Schlüsselstellungen. Dass Brüning dann selber durch dieses „Alt-Preußentum" gestürzt wurde, wie sein Vizekanzler und Finanzminister, der liberale Hermann Dietrich, im Frühjahr 1932 beklagte, gehört zur bitteren Ironie seiner Reichskanzlerschaft. ■

Auf einen Blick

Die Bildung des Präsidialkabinetts unter Reichskanzler Heinrich Brüning respektierte nur noch vordergründig die Weimarer Reichsverfassung. De facto bedeutete sie den Übergang vom System demokratisch legitimierter Regierungen, die sich auf eine Mehrheit im Parlament stützen konnten, zu einem nur noch vom Wohlwollen des Reichspräsidenten abhängenden Kabinett. Dies gab den Gegnern der Weimarer Republik weiter Auftrieb, weil die Protagonisten dieser neuen Regierungsvariante, allen voran Hindenburg, die Republik in ihrer bisherigen Form dauerhaft beseitigen wollten. Inwiefern dann Brünings konkrete politische Maßnahmen, insbesondere seine Deflationspolitik, alternativlos waren oder ob der Reichskanzler alles einem Primat der Reparationspolitik unterordnete bzw. sogar bewusst einer Auflösung der Weimarer Demokratie zuarbeitete, ist in der Forschung bis heute umstritten. Tatsache ist indes, dass diese unpopuläre Politik zumindest faktisch der Agitation der Republikgegner von links und von rechts weiteren Auftrieb gab.

Literaturhinweise

Hermann Graml: Zwischen Stresemann und Hitler. Die Außenpolitik der Präsidialkabinette Brüning, Papen und Schleicher. München 2001.

Carl-Ludwig Holtfrerich: Zur Debatte über die deutsche Wirtschaftspolitik von Weimar zu Hitler. In: Vierteljahrshefte für Zeitgeschichte 44 (1996), S. 119–132.

Herbert Hömig: Brüning. Kanzler in der Krise der Republik. Paderborn 2000.

William L. Patch Jr.: Heinrich Brüning and the Dissolution of the Weimar Republic. Cambridge ^{2}2006.

IV. Der Aufstieg der NSDAP zur „Volkspartei“

Überblick

Die NSDAP war bei ihrer Gründung 1919 eine rechtsextreme Splitterpartei neben anderen. Immerhin erwarb sie dank des agitatorisch-rhetorischen Geschicks Adolf Hitler, der sich wegen seines politischen Geschicks bald an ihre Spitze stellte, und der alle Republikgegner begünstigenden Turbulenzen in den Anfangsjahren der Weimarer Republik rasch eine gewisse Prominenz, von der auch die Beteiligung am sog. „Hitler-Ludendorff Putsch“ 1923 in München zeugte. Dessen Scheitern und die anschließende Stabilisierung der Weimarer Republik ließ die Partei indes zunächst einmal wieder in der politischen Versenkung verschwinden. Allerdings gelang es Hitler, sich nicht nur an der Spitze der NSDAP zu halten, sondern dieser durch sein während der Haft geschriebenes Buch „Mein Kampf“ auch eine ideologische Basis zu geben und gleichzeitig innerparteilich ungeachtet verschiedener Machtkämpfe das „Führerprinzip“ und damit sein Herrschaftsmonopol durchzusetzen. Die doppelte Staats- und Wirtschaftskrise der Weimarer Republik Ende der 1920er/Anfang der 1930er-Jahre ermöglichte der NSDAP dann, eine „Volkspartei“ zu werden und von Wahl zu Wahl weiter zu erstarken.

Zeittafel

5.1.1919	Gründung der Deutschen Arbeiterpartei
18.8.1919	Eintritt Hitlers
24.2.1920	Umbenennung der Partei in NSDAP; Verkündung der 25 Punkte des Parteiprogramms
29.7.1921	Wahl Hitlers zum Parteivorsitzenden
8./9.11.1923	Hitler-Ludendorff-Putsch in München, Verbot der NSDAP
1.4.1924	Verurteilung Hitlers zu fünf Jahren Festungshaft
1.4.1924–20.12.1924	Inhaftierung Hitlers in Landsberg; Niederschrift von „Mein Kampf“
26.2.1925	Neugründung der NSDAP
18.7.1925	1. Band von „Mein Kampf“ erscheint
14.2.1926	Bamberger „Führertagung“ festigt Hitlers Machtstellung
Juli–Dez.1929	Beteiligung der NSDAP am Volksbegehren gegen den Young-Plan
14.9.1930	Starke Stimmengewinne der NSDAP bei den Reichstagswahlen
11.10.1931	NSDAP beteiligt sich an der Bildung der „Harzburger Front“
24.4.1932	Große Stimmengewinne der NSDAP bei Landtagswahlen in Preußen, Bayern, Württemberg, Anhalt und Hamburg
31.7.1932	NSDAP wird stärkste Partei bei Reichstagswahlen
6.11.1932	Deutliche Verluste der NSDAP bei Neuwahlen zum Reichstag

1. Führerprinzip und Weltanschauung

Parteigründung

Die NSDAP kann man als die Aufsteigerpartei schlechthin der Weimarer Republik bezeichnen. Sie war im Januar 1919 von dem Werkzeugschlosser Anton Drexler (1884–1942) als eine rechtsextreme Splitterpartei unter dem Namen Deutsche Arbeiterpartei (DAP) in Bayern gegründet worden und zunächst nicht über einige wenige Dutzend Mitglieder hinausgekommen. Das lag auch daran, dass vergleichbare antisemitische, radikal-nationalistische und völkische Gruppen zu der Zeit in Deutschland stark verbreitet waren. Dementsprechend griff die DAP in ihrem 25-Punkte-Programm vom 24. Februar 1920 auch die gängigen Themen der Zeit auf: die Ablehnung des Versailler Vertrags und die Vision eines „Großdeutschlands", den Kampf gegen das „System" von Weimar und die Errichtung einer „völkischen" Ordnung, die Beseitigung jüdischen Einflusses in Staat und Wirtschaft durch Einführung rassischer Kriterien in Gesetzgebung und Kulturpolitik sowie Enteignungen und Verstaatlichungen. Überdies blieben alle Aussagen letztlich ambivalent und vage. Indes konnten sie gerade dadurch zum Kristallisationspunkt für die Überzeugungen und Wünsche vieler werden.

Der politische Kopf der DAP wurde schon bald der berufslose ehemalige Gefreite **Adolf Hitler**.

Stichwort

Adolf Hitler

(1889–1945) wurde als Sohn eines österreichischen Zollbeamten in Braunau am Inn geboren. Nach dem Tod des Vaters brach er 1905 seine Realschulausbildung ab. Sein Versuch, in die Wiener Kunstakademie aufgenommen zu werden, scheiterte zweimal wegen nicht ausreichender Befähigung. In der österreichischen Hauptstadt bewegte sich Hitler vorwiegend im Milieu der Männerwohnheime. Er lebte von seiner Waisenrente und dem Verkauf einiger Bilder. Gleichzeitig wurde er mit den sozialen und nationalen Problemen der Vorkriegszeit konfrontiert. Durch die Lektüre von Zeitungen und tendenziösen Schriften schuf er sich eine völkische Weltanschauung mit starker antisemitischer Akzentuierung. 1913 siedelte Hitler nach München über, um sich dem österreichischen Militärdienst zu entziehen. Am Ersten Weltkrieg nahm er dann als Kriegsfreiwilliger in einer bayerischen Einheit teil. Er brachte es bis zum Gefreiten und wurde mehrfach verwundet sowie militärisch ausgezeichnet. Nach dem Krieg diente er dem Münchner Reichswehrkommando wegen seiner rednerischen Begabung zunächst als Schulungsredner, später dann auch als V-Mann. Dabei lernte er die neu gegründete DAP kennen.

Ursprünglich war Hitler von der Reichswehr als Beobachter zur DAP geschickt worden, um deren Gefährlichkeit einzuschätzen. Doch Mitte September 1919 übernahm er den Posten des Werbeobmanns der Partei. Hierfür wurde er eigens vom Dienst freigestellt, und es war auch die Reichswehr, die ihm für seine Arbeit Geld, Material und Räume zur Verfügung stellte. Ihr Motiv war der Versuch, politischen Einfluss zu gewinnen, vor allem einen Zugriff auf die Arbeiterschaft, um diese den Linksparteien abspenstig zu machen. Für Hitler wiederum bot sich hier die Möglichkeit, eine berufliche Alternative zu entwickeln, für den Fall, dass er in der nach dem Versailler Vertrag verkleinerten Armee keinen Platz mehr haben würde.

Hitlers Förderer

Insgesamt zeigen gerade die ersten Jahre seines Aufstiegs innerhalb der NSDAP – wie sich die Partei seit Ende Februar 1920 nannte –, dass Hitler neben seinen unzweifelhaften agitatorischen Fähigkeiten von den gesellschaftlichen und politischen Entwicklungen und Kraftfeldern in der Umbruchzeit am Ende des Kaiserreichs und zu Beginn der Weimarer Republik profitierte. Nicht nur dank eigenen Geschicks, sondern auch durch die Unterstützung etlicher Sympathisanten in den Münchener Behörden, wie dem Polizeipräsidenten Ernst Pöhner (1870–1925) und dem Leiter der Politischen Polizei, Wilhelm Frick (1877–1946), aber auch Justizminister Franz Gürtner (1881–1941), und einigen Vertretern der Gesellschaft der bayerischen Hauptstadt, wie dem vermögenden völkisch-antisemitischen Dichter und Publizisten Dietrich Eckart (1868–1923), gelang es Hitler, seinen innerparteilichen Rivalen Drexler aus der NSDAP zu drängen und im Juli 1921 selbst deren Vorsitz zu übernehmen. Er vermochte die Partei innerhalb kurzer Zeit zu reorganisieren, indem er nun eigene Getreue in die wichtigsten Ämter einsetzte, und gleichzeitig das Bild der NSDAP von Grund auf zu verändern.

Abb. 6 Aus der Fotoserie „Adolf Hitler spricht", entstanden in der zweiten Hälfte der 1920er Jahre.

Dabei gewann er Mitglieder und Sympathisanten vor allem durch seine rednerische Begabung. Allerdings war es weniger der Inhalt seiner Äußerungen, als vielmehr seine rhetorische Wirkung, welche die Menschen anzog.

Überdies zeichnete sich die NSDAP durch einen starken Aktionismus aus: Allein zwischen März 1920 und Ende Januar 1921 führte sie 46 große Versammlungen mit über 60000 Besuchern durch. Hinzu kam eine rege Presseagitation, vor allem im „Völkischen Beobachter", einer Zeitung, die die Partei im Dezember 1920 samt dem Franz-Eher-Verlag, in dem sie erschien, aufkaufte, wobei auch hier wieder Gönner, wie Eckart, halfen. Trotz Inflation und Wirtschaftskrise erschien der „Völkische Beobachter" seit Februar 1923 als Tageszeitung, ab August zusätzlich noch in einem größeren Format. Auch die Mitgliederentwicklung belegt den Aufstieg der NSDAP in den ersten Jahren: Von einigen Hundert 1919/20 stieg sie in den kommenden Jahren bis zum Herbst 1923 kontinuierlich auf über 50000 an.

SA

Überdies verfügte die Partei mit der SA über eine schlagkräftige Schutztruppe. Sie war im August 1921 als „Turn- und Sportabteilung" gegründet worden und erwies sich rasch als eine äußerst wirksame Werbemaschinerie für die NSDAP. Ihre uniformierten Aufmärsche wurden zum Sinnbild der nationalsozialistischen Bewegung. Bereits auf dem ersten Reichsparteitag der NSDAP im Januar 1923 in München traten über 5000 SA-Männer auf. Im Laufe des Jahres wuchs die Organisation dann sogar auf 15000 Mann an. Ihr oblag vor allem der Saalschutz für die NSDAP, daneben sollte sie aber auch die Bestimmungen des Versailler Vertrags unterlaufen. Dementsprechend wurde die SA im Februar 1923 auch in die „Arbeitsgemeinschaft der vaterländischen Kampfverbände" aufgenommen, die der Münchner Reichswehrgeneral Ernst Röhm (1887–1934), ein weiterer Förderer Hitlers, ins Leben gerufen hatte. Damit erhielt sie den offiziellen Status als Wehrergänzung. Ausbildung und Ausrüstung erfolgten ab sofort durch die Reichswehr, und auch die Hierarchie orientierte sich nun an ihr: Aus der SA-Standarte wurde das Regiment, und die SA-Führung hieß nun Oberkommando.

Hitler-Ludendorff-Putsch

Im November 1923 unternahm Hitler zusammen mit General Erich Ludendorff (1865–1937), dem ehemaligen Generalstabschef Hindenburgs, einen Putschversuch, indem er mit einer Hand voll Gleichgesinnter auf die Feldherrnhalle in München marschierte. Dank des konsequenten Einschreitens der bayerischen Polizei scheiterte das dilettantische Unternehmen. Allerdings weigerte sich die Münchner Regierung, die Putschisten an den Berliner Staatsgerichtshof auszuliefern, der 1922 eigens für Hochverratsprozesse und für die Anwendung des neu geschaffenen Republikschutzgesetzes geschaffen worden war. Stattdessen wurde Hitler von einem sehr einseitig besetzten Volksgericht in München lediglich zu einer fünfjährigen Festungshaft verurteilt. Diese Strafe belegte erneut, dass die deutsche Justiz in der Weimarer Republik auf dem rechten Auge oft blind war, denn die Festungshaft galt im Gegensatz zur Gefängnisstrafe als ehrenvoller. Zudem wurde Hitler bereits Ende 1924 vorzeitig entlassen.

„Mein Kampf"

Während der Haft in Landsberg diktierte Hitler einem Mitgefangenen, Rudolf Heß (1894–1987), sein erstes Buch, „Mein Kampf" betitelt, eine ideologische Kampfschrift, die 1925 in überarbeiteter Form im Franz-Eher-Verlag erschien. Hierin beschrieb Hitler den Nationalsozialismus als stark nationalistisch und expansionistisch sowie radikal antisemitisch. In seinem Mittelpunkt stand der sozialdarwinistische Glaube an die „germanische Herrenrasse“, die neuen „Lebensraum“ im Osten benötige und vor dem tödlichen Bazillus des „Weltjudentums“ beschützt werden müsse. Überdies entwarf er die Vision eines „nationalen Sozialismus“, der sich ausdrücklich vom internationalistischen Marxismus abgrenzte: An die Stelle des Sieges der Arbeiterklasse durch den erfolgreichen Klassenkampf trat die Umwandlung der in unterschiedliche Interessengruppen zersplitterten Gesellschaft in eine „Volksgemeinschaft“, in der alle Mitglieder nach ihren jeweiligen Möglichkeiten dem Gemeinwohl dienten. Damit präsentierte sich die NSDAP letztlich „zugleich antimodern und dynamisch, antikapitalistisch und antisozialistisch, reaktionär und revolutionär“ (Jürgen Kocka) – eben als „eine ideologische ‚Omnibuspartei‘ [...] die von allem etwas, bei Bedarf aber auch nur dies oder jenes programmatisch verkündete“ (Wolfgang Schieder).

Nach seiner Haftentlassung Ende 1924 zog Hitler eine „dreifache Lehre“ (Eberhard Kolb) aus seinem misslungenen Putsch: 1. Das Bekenntnis zum strikten Legalitätskurs, wohl wissend, welche Möglichkeiten die Weimarer Republik einem ebenso demagogischen wie skrupellosen Politiker wie ihm bot. 2. Die Konzentration auf eine straffe Organisation der Regionen und Länder unter Ausschluss anderer Gruppierungen mit rechtem und völkischem Gedankengut. 3. Der konsequente Ausbau der NSDAP, die in den letzten Jahren in rivalisierende Gruppen zerfallen war, zu einer Partei, die allein ihrem Vorsitzenden unterstand. Er sollte der charismatische Führer sein, dem sich alle anderen unterordnen mussten. Diese eindeutige personale Ausrichtung auf Hitler als dem „Führer“ verlieh der Partei ihren Charakter sui generis im deutschen wie im europäischen Maßstab. Selbst die faschistischen Bewegungen in anderen Ländern pflegten keinen derartigen Personenkult wie die NSDAP. Insbesondere **Joseph Goebbels**, der in der zweiten Hälfte der zwanziger Jahre zum nationalsozialistischen Chefpropagandisten aufstieg, überhöhte Hitler geradezu ins Göttliche, wenn er ihn als „Erlöser“, „Heiland“ oder „Propheten“ bezeichnete.

Stichwort

Joseph Goebbels

(1897–1945) war wegen eines verkrüppelten Fußes im Ersten Weltkrieg militärdienstuntauglich und konnte daher in dieser Zeit ein Germanistikstudium beginnen, das er 1921 mit der Promotion beendete. Nachdem er sich zunächst erfolglos als Schriftsteller versucht hatte, wurde Goebbels 1924 Redakteur eines völkischen Blättchens. Im Jahr darauf übernahm er die Geschäftsführung im „Gau Rheinland-Nord“ der noch unbedeutenden NSDAP. Innerhalb der Partei zählte er zunächst zum linken antikapitalistischen Flügel, was auch seiner Verachtung bürgerlicher Werte entsprach. Hitler stand er zunächst kritisch gegenüber. Er wandelte sich aber zu dessen glühendem Bewunderer, als sich Hitlers zunehmender Erfolg abzeichnete. Dementsprechend stieg er 1926 zum Gauleiter von Berlin auf. Als glänzender Propagandist und geschickter Organisator legte er die Basis für den Aufstieg der bis dahin darniederliegenden Partei. Im April 1930 wurde er von Hitler zum „Reichspropagandaleiter“ ernannt. In dieser Funktion hatte er wesentlichen Anteil an den großen Wahlerfolgen der NSDAP zwischen 1930 und 1932. Im „Dritten Reich“ setzte er seine ebenso fanatische wie gewissenlose Agitation als Reichsminister für Volksaufklärung und Propaganda fort.

Hitlers Rhetorik

Wie kein Zweiter in seiner Zeit schaffte es Hitler in seinen unzähligen Auftritten, das Publikum bis zur Ekstase in seinen Bann zu schlagen. Er beherrschte die Kunst, die Bedürfnisse der breiten Masse zu erkennen und ebenso emotional wie subjektiv genau so in Worte zu kleiden, dass jeder Einzelne sich verstanden fühlte: „Er sprach aus, was sie insgeheim dachten und wollten, bekräftigte ihre noch unsicheren Sehnsüchte und Vorurteile und verschaffte ihnen dadurch eine tief befriedigende Selbstbestätigung und das Gefühl, einer neuen Wahrheit und Gewissheit teilhaftig zu werden“ (Martin Broszat). Dabei war der Inhalt von Hitlers Reden verblüffend banal: Extremer Nationalismus, radikaler Antisemitismus, entschiedene Gegnerschaft zum „System“, kontrastiert mit der Verheißung einer besseren Zukunft, und das Ganze mit gängigen rhetorischen Stilmitteln aufbereitet – stete Wiederholungen bestimmter Parolen, die häufige direkte Ansprache seiner Zuhörerschaft und ein Redner und Publikum verbindendes Frage-Antwort-Ritual.

Allerdings war bis Ende der zwanziger Jahre überhaupt noch nicht ersichtlich, dass die NSDAP zur bestimmenden Kraft im rechten Parteispektrum aufsteigen sollte. Im Gegenteil: Nach dem gescheiterten Hitler-Ludendorff-Putsch schienen die NSDAP und ihr Parteivorsitzender zunächst einmal am Ende. Die bayerische Regierung schloss sich dem in Preußen verhängten Verbot der Partei an, viele Funktionäre flohen ins Ausland oder schieden aus der Bewegung aus. Überdies zerfiel die NSDAP in eine Reihe unterschiedlicher Fraktionen, die stark miteinander rivalisierten. Der Führungsanspruch im völkisch-nationalistischen Milieu schien zunächst verloren. Das hielt auch nach der frühzeitigen Haftentlassung Hitlers zunächst noch an, zumal diesem ein öffentliches Redeverbot auferlegt war und er somit seiner Agitationsmöglichkeiten weitgehend beraubt war. Wenn es ihm dennoch gelang, erneut die uneingeschränkte Führung der Ende 1925 wiederbegründeten Partei an sich zu reißen, lag dies zum einen an seiner unleugbaren charismatischen Wirkung, zum anderen aber auch daran, dass es etliche äußerst fähige Funktionäre in der NSDAP gab, welche Hitlers bohemienhafte Züge und seine Abneigung gegenüber bürokratischer Organisation konterkarierten. Dazu zählten die Brüder Gregor und Otto (1897–1974) Straßer, Goebbels und Franz Pfeffer von Salomon (1888–1967). Ihrer musste sich Hitler allein schon deshalb bedienen, weil die Münchner Parteiführung nicht in der Lage war, den reichsweiten Ausbau des Parteiapparats zu betreiben, geschweige denn diesen unmittelbar zu kontrollieren.

Innerparteiliche Machtkämpfe

Natürlich barg diese Delegation von Kompetenzen auch Gefahren für den uneingeschränkten Führungsanspruch des Parteivorsitzenden. Dementsprechend kam es in der zweiten Hälfte der zwanziger Jahre bis zum Vorabend des 30. Januar 1933 auch immer wieder zu innerparteilichen Friktionen, ja zu Machtkämpfen oder regelrechten Putschversuchen. Dazu gehörte auch der Gegensatz zwischen den west- und norddeutschen Parteigliederungen – die **Gregor Straßer** 1925 zu einer „Arbeitsgemeinschaft" zusammengefasst hatte – einerseits und den bayerisch-fränkischen Teilen der NSDAP andererseits. Hierbei spielten nicht nur persönliche Rivalitäten eine Rolle, sondern auch deutliche programmatische Unterschiede. Straßer und die nordwestdeutschen Gauleiter standen vor der Notwendigkeit, die NSDAP in starker Konkurrenz zu SPD und KPD auszubauen. Dementsprechend verlangten sie neben einem schlagkräftigen Parteiapparat auch eine inhaltlich fundierte Politik, die über den Radau-Antisemitismus der süddeutschen Parteilinie hinausging. Allerdings war die zukünftige ideologische Ausrichtung der Partei selbst innerhalb der „Arbeitsgemeinschaft" durchaus umstritten. Doch immerhin gab es einen starken Flügel um Otto Straßer, dem zunächst auch sein Bruder Gregor und Goebbels angehörten, die eine betont sozialistische Linie vertraten und sich ebenso antikapitalistisch wie antibürgerlich gebärdeten. Über ein eigenes Publikationsorgan, die „Nationalsozialistischen Briefe", wurden diese Gedanken in der Partei verbreitet.

Stichwort

Gregor Straßer

(1892–1934) gehörte seit 1921 der NSDAP an, nachdem er zuvor am Ersten Weltkrieg teilgenommen und Pharmazie studiert hatte. Er organisierte zunächst die niederbayerische SA, die er seit 1923 leitete. Wegen seiner Teilnahme am Hitler-Putsch wurde er zu 18 Monaten Gefängnis verurteilt. Nach der Neugründung der NSDAP ernannte ihn Hitler zum Leiter der Arbeitsgemeinschaft der nordwestdeutschen Gauleiter. Diese Position nutzte Straßer um sich eine von der Münchner Parteiführung relativ unabhängige Stellung aufzubauen. In der Folgezeit propagierten er und sein jüngerer Bruder Otto eine „linke", stärker antikapitalistische Auffassung vom Nationalsozialismus und begaben sich damit in einen offenen Gegensatz zu Hitler und seinen Anhängern. Angesichts der Uneinigkeit in den eigenen Reihen gab Straßer seine innerparteiliche Opposition jedoch im Januar 1926 auf. Daraufhin ernannte Hitler ihn zum Reichspropagandaleiter der NSDAP und kurz darauf auch zum Gauleiter von Oberpfalz-Niederbayern. Als sich sein Bruder Otto im Mai 1930 mit Hitler überwarf und die NSDAP verließ, verhielt sich Gregor Straßer gegenüber dem Parteivorsitzenden loyal. Erst zwei Jahre später kam es auch zwischen ihm und Hitler zum Bruch. 1934 wurde Gregor Straßer dann von einem SS-Kommando ermordet.

Straßer-Gruppe

Die Straßer-Gruppe war durchaus bereit, Hitlers Führung zu akzeptieren, verlangte jedoch eine Richtungsänderung. Konkret sollte sich die NSDAP vom kapitalistischen System ebenso distanzieren wie von dessen Vertretern im hergebrachten nationalistischen Milieu – DNVP, Reichslandbund und „Stahlhelm". Für diese Kursänderung glaubten Gregor und Otto Straßer, Hitler durchaus gewinnen zu können, vorausgesetzt es gelang, ihn von seiner Münchner Kamarilla zu isolieren, unter deren Einfluss er zu stehen schien. Dieses Kalkül verkannte, dass Hitler allein auf seinen intuitiven Messianismus setzte und eindeutige politische Festlegungen bewusst vermied. Dementsprechend vertagte er auf einer kurzfristig nach Bamberg einberufenen „Führertagung" am 14. Februar 1926 auch jede weitere programmatische Diskussion, band aber gleichzeitig führende Vertreter der innerparteilichen Fronde ein: Der Wirtschaftstheoretiker Feder wurde mit Programmfragen betraut, Gregor Straßer sogar als neuer Propagandaleiter unmittelbar in die Parteileitung berufen und Goebbels – der in Bamberg ein überzeugter Anhänger Hitlers wurde – zum Gauleiter von Berlin ernannt.

Damit war vordergründig die Einheit der Partei wiederhergestellt, wenngleich unterschwellig die Differenzen fortlebten. Entscheidend aber wurden in den kommenden Jahren zunächst der Aufbau einer schlagkräftigen Organisation und einer zugkräftigen Propaganda, eine Aufgabe, die insbesondere Gregor Straßer beschäftigte, der Anfang 1928 zum Reichsorganisationsleiter und zweiten Mann in der Partei nach Hitler aufstieg. Da Hitler sich für organisatorische Fragen und Routineentscheidungen nicht interessierte und sich stattdessen auf Koalitionsfragen sowie die Verhandlungen mit der bürgerlichen Rechten konzentrierte, funktionierte die Arbeitsteilung zunächst.

Erst in der ersten Jahreshälfte 1930 kam es wieder zum offenen Konflikt zwischen dem Parteivorsitzenden und dem sozialistischen Flügel um Otto Straßer, der angesichts der nationalsozialistischen Regierungsbeteiligung in Thüringen und der unübersehbaren Annäherung Hitlers an die traditionellen bürgerlichen und kapitalistischen Kräfte im rechten Lager im Zuge der gemeinsamen Agitation gegen den Young-Plan ultimativ ein Bekenntnis zum sozialistischen Ideengut der NSDAP verlangte. In dem nun einsetzenden kurzen Machtkampf mit Hitler unterlag Straßer jedoch, weil er den offenen Bruch gewagt hatte, ohne sich der Unterstützung durch Verbündete zu vergewissern. So trat Otto Straßer im Juli 1930 zusammen mit einer Gruppe „linker" Nationalsozialisten aus der Partei aus und gründete die „Kampfgemeinschaft Revolutionärer Nationalsozialisten". Letztlich distanzierten sich selbst ehemalige Anhänger – einschließlich seines Bruders Gregor – von ihm und den nie mehr als 5000 Mitgliedern der von ihm gebildeten „Kampfgemeinschaft".

Stichwort

Regierungsbeteiligung in Thüringen

Bei den thüringischen Landtagswahlen vom 8. Dezember 1929 verdoppelte die NSDAP ihre Mandatszahl von bisher 3 auf 6 Sitze. In der Folgezeit einigten sich die vier bürgerlichen Parteien DVP, DNVP, Landbund und Wirtschaftspartei mit der

NSDAP über eine Regierungsbildung. Dem neuen Kabinett, das Mitte Januar 1930 vom Landtag gewählt wurde, gehörten die Nationalsozialisten Wilhelm Frick als Innenminister und Minister für Volksbildung sowie Willi Marschler (1893–1955) als Staatsrat für Weimar an. Die beiden mussten ihre Posten zwar bereits Anfang April 1931 wegen eines Misstrauensvotums der Landtagsmehrheit wieder räumen – womit auch diese erste rechtsradikal-bürgerliche Koalition auf Landesebene platzte –, dennoch signalisierte allein schon der vorübergehende Eintritt von Nationalsozialisten in die Regierung eines deutschen Mittelstaates die drastisch gestiegene politische Bedeutung der NSDAP.

Stennes-Revolte

Ende August 1930 brach allerdings eine Meuterei des SA-Führers Walter Stennes (1895–1989) aus, der für den gesamten Osten Deutschlands einschließlich Berlins zuständig war: Stennes forderte mit Blick auf die anstehende Reichstagswahl eine stärkere Berücksichtigung von SA-Männern auf der NSDAP-Wahlliste. Indes war der eigentliche Hintergrund auch hier der Gegensatz zwischen dem „nationalen Sozialismus“ der Basis und dem sich abzeichnenden Bündnis der NSDAP-Führung mit dem bürgerlichen Nationalismus. Hinzu traten wachsende Ressentiments der „wirklichen“ Kämpfer gegen die „Verbonzung“ der Parteispitze. Die NSDAP-Führung setzte die SS gegen die Meuterer ein, die die Berliner Gaugeschäftsstelle besetzt hielten. Allerdings bedurfte es der persönlichen Vermittlung Hitlers, um der Lage endgültig Herr zu werden.

Während der Parteivorsitzende es zunächst nicht wagte, gegen Stennes und seine Anhänger direkt vorzugehen, löste er im September 1930 Franz Pfeffer von Salomon (1888–1968) als Obersten SA-Führer ab und übernahm selber dieses Amt. Erst nach einer neuerlichen Revolte von Stennes im Frühjahr 1931 wurde auch dieser seines Amtes enthoben und aus der NSDAP ausgeschlossen. Letztlich nutzte Hitler diese Entwicklung nur, weil er dadurch seine innerparteiliche Machtposition festigen und sich nach außen mit Blick auf die Reichstagswahlen erfolgreich als Garant der Mäßigung und der Legalität stilisieren konnte, zumal Stennes und seine Anhänger gegen ihn ausdrücklich als „Adolphe Légalité“ polemisiert und einen antiparlamentarischen, revolutionären Kurs gefordert hatten.

2. Partei und Bewegung

Die nationalsozialistischen Propagandisten bezeichneten die NSDAP zumeist als eine Bewegung und hoben sie demonstrativ von den hergebrachten Parteien ab. Gleichzeitig verweist allein schon der Name „Nationalsozialistische Deutsche Arbeiterpartei“ auf die Zugehörigkeit zum Parteiensystem der Weimarer Republik. Überdies verfügte die NSDAP über einen administrativen Apparat und beteiligte sich an Wahlen. Dementsprechend variieren auch in der Forschung die Bezeichnungen. Dabei gibt es durchaus klare Kriterien für die eine wie die andere Zuordnung: Eine Partei fügt sich in ein bereits bestehendes politisches System ein. Sie hat zumindest im 20. Jahrhundert in der Regel eine feste Organisation und klare programmatische Ziele. Eine Bewegung hingegen versucht, Politik außerhalb des hergebrachten Systems zu machen. Überdies vermeidet sie oft eindeutige programmatische Festlegungen und kann so leicht zum Sammelbecken für die unterschiedlichsten Ansichten werden, zumal sie den Anspruch vertritt, allgemeine und nicht nur partikulare Interessen zu vertreten.

Bewegungscharakter der NSDAP

Tatsächlich aber bietet es sich an, den Nationalsozialismus als das Beispiel par excellence für eine Formation zu begreifen, auf die beide Begriffe zutreffen, wobei die Selbststilisierung als eine Bewegung bis 1933 sicher das vorherrschende – und wählerwirksame – Kennzeichen der NSDAP war. Diesen Bewegungscharakter des Nationalsozialismus dokumentierten die Unverbindlichkeit seines Programms und das Führerprinzip ebenso wie seine systemfeindliche „Politik der radikalen Negation“ (Dieter Hein) und die pathetische Siegeszuversicht seiner Propagandisten. Überdies zeichnete die NSDAP eine demonstrative Jugendlichkeit aus, die sie deutlich abhob von den traditionellen Parteien. Damit knüpfte sie – ungeachtet ideologischer Unterschiede – an eine Entwicklung an, die um die Jahrhundertwende eingesetzt hatte: Damals hatte sich die Jugend erstmals als soziale Gruppe in einer eigenen Bewegung konstituiert.

Die sich hieraus in der Folgezeit entwickelnden Gruppierungen hatten trotz aller organisatorischen und weltanschaulichen Unterschiede eines gemeinsam – den unbändigen Willen, die Welt zu verändern sowie das Alte und Bekannte zu bekämpfen. Dieses positive (Selbst-)Bild, demzufolge „Jugend [...] Aufbruch in eine neue Welt [bedeutete], in der neue Werte galten, das Junge und Moderne die Werte vorgab“, bekam jedoch in der Zeit der Weltwirtschaftskrise seine negative Kehrseite, nämlich „die von Arbeitslosigkeit und Krise betroffene entwurzelte [...] Jugend, die von allen Werten gelöst schien und desorientiert war“ (Winfried Speitkamp). Die NSDAP fungierte besonders erfolgreich als Auffangbecken von Teilen dieser ebenso gesellschaftskritischen wie orientierungslosen jungen Leute, für die sie durch ihre Selbstdarstellung als eine junge politische Kraft attraktiv wurde. So traf sich die vorherrschende Antihaltung vor allem vieler junger Männer mit der Kritik der NSDAP am Bestehenden:

Quelle

Hessen-Post, Beilage der nationalsozialistischen Jugendbewegung in Hessen, 3. Ausgabe Januar 1933

Quelle: Wieland Eschenhagen (Hrsg.): Die „Machtergreifung“, Darmstadt 1983, S. 33.

„Wir hassen die Gegenwart! Diese Gegenwart, die uns in so grauenvoller Weise die Auswirkungen der Weltanschauung und Geisteshaltung der Vergangenheit zum Bewußtsein bringt. Wir hassen die fried- und freudlose Gegenwart mit ihrer dreifachen Not, die uns bedrängt. Da ist die entsetzliche wirtschaftliche Not unseres Volkes, des ‚Volkes ohne Raum', das für seine Jugend keinen Lebensraum hat. Und neben dieser wirtschaftlichen Daseinsnot steht die große völkisch-soziale Not eines in sich uneinigen, eines in Parteien und Klassen zerfallenen Volkes, das seine Ehre und damit sein Lebensrecht preisgab und zum Proletariat der Welt herabsank. Dazu gesellt sich als dritte die seelisch-kulturelle Not. Überall um uns her: Verseuchung, Zersetzung und Fäulnis. Planmäßige Entsittlichung und Entseelung durch volksfremde Brunnenvergifter [...] Wir streben für die Zukunft des deutschen Volkes! Wir sind die Zukunft, denn wir sind die Jugend! Wir stehen im Lager der Zukunft; denn wir stehen hinter Hitlers Fahnen!"

NSDAP als „junge" Partei

Neben ihrer Fundamentalopposition gegen das ganze „System" von Weimar machten die NSDAP noch weitere Kennzeichen für jüngere Menschen attraktiv: ihre Nutzung moderner Verkehrs- und Kommunikationsmittel, insbesondere in Wahlkämpfen, ihr Bruch mit bürgerlichen Ordnungsvorstellungen sowie ihre stilisierte Dynamik. Überdies setzte sich ihre Führungsgruppe überwiegend aus Offizieren und Frontkämpfern zusammen, die zwischen fünfunddreißig und vierzig Jahre alt waren; die nach 1925 dazustoßenden Funktionäre waren sogar noch wesentlich jünger. Dies kontrastierte deutlich mit dem überalterten Personal der etablierten Parteien. Dementsprechend war die Gruppe der 18- bis 20-jährigen Männer in der NSDAP im Vergleich zur Reichsbevölkerung deutlich überrepräsentiert.

Gerade hierbei handelte es sich aber um „die im mehrfachen Sinne überflüssige Generation der seit 1900 Geborenen" (Detlev Peukert): Sie war bereits durch die Kriegsumstände oft in ihrer Jugenderfahrung beeinträchtigt worden, ohne gleichzeitig am Mythos des Frontkämpfers partizipieren zu können. Überdies drängten sie in einer Phase wirtschaftlicher Stagnation auf den überfüllten Arbeitsmarkt und wurden dann während der Weltwirtschaftskrise überproportional stark von der Massenarbeitslosigkeit betroffen. Das machte sie für die Propaganda systemfeindlicher radikaler Gruppen und Parteien besonders empfänglich. Der NSDAP aber gelang es, nicht zuletzt aufgrund ihres ambivalenten Charakters als einer politischen Partei wie einer umfassenden Bewegung, viele dieser Gegner der Weimarer Republik für sich zu gewinnen, indem sie ihren (partei-)politischen Kampf als einen Klassen übergreifenden Konflikt zwischen Altem und Jungen, einer überholten Tradition – von der sie sich distanzierte – und einer verheißungsvollen Zukunft – die zu sichern, sie versprach – darstellte.

3. Mitglieder und Wähler

Frühe Wahlergebnisse

Trotz ihrer geschickten Agitation und ihrer organisatorischen Erstarkung errang die NSDAP bis Ende der zwanziger Jahre keine großen Wahlerfolge: In den Reichstagswahlen von 1928 gewann sie nur 2,6% der Stimmen und 12

Sitze im Reichstag. Ein politisches Nachschlagewerk urteilte im Sommer 1927, die NSDAP sei mittlerweile nur noch eine „Erinnerung der Inflationsperiode". Erst das Jahr 1929 brachte eine Wende: Durch ihre Beteiligung am Volksbegehren gegen den Young-Plan errang die Partei die Anerkennung der übrigen nationalistischen Parteien und Verbände in Deutschland. Und der propagandistische Aufwand des DNVP-Vorsitzenden und Pressekonzern-Chefs Hugenberg steigerte auch im Zuge dieser gemeinsamen Kampagne den bis dahin noch relativ geringen Bekanntheitsgrad des kleineren nationalsozialistischen Verbündeten, obwohl man den Effekt der Agitation gegen den Young-Plan nicht überschätzen sollte.

Hitler misstraute seit seinem gescheiterten Putschversuch 1923 der traditionellen Rechten und setzte vielmehr auf die eigene Kraft, und auch Hugenberg war kaum an einer besonderen Stärkung des nationalsozialistischen Konkurrenten interessiert, sondern eher an dessen Kontrolle. Deshalb achtete der DNVP-Vorsitzende darauf, dass die NSDAP innerhalb des „Reichsauschusses" nur die Rolle eines Juniorpartners spielte. Hitler wiederum maß der Zusammenarbeit wie auch dem späteren Zusammenschluss der rechtsnationalistischen Kräfte in der „Harzburger Front" keine allzu große Bedeutung bei. Dennoch darf der wachsende Bekanntheitsgrad der NSDAP und ihr Ansehensgewinn im nationalistischen Lager Ende der zwanziger/Anfang der dreißiger Jahre nicht unterschätzt werden. Zwar hatte sich bereits seit Anfang 1929 ein positiver Trend abgezeichnet, doch im zweiten Halbjahr 1929, also auf dem Höhepunkt der Agitation gegen den Young-Plan, legte die NSDAP bei Kommunal- und Landtagswahlen teilweise noch einmal deutlich zu: Am 27. Oktober 1929 schnellte sie bei den Wahlen zum badischen Landtag von 1,2 % auf 7 % der Stimmen, starke Gewinne verbuchte sie dann auch bei den preußischen und bayerischen Kommunalwahlen am 17. November und 8. Dezember, und schließlich gewann sie bei den Landtagswahlen in Thüringen am 8. Dezember sogar 12 % und beteiligte sich damit erstmals an einer Regierung.

Auswirkungen der Weltwirtschaftskrise

Überdies trieben die verheerenden Auswirkungen der Weltwirtschaftskrise der Partei seit 1929 zahlreiche unmittelbar Betroffene, noch mehr aber viele nur indirekt Bedrohte zu. Dies galt insbesondere für den Mittelstand, der zwar noch nicht so stark durch die grassierende Arbeitslosigkeit betroffen war, aber diese umso mehr fürchtete. Gerade hier fiel eine Propaganda, wie die nationalsozialistische, auf fruchtbaren Boden, weil sie suggerierte, die Wirtschaftskrise sei eine Folge der parlamentarischen Demokratie und ließe sich durch einen Sturz des Systems rasch beseitigen. Der NSDAP gelang es aber auch, die generelle Politik- und Staatsverdrossenheit vieler Menschen auszunutzen. Mit ihren verheißungsvollen Parolen von politischer Stabilisierung, wirtschaftlichem Aufschwung und nationalem Wiederaufstieg köderte sie gerade diejenigen, die sich von der Politik enttäuscht abgewendet hatten. Aus deren stummem Protest gegen die bürgerlichen Parteien wurde eine aktive Unterstützung der Republikfeinde. Aber nicht nur inhaltlich wurde der Nationalsozialismus für viele Ende der 1920er-/Anfang der 1930er-Jahre attraktiv, sondern auch durch seine geschickte Präsentation: Im Gegensatz zum nüchternen Wahlkampfstil der anderen Parteien gestaltete die NSDAP ihre eigenen Veranstaltungen farbig und mitreißend. Dabei bediente sie sich eklektizistisch aller Agitationsformen und Stilmittel, die ihr geeignet schienen, gleichgültig, ob sie vom politischen Gegner, aus der kirchlichen Liturgie oder aus der militärischen Tradition stammten.

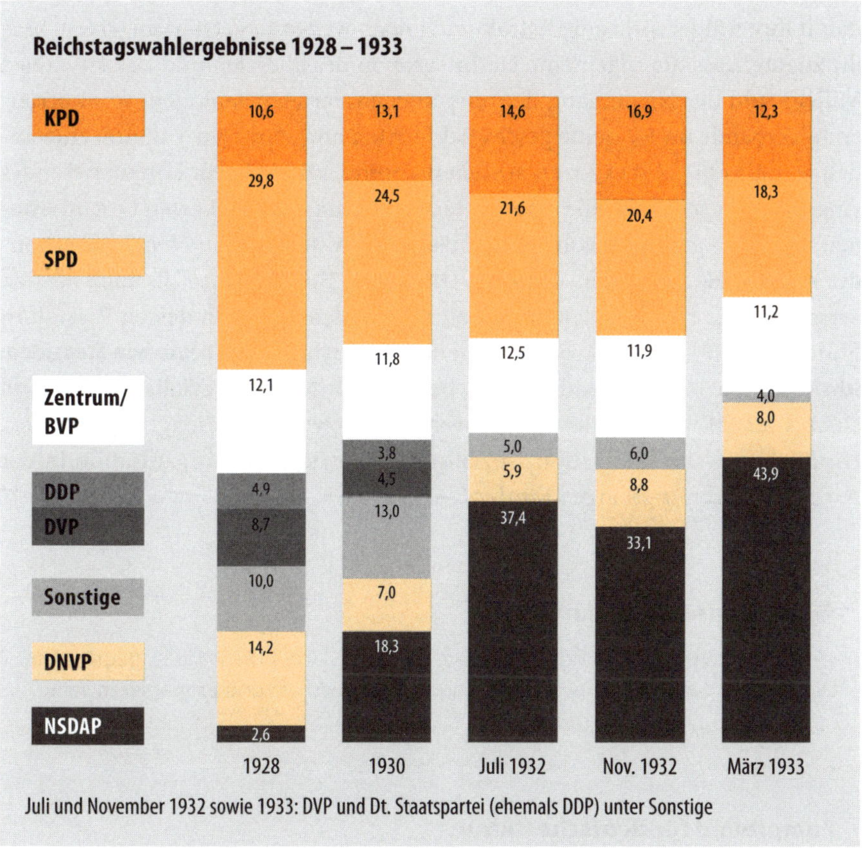

Abb. 7 Ergebnisse der Reichstagswahlen zwischen 1928 und 1933.

Ausbau des Parteiapparats

Seit Ende der zwanziger Jahre verstärkte die NSDAP auch massiv ihre eigene Organisation: Vor 1928 beschränkte sie sich in den meisten Regionen nur auf einige wenige Stützpunkte. Seitdem wurden diese Außenposten jedoch zu regionalen Netzen verknüpft, die wiederum sukzessive weiter zusammengezogen wurden. Die Gaue wurden an die Grenzen der Reichstagswahlkreise angepasst, sodass die NSDAP bald über eine schlagkräftige hierarchisch aufgebaute Wahlkampfmaschine verfügte. Dies wirkte umso überzeugender, als die Partei eine äußerst effektive öffentliche Propaganda betrieb. Eine Region nach der anderen wurde mit großen Kampagnen überzogen, zu denen Plakat- und

Flugblattaktionen und Veranstaltungen mit geschulten Rednern ebenso gehörten wie SA-Aufmärsche, Platzkonzerte und Filmveranstaltungen.

Überdies wurden Ende der zwanziger Jahre die Sonderorganisationen der Partei weiter ausgebaut, um so die unterschiedlichsten Bevölkerungs- und Berufsgruppen zu erfassen. Den schon bestehenden folgten weitere überwiegend berufsständisch und wirtschaftlich orientierte Verbände wie der **Agrarpolitische Apparat**, der **Kampfbund für deutsche Kultur** und der **Nationalsozialistische Deutsche Ärztebund**. Mit Hilfe dieser und einer Reihe anderer Unterorganisationen gelang es der NSDAP, alle Gruppen und Schichten der Bevölkerung anzusprechen und damit ihre wählerwirksame Attraktivität noch weiter zu verstärken. Dabei kam ihr zugute, dass die allgemeine Desintegration des liberalen und konservativen Milieus und der Niedergang der bürgerlichen Parteien zahlreiche konkurrierende Verbände und Vereine geschwächt hatten und somit ein Vakuum entstanden war, das die NSDAP nun ausfüllen konnte, sei es als ein konkurrierendes Angebot oder sei es im Stile einer Unterwanderung der etablierten Organisationen. Letzteres gelang sowohl im Fall des Nordwestdeutschen Handwerkerbundes und der Hauptgemeinschaft des Deutschen Einzelhandels als auch bei den verschiedenen Landbünden bis hin zum Reichslandbund, in dessen Präsidium Ende 1931 ein Nationalsozialist aufgenommen wurde, der **Deutschen Studentenschaft**, dessen 1. Vorsitzender 1931 ebenfalls ein Nationalsozialist wurde, und einer Vielzahl weiterer Berufsorganisationen sowie Interessengruppierungen. Hingegen gewann die Nationalsozialistische Betriebszellenorganisation in der Arbeiterschaft nur geringen Einfluss.

Stichwort

Agrarpolitischer Apparat

1930 von dem Diplomlandwirt Richard Walther Darré (1895–1953) gegründete Dienststelle der NSDAP, die deren Agrarpolitik entwickeln und propagieren sollte.

Stichwort

Kampfbund für deutsche Kultur

Diese kulturpolitische Einrichtung völkischer Kulturschaffender unter Leitung Alfred Rosenbergs (1893–1946) wurde bereits 1927 als „Nationalsozialistische Gesellschaft für deutsche Kultur" gegründet.

Stichwort

Nationalsozialistischer Deutscher Ärztebund

Eine nationalsozialistische Ärzteorganisation, die 1929 auf dem vierten Reichsparteitag der NSDAP in Nürnberg gegründet wurde. 1930 traten ihr auch Zahn- und Tierärzte sowie Apotheker bei. Ende 1932 organisierte sie erstmals einen rassenhygienischen Schulungskurs, an dem mehrere hundert Ärzte teilnahmen. Für die entsprechende Propaganda der NSDAP und deren Durchdringung der Ärzteschaft spielte sie eine wichtige Rolle.

Stichwort

Deutsche Studentenschaft

Im Juli 1919 gründeten die Vertreter der Allgemeinen Studentenausschüsse von 25 Universitäten, 11 Technischen Hochschulen und zwei weiteren Hochschulen auf dem Würzburger Studententag die Deutsche Studentenschaft, deren Spitze zunächst ein fünf-, später ein dreiköpfiger Vorstand bildete. Dieser entschied formal kollegial, dennoch kam dem aus seiner Mitte berufenen Vorsitzer der Deutschen Studentenschaft eine maßgebliche Rolle zu. Bereits in den frühen zwanziger Jahren entwickelten sich die im Deutschen Hochschulring zusammengefassten Bünde zur relativ stärksten Koalition innerhalb der heterogenen Deutschen Studentenschaft; ähnlich stark waren lediglich noch die in der Arbeitsgemeinschaft der katholischen deutschen studentischen Verbände organisierten Korporationen. Hingegen befanden sich die dem Reichskartell deutscher republikanischer Studenten angehörenden linksliberalen und sozialistischen Gruppen in der Minderheit. Dennoch verfolgte die Führung der Deutschen Studentenschaft während der relativen Stabilisierung der Weimarer Republik 1924 bis 1929/30 einen gemäßigten Kurs. Der von rechtsradikalen Studenten 1926 gegründete Nationalsozialistische Deutsche Studentenbund blieb innerhalb der Gesamtstudentenschaft zunächst völlig einflusslos. Dies änderte sich im Zuge der politischen und wirtschaftlichen Krise gegen Ende der Weimarer Republik: Auf dem Grazer Studententag fiel das Amt des Vorstehers 1931 an den Nationalsozialisten Walter Lienau (1906–1941). Überdies gewann der Nationalsozialistische Deutsche Studentenbund bei den im gleichen Jahr anstehenden Studentenschaftswahlen einen durchschnittlichen Stimmenanteil von mehr als 50%, trotz seiner auch weiterhin relativ geringen Mitgliederzahl. Er empfand alle übrigen studentischen Gruppen – sozialistische und liberaldemokratische ebenso wie nationalkonservative – als Gegner, deren Widerstand nach der nationalsozialistischen Regierungsübernahme im Januar 1933 endgültig gebrochen wurde.

Aufstieg der SA

Eine Sonderrolle spielte die SA, die größte Unterorganisation der NSDAP. Sie entwickelte sich im Zuge der Weltwirtschaftskrise zum Auffangbecken für die von Arbeitslosigkeit und Verelendung besonders betroffene Gruppe der erwerbslosen Jugendlichen und jungen Männer. Diese erhielten kaum oder gar keine staatliche Unterstützung und schätzten folglich das soziale Netz, das die NSDAP mit ihren SA-Lokalen, SA-Küchen und SA-Heimen bot. Überdies organisierte die Partei Sammlungen und bemühte sich um Arbeitsplätze oder zumindest Aushilfsarbeiten für die Arbeitslosen. Daneben wirkten der paramilitärische Stil und die direkte Aktion anziehend, denn sie suggerierten den Orientierungs- und Perspektivlosen eine fest gefügte Ordnung, die sich auf die soldatische Tradition des Ersten Weltkrieges sowie der Freikorps berief und konkrete Bewährung bot in der unmittelbaren, oft gewaltsamen Auseinandersetzung mit dem politischen Gegner.

Dementsprechend wuchs die Zahl der SA-Mitglieder seit Anfang der dreißiger Jahre stark an: Anfang 1931 betrug sie etwa 80000, ein Jahr später rund 300000 und im Januar 1933 schließlich 700000. Deren propagandistischen und „kämpferischen" Anstrengungen trugen wesentlich zum wachsenden Erfolg der NSDAP bei: Die SA-Männer verteilten Flugblätter, klebten Plakate und schützten die nationalsozialistischen Parteiveranstaltungen, wobei dieser „Schutz" brutale Gewalt gegen etwaige „Störer" ebenso umfasste wie die Sprengung von Veranstaltungen politischer Gegner. Besondere Bedeutung hatten die Propagandamärsche und -ausfahrten – mit Hilfe privater Motorräder und Kraftwagen – der SA: Der disziplinierte militärische Auftritt sollte zum einen das Interesse der Zuschauer für die NSDAP und ihre Veranstaltungen wecken und die Partei als einen Ordnungsfaktor präsentieren, der den von vielen befürchteten gewaltsamen Umsturz von links verhindern half. Zum anderen diente er aber auch der Einschüchterung Andersdenkender, ja der faktischen wie symbolischen Eroberung von deren „sozialem Gelände" – „linken" Straßen und ganzen Wohnbezirken –, wo gezielt gewaltsame Auseinandersetzungen provoziert wurden. Damit trug die SA entscheidend zur Bedrohung der öffentlichen Sicherheit in der Endphase der Weimarer Republik bei und zu jener allgemeinen Verunsicherung, die gleichzeitig der NSDAP mit ihrem scheinheiligen Bekenntnis zu Ruhe und Ordnung neue Anhänger und Wähler in die Arme trieb.

Dabei profitierten NSDAP und SA von dem Umstand, dass Reichs- und Landesregierungen nur selten energischer gegen sie einschritten. Selbst als die Polizei im Oktober 1931 durch einen NS-Überläufer Schriftstücke – die so genannten „Boxheimer Dokumente" – erhielt, welche enthüllten, dass die hessische NSDAP-Führung für den Fall eines kommunistischen Putschversuchs eine nationalsozialistische Machtübernahme planten und anschließend eine rigorose Zwangsherrschaft errichten wollten, reagierte die Reichsregierung Brüning zurückhaltend. Ausschlaggebend dafür waren die laufenden Gespräche zwischen Zentrum und NSDAP über die Bildung der hessischen Landesregierung und Brünings Hoffnung auf eine Unterstützung der NSDAP für die anstehende Wiederwahl Hindenburgs als Reichspräsident. Dieses Verhalten war typisch für das Schwanken der bürgerlichen Rechten gegenüber der NSDAP zwischen Ablehnung und Hoffnung auf eine Einbindung zumindest der „wertvollen" Teile der Bewegung. Dementsprechend erfolgte auch das zeitweise Verbot von SA und SS im Frühjahr 1932 nur auf Druck der Landesregierungen, insbesondere des sozialdemokratisch regierten Preußens.

Wahlerfolge 1929/30

Vor diesem Hintergrund gewann die NSDAP in den Jahren 1929 und 1930 von Wahl zu Wahl mehr Stimmen und Mandate. Nachdem sie bereits bei den Landtags- und Kommunalwahlen des Jahres 1929 teilweise große Zuwächse verzeichnet hatte, gelang der Partei im September 1930 dann auch ein großer Wahlsieg auf Reichsebene: Sie gewann 18,3% der abgegebenen Stimmen – zur Überraschung vieler Beobachter, aber auch der eigenen Führung. Der Erfolg in den Reichstagswahlen vom September 1930 bedeutete den Durchbruch für die NSDAP, zumal er durch analoge Ergebnisse in weiteren Landtagswahlen unterstützt wurde: In Braunschweig gewann die NSDAP am 14. September 1930 22,2% der Stimmen, in Bremen im November 25,4%, in Schaumburg-Lippe im Mai 1931 27,0% und in Oldenburg im gleichen Monat 37,2%, womit sie hier sogar erstmals zur stärksten Fraktion wurde.

NSDAP-Wählerschaft

Wer wählte die Partei? Mit diesem Thema hat sich die Forschung erst relativ spät eingehender beschäftigt. Zunächst herrschten drei verschiedene – empirisch unzureichend gesicherte – Erklärungsmuster vor: 1. Der klassentheoretische Ansatz: Die NSDAP sei ein reines Mittelstandsphänomen gewesen. 2. Der massentheoretische Ansatz: Die NSDAP mobilisierte Unpolitische und bisherige Nichtwähler für sich. 3. Der konfessionstheoretische Ansatz: Das katholische Milieu erwies sich als resistenter gegenüber einer nationalsozialistischen Infiltration als das protestantische.

Empirisch fundierte Aussagen liegen erst seit Ende der 1970er/Anfang der 1980er-Jahre vor, auch dank der Arbeiten des Wahlforschers Jürgen Falter, der mit Hilfe elektronischer Datenverarbeitung eine große Anzahl von Sozial- und Wahldaten ausgewertet und Korrelationen hergestellt hat: Demzufolge konnte die NSDAP bei den Reichstagswahlen von 1930, 1932 (31. Juli) und 1933 wie keine andere Partei Neuwähler mobilisieren. Die größten Zuströme kamen jedoch aus den Reihen der DNVP, der bürgerlichen Mittelparteien sowie der Interessen- und Regionalparteien. Und auch die SPD gab – allerdings in deutlich geringerem Maße – Wähler an die NSDAP ab. Sehr viel resistenter zeigten sich nur die Anhänger von Zentrum, BVP und KPD. Alles in allem lässt sich sagen, dass 1930 jeder dritte DNVP-Wähler, jeder vierte DVP/DDP-Wähler, jeder siebte Nichtwähler und jeder zehnte SPD-Wähler seine Stimme der NSDAP gab. 1932 war es dann jeder zweite Wähler der Splitterparteien, jeder dritte Wähler der Liberalen und der Deutschnationalen, jeder fünfte Nichtwähler und jeder siebte SPD-Wähler.

Folglich kann man beim Sozialprofil der Wähler auch nicht mehr von einer Dominanz des Kleinbürgertums ausgehen. Vielmehr präsentierte sich die soziale Schichtung der NS-Wählerschaft sehr viel heterogener: Die Wähler kamen zwar durchaus zahlreich aus dem Mittelstand, aber ebenso aus dem höheren Bürgertum und der Arbeiterschaft, wobei mit Blick auf Letztere jener Teil dominierte, der bereits vorher bürgerlich und konservativ – auch die DNVP – gewählt hatte. Hingegen folgten die „klassischen" Arbeiter in den großen Industriebetrieben den Aufrufen der NSDAP in der Regel nicht. Angestellte und Beamte wiederum wählten nicht überdurchschnittlich, sondern eher durchschnittlich nationalsozialistisch. Hingegen war der „alte Mittelstand" –

Landwirte, Handwerker und Einzelhändler – deutlich überrepräsentiert. Arbeitslose tendierten mehrheitlich ebenfalls nicht primär zur NSDAP – wie früher angenommen –, sondern zur KPD und – in geringerem Maße – zur SPD. Allenfalls arbeitslose Angestellte bildeten eine Ausnahme von dieser Regel.

Eindeutig war die konfessionelle Verteilung: Bei ihrem größten Wahlerfolg im Juli 1932 gewann die NSDAP nur 16% der Katholiken, aber 38% der Nichtkatholiken für sich, was mit der ausgesprochen nationalen Einstellung der evangelischen Landeskirchen zusammenhing. Frauen wiederum wählten eher unterdurchschnittlich nationalsozialistisch; sie tendierten bis 1933 stärker zu den traditionell konservativen und religiösen Parteien. Zusammenfassend lässt sich mit Blick auf die Wählerschaft der NSDAP sagen, dass die Partei eine „sozial gemischte, sowohl für Arbeiter als auch für Mittelschicht- und Oberschichtangehörige – wenn auch in unterschiedlichem Maße – attraktive Partei“ war (Jürgen Falter). Insofern stellte die NSDAP von der sozialen Zusammensetzung ihrer Wählerschaft her so etwas wie eine „catch-all party of protest“ (Thomas Childers) dar, deren innere Bindekraft ein starker Nationalismus war.

NSDAP-Mitglieder

Auch die Zahl der NSDAP-Mitglieder stieg binnen sieben Jahren auf mehr als das Doppelte: 1923 hatte sie nur etwa 50000 betragen, 1930 waren es rund 130000 und im Januar 1933 schließlich fast 850000. Diese rekrutierten sich überdurchschnittlich aus der jüngeren Generation, d.h. den nach 1890 Geborenen. Von ihrer sozialen Herkunft waren es vor allem Mittelständler bzw. Kleinbürger – kleine Angestellte, Beamte und Handwerker, später kamen auch Angehörige des Bildungsbürgertums hinzu. Daneben waren Bauern im Vergleich zu ihrem Anteil an der Zahl aller Erwerbstätigen signifikant überrepräsentiert, aber auch Arbeiter bildeten innerhalb der NSDAP-Mitgliedschaft eine starke Gruppe, wenngleich sie deutlich unter ihrem Anteil an der erwerbstätigen Bevölkerung insgesamt blieben.

Allerdings wies die NSDAP sowohl in puncto Wählerschaft als auch im Hinblick auf ihre Mitgliedschaft eine starke Fluktuation auf: Vor 1933 gelang es der Partei nicht, die Wähler dauerhaft an sich zu binden. Die seit 1930 zu verzeichnenden bemerkenswerten Zuwächse änderten nichts daran, dass die NSDAP bei Neuwahlen jeweils bis zu einem Fünftel ihrer vorherigen Wähler verlor, was allerdings durch den Zugewinn aus dem Reservoir von DNVP, DVP sowie bürgerlichen Interessen- und Regionalparteien wieder kompensiert wurde. Der signifikante und politisch bedeutsame Verlust in den Reichstagswahlen vom November 1932 erklärte sich sowohl aus dem Verlust bäuerlicher Wähler, die wieder zur DNVP zurückkehrten, als auch durch den Anstieg der Nichtwähler. Zudem erwies sich nun die Heterogenität der nationalsozialistischen Anhängerschaft als negativ.

Insofern war die NSDAP im Sommer 1932 bereits auf dem Höhepunkt ihres Erfolgs. Die Hoffnung auf ein unaufhaltsames Wachstum, die Hitler weiter aufrechterhielt, entpuppte sich als Trugbild, wie auch Reichsorganisationsleiter

Gregor Straßer erkannte, weswegen er nun für eine nationalsozialistische Koalitionsbeteiligung auch ohne Reichskanzlerschaft Hitlers eintrat. Ähnlich fluktuierend wie die Wählerschaft waren im Übrigen auch die Mitglieder der NSDAP: Bis zur „Machtergreifung" büßte die Partei von den bis 1930 eingetretenen Mitgliedern mehr als die Hälfte ein, von den danach Hinzugekommenen ein gutes Drittel. Der harte Kern der Mitglieder umfasste nur wenig mehr als 300 000 Mitglieder und wies die NSDAP damit als eine recht instabile politische Organisation aus, die ihr Überleben „nur durch ein schneeballartiges Wachstum" (Hans Mommsen) sichern konnte, das die Erzeugung einer permanenten Krisenstimmung voraussetzte, um die Ernüchterung und Abwanderung der bisherigen Anhänger zu verhindern und neue für sich zu mobilisieren.

4. Finanziers und Förderer

Einnahmen der NSDAP

Die Frage nach der Finanzierung der NSDAP ist vor allem in der marxistischen Geschichtswissenschaft immer sehr dezidiert beantwortet worden: Großbourgoisie und Industrie hätten sich durch umfangreiche Spenden eine ihnen genehme politische Partei herangezogen. Tatsächlich ist das Bild bei näherer Betrachtung viel komplexer: Hitler persönlich finanzierte seinen zunehmend aufwendigeren Lebensstil vor allem durch Einnahmen aus dem Verkauf von „Mein Kampf", der Entlohnung für Beiträge im „Völkischen Beobachter", sonstigen Honoraren sowie den Spenden befreundeter Münchner Honoratioren. Haupteinnahmequelle der Partei wiederum waren Mitgliederbeiträge, Versammlungseinnahmen und zusätzliche Spendensammlungen unter der Anhängerschaft. Die solcherart von den Ortsgruppen eingetriebenen Summen überstiegen die entsprechenden Einnahmen der SPD um ein Mehrfaches. Sie gingen größtenteils an die Gau- und Reichsleitung. Die SA wiederum finanzierte sich durch ihre Beteiligung an der Zigarettenindustrie und anderen Unternehmen, für die sie als Absatzorganisation fungierte. Auch verlangte sie von Sympathisanten, die noch nicht der NSDAP beigetreten waren, regelmäßige Zahlungen.

Industrielle Sponsoren

Industrielle Sponsoren hingegen bildeten lange Zeit eine kleine Minderheit, obwohl Hitler hierfür Anfang der dreißiger Jahre bei Auftritten im Düsseldorfer Industrieclub, im Hamburger Nationalen Club und bei verschiedenen Treffen mit Industriellen warb. Lediglich Emil Kirdorf (1847–1938), der frühere Vorstandsvorsitzende der Gelsenkirchener Bergwerks-AG, war 1927 vorübergehend der Partei beigetreten und bemühte sich – allerdings weitgehend erfolglos –, Hitler Kontakte zur Schwerindustrie zu vermitteln. Immerhin gewährte der Großindustrielle Fritz Thyssen (1873–1951) der NSDAP verschiedene Kredite, mit denen die Partei vor allem den Kauf ihres neuen „Braunen Hauses" – eines ehemaligen Palais – in München finanzierte. Auch die

IG-Farben AG spendete der NSDAP, um sich so deren politische Unterstützung für die Forderung des Unternehmens nach hohen Zollmauern zur Absicherung der von ihr entwickelten synthetischen Benzinerzeugung zu sichern. Emil Georg von Stauß (1877–1942), der Direktor der Deutschen Bank und Diskonto-Gesellschaft, unterstützte seinerseits Hermann Göring (1893–1946) direkt, um den wirtschaftspolitischen Kurs der NSDAP im Sinne der Industrie zu beeinflussen. Recht erfolgreich bei der Aquisition von Spenden war auch Gregor Straßer, der gute Kontakte zur rheinisch-westfälischen Schwerindustrie pflegte. Überdies förderten mehrere mittelständische Unternehmen und Gewerbetreibende die Partei, teilweise auch um Übergriffen oder öffentlichen Polemiken vorzubeugen. Schließlich gab es noch einige ausländische Spender – Auslandsdeutsche und Großindustrielle wie der amerikanische Autofabrikant Henry Ford (1863–1947), der niederländische Industrielle Henri Deterding (1866–1939) oder der schwedische Zündholzfabrikant Ivar Kreuger (1880–1932) –, die sich der NSDAP aus ideologischen, aber auch aus politischen und wirtschaftlichen Motiven verbunden fühlten.

Insgesamt spielten die industriellen Zuwendungen im Verhältnis zu den laufenden Ausgaben vor dem Sommer 1932 keine größere Rolle. Zudem ermöglichten nicht diese Spenden der NSDAP ihre Wahlerfolge, sondern umgekehrt machte erst ihre steigende Stimmenzahl die Partei auch für Industrielle interessant. Dementsprechend flossen der NSDAP nennenswerte industrielle Spenden wohl überhaupt erst nach ihrem Wahlsieg im September 1930 und in erheblichem Umfang dann vor allem im Frühjahr und Sommer 1932 zu, als es vorübergehend so schien, als ob die Partei die Papen-Regierung tolerierte. In diese Zeit fiel auch die von Schacht sowie dem Generaldirektor der Gutehoffnungshütte, Paul Reusch (1868–1956), betriebene Gründung der „Arbeitsstelle" zur wirtschaftspolitischen Beratung der NSDAP sowie die Schaffung des „Keppler-Kreises", der sich auf Initiative des Ingenieurs und Gelatinefabrikanten Wilhelm Keppler (1882–1960) – der seit 1927 der NSDAP angehörte – um Kontakte zwischen NSDAP und Unternehmern bemühte und dem namhafte Industrielle, wie Albert Vögler (Vereinigte Stahlwerke) (1877–1945) oder die Bankiers Friedrich Reinhart (1871–1943) und Kurt von Schröder (1889–1966), angehörten.

Ideelle Unterstützung

Nachdem sich die Spekulationen über eine nationalsozialistische Unterstützung der Papen-Regierung zerschlagen hatten, versiegte auch sehr schnell wieder die industrielle Unterstützung. Überhaupt waren für den Erfolg der NSDAP weniger die Spenden einiger weniger Industrieller entscheidend als vielmehr das Bemühen verschiedener Repräsentanten der deutschen Wirtschaft in der zweiten Hälfte des Jahres 1932 und Anfang 1933, der Partei Türen zu öffnen und sie als eine seriöse und deshalb auch regierungsfähige politische Kraft erscheinen zu lassen. Dazu gehörte eine Eingabe vom 19. November 1932, in der verschiedene Bankiers, Industrielle und Großagrarier – wie

Schacht, Thyssen und der Präsident des Reichslandbundes, Eberhard Graf von Kalckreuth (1881–1941) – Hindenburg aufforderten, Hitler zum Reichskanzler zu berufen. Ihnen hatte sich der nationalsozialistische Parteivorsitzende durch seinen Anspruch erfolgreich angedient, die Arbeiterschaft dem Einfluss des Marxismus zu entziehen.

Quelle

Appell zur Ernennung Hitlers zum Reichskanzler vom 19. November 1932

Quelle: Ursachen und Folgen, Bd. 8, S. 687f. (Dok. Nr. 1909).

„Mit Eurer Exzellenz bejahen wir die Notwendigkeit einer vom parlamentarischen Parteiwesen unabhängigeren Regierung, wie sie in dem von Eurer Exzellenz formulierten Gedanken eines Präsidialkabinetts zum Ausdruck kommt. Der Ausgang der Reichstagswahl vom 6. November d.J. hat gezeigt, daß das derzeitige Kabinett, dessen aufrechten Willen niemand im deutschen Volke bezweifelt, für den von ihm eingeschlagenen Weg keine ausreichende Stütze im deutschen Volk gefunden hat, dass aber das von Eurer Exzellenz gezeigte Ziel eine volle Mehrheit im deutschen Volke besitzt, wenn man – wie es geschehen muß – von der staatsverneinenden kommunistischen Partei absieht. [...] Wir halten dieses Ergebnis für außerordentlich erfreulich und können uns nicht vorstellen, daß die Verwirklichung des Zieles nunmehr an der Beibehaltung einer unwirksamen Methode scheitern sollte. Es ist klar, daß eine des öfteren wiederholte Reichstagsauflösung mit sich häufenden, den Parteikampf immer weiter zuspitzenden Neuwahlen nicht nur einer politischen, sondern auch jeder wirtschaftlichen Beruhigung und Festigung entgegenwirken muß. Es ist aber auch klar, daß jede Verfassungsänderung, die nicht von breitester Volksströmung getragen ist, noch schlimmere wirtschaftliche, politische und seelische Wirkungen auslösen wird. Wir erachten es deshalb für unsere Gewissenspflicht, Eure Exzellenz ehrerbietigst zu bitten, dass zur Erreichung des von uns allen unterstützten Zieles Eurer Exzellenz die Umgestaltung des Reichskabinetts in einer Weise erfolgen möge, die die größtmögliche Volkskraft hinter das Kabinett bringt. [...] Die Übertragung der verantwortlichen Leitung eines mit den besten sachlichen und persönlichen Kräften ausgestatteten Präsidialkabinetts an den Führer der größten nationalen Gruppe wird die Schlacken und Fehler, die jeder Massenbewegung notgedrungen anhaften, ausmerzen und Millionen Menschen, die heute abseits stehen, zu bejahender Kraft mitreißen."

■

Auf einen Blick

Die Forschung hat in den letzten Jahrzehnten den Charakter sui generis der NSDAP herausgearbeitet, der ihr wichtige Alleinstellungsmerkmale gegenüber den etablierten Parteien in der Weimarer Republik gab: den Dualismus von Führerprinzip und (eklektizistischer) Weltanschauung; die organisatorische Ambivalenz von Partei und Bewegung; die Selbstdarstellung als junge, ja moderne politische Formation. Im Kontext der finalen Doppelkrise der Weimarer Republik Ende der 1920er-/Anfang der 1930er-Jahre ermöglichte ihr dies, im Sinne einer „catch-all party of protest" (Thomas Childers) klassen- und milieuübergreifend in fast allen Wählerschichten Anhänger zu finden. Indes verhinderte Hitlers „Alles oder nichts"-Kurs, also das Beharren auf dem Posten des Reichskanzlers, trotz der Unterstützung, die er auch von einflussreichen Vertretern der Wirtschaft erhielt, zunächst noch eine Übertragung der Regierungsverantwortung an die NSDAP. Insofern war diese auch keineswegs zwangsläufig, sondern hing von der weiteren Entwicklung und insbesondere den Entscheidungen des Reichspräsidenten und seiner Berater ab.

Literaturhinweise

Martin Broszat: Die Machtergreifung. Der Aufstieg der NSDAP und die Zerstörung der Weimarer Republik. München [5]1994.

Jürgen Falter: Hitlers Wähler. München 1991.

Ian Kershaw: Hitler, 2 Bde. Bd. 1 1889–1936. Stuttgart 1996.

Detlef Mühlberger: The Social Bases of Nazism 1919–1933. Cambridge u.a. 2003.

V. Die Präsidialregierung Papen 1932: Abgesang auf die Republik

Überblick

Die Entlassung Heinrich Brünings und die Berufung eines engen Vertrauten, Franz von Papen, durch Reichspräsident Hindenburg im Frühjahr/Sommer 1932 bedeutete eine weitere Eskalation der Entwicklung der Weimarer Republik: Zum einen war die neue Regierung kaum populärer als ihre Vorgängerin, zumal die Arbeitslosigkeit in Deutschland nun auf ihrem Höhepunkt war und auch deshalb außenpolitische Erfolge wie die endgültige Einstellung der Reparationszahlungen nicht positiv zu Buche schlugen. Zum anderen unterminierte das neue Präsidialkabinett noch entschiedener die Grundlagen der Weimarer Republik: durch den illegalen „Preußenschlag" vom Juli 1932, die Absetzung der republiktreuen preußischen Regierung, die Ansetzung von Neuwahlen auf Reichsebene, die den extremistischen Parteien von links, der KDP, und von rechts, der NSDAP, eine Mehrheit im Reichstag einbrachte, ohne dass sich die NSDAP zu der gewünschten Tolerierung der neuen Regierung bereitfand, und schließlich das unverhohlene Räsonieren über eine Abkehr von der Weimarer Reichsverfassung.

Zeittafel	
1.6.1932	Bildung der „Regierung der nationalen Konzentration" unter Reichskanzler Franz von Papen
4.6.1932	Auflösung des Reichstages
14.6.1932	Aufhebung des Verbots von SA und SS
16.6.–9.7.1932	Konferenz von Lausanne beschließt das Ende der Reparationen
20.7.1932	Absetzung der geschäftsführenden preußischen Regierung durch „Preußenschlag"
31.7.1932	Reichstagswahlen
4.9.1932	Notverordnung („Papen-Plan") „zur Belebung der Wirtschaft"
12.9.1932	Misstrauensvotum gegen Kabinett Papen; Auflösung des Reichstages
14.9.1932	Auszug Deutschlands aus der Genfer Abrüstungskonferenz
6.11.1932	Reichstagswahlen
17.11.1932	Rücktritt des Kabinetts von Papen; weiter im Amt als geschäftsführende Regierung
2.12.1932	Reichswehrführung verweigert Unterstützung für Staatsnotstandspläne

1. „Kabinett der Barone": Regierung gegen das Volk

Der Begriff „Abgesang", der als Überschrift über diesem Kapitel steht, sollte nicht irreführen. Er umschreibt lediglich die faktische Entwicklung der zweiten Jahreshälfte 1932, will aber keineswegs suggerieren, dass dies eine zwangsläufige Entwicklung gewesen sei. Auch in dieser Zeit war der Untergang der Weimarer Republik keineswegs determiniert; vielmehr blieb die Geschichte der ersten deutschen Demokratie weiter offen. Allerdings hing ihr Gang nun – stärker als bisher – von bestimmten Personen und ihren konkreten Handlungen ab, zumal die Aushöhlung des Parlamentarismus voranschritt und das Präsidialregime Züge einer Präsidialdiktatur annahm. In einem solchen System, in dem parlamentarische Entscheidungs- und Kontrollfunktionen weitgehend außer Kraft gesetzt waren, fiel die politische Macht an jene, die das Vertrauen des Reichspräsidenten besaßen. Zu ihnen zählte auch **Franz von Papen**, den Hindenburg am 1. Juni 1932 zum neuen Reichskanzler ernannte.

Stichwort

Franz von Papen

(1879–1969) war vor dem Ersten Weltkrieg Kavallerieoffizier und seit 1913 Militärattaché in Washington, ein Posten, von dem er wegen eines diplomatischen Ungeschicks auf amerikanischen Druck Ende 1915 abberufen wurde. Danach wurde er Bataillonschef an der Westfront und später Generalstabsoffizier in der Türkei. Nach dem Krieg ging Papen in die Politik: Von 1921 bis 1928 und dann wieder von 1930 bis 1932 saß er als Abgeordneter im preußischen Landtag, wobei er dem äußersten rechten Flügel des Zentrums angehörte und einer der schärfsten Kritiker der Regierung Braun war. Überdies war er seit 1924 Aufsichtsratsvorsitzender des Zentrumblatts „Germania". Post festum ist er wegen der verhängnisvollen Rolle, die er als Reichskanzler und dann vor allem im Januar 1933 als treibender Intrigant bei der Berufung Hitlers zum Reichskanzler gespielt hat, ebenso kritisch wie abschätzig beurteilt worden. Dies darf jedoch nicht dazu verführen, sein politisches Gewicht gering zu schätzen oder ihn als einen politischen Nobody zu betrachten, der nur durch unglückliche Zufälle Regierungschef geworden sei. Vielmehr nutzte Papen immer geschickt seine sehr guten Verbindungen zu unterschiedlichen Kreisen der damaligen Elite – auch bei der Berufung Hitlers zum Reichskanzler. Er selbst wurde 1933 in der neuen Regierung zunächst Vizekanzler, allerdings bereits 1934 als Gesandter nach Wien und 1939 als Botschafter nach Ankara abgeschoben. Nach dem Zweiten Weltkrieg war er vorübergehend inhaftiert, bevor er sich ins Privatleben zurückzog und Rechtfertigungsschriften verfasste.

„Kabinett der Barone"

Die Tatsache, dass Hindenburg insbesondere die exzellenten Umgangsformen seines „Fränzchens" – wie er Papen nannte – schätzte, zeigt, welche bizarren Konsequenzen das persönliche Regiment des Reichspräsidenten mittlerweile angenommen hatte. Allerdings war er bei der Berufung Papens letztlich wieder nur einem seiner wichtigsten Ratgeber gefolgt, dem ebenso fähigen wie intriganten General von Schleicher. Dieser war denn auch als Reichswehrminister der eigentliche starke Mann in der neuen Regierung. Ansonsten bildeten das Kabinett, das ebenfalls der General weitgehend ausgewählt hatte, überwiegend politisch unerfahrene Männer, die allerdings das gemeinsame konservativ-adlige Milieu einte – ein „Kabinett der Barone“, wie es ironisch-abfällig genannt wurde, weil ihm vor allem Adlige angehörten: Konstantin Freiherr von Neurath (1873–1956) wurde Außenminister, Wilhelm Freiherr von Gayl (1879–1950) Innenminister und Lutz Graf Schwerin von Krosigk (1877–1977) Finanzminister; Franz Gürtner übernahm das Justizressort, Herbert Warmbold – als Einziger bereits vorher einmal Reichsminister gewesen – das Wirtschaftsministerium; Hugo Schäffer (1875–1945) wurde Arbeitsminister und Magnus Freiherr von Braun (1878–1972), der wegen seiner Beteiligung am Kapp-Putsch als Regierungspräsident entlassen worden war, Ernährungsminister. Es handelte sich überwiegend um der DNVP nahe stehende Männer; soweit sie ihr – wie Braun, Gayl und Gürtner – unmittelbar angehörten, traten sie aus, um dem vermeintlich überparteilichen Anspruch des Präsidialkabinetts gerecht zu werden.

Es war bezeichnend, dass Papen selber nach seiner Ernennung am 3. Juni 1932 aus dem Zentrum austrat, um seinem Ausschluss zuvorzukommen. Dieser war beschlossene Sache, weil die Parteiführung sein Verhalten als überaus illoyal gegenüber seinem bisherigen Parteifreund Brüning empfand. Infolgedessen war keine Regierung der Weimarer Republik bereits bei ihrer Einsetzung derart isoliert wie dieses neue Präsidialkabinett: Während Brüning bis zuletzt zumindest von einer Mehrheit des Reichstages, vor allem der SPD, toleriert worden war, galt dies für die Regierung Papen nicht mehr. Unterstützung fand sie im Parlament allenfalls bei DVP und DNVP. Dementsprechend musste Papen einen Zusammentritt des Parlaments vermeiden, wollte er nicht ein Misstrauensvotum und die Aufhebung der präsidialen Notverordnungen riskieren. So wurde er zum einzigen Reichskanzler, der niemals im Parlament sprach. Selbst seine Regierungserklärung verlas er am 4. Juni im Rundfunk und nicht vor dem Reichstag, den der Reichspräsident auf sein Betreiben am selben Tag aufgelöst hatte. Papens Radioansprache kam einer Generalabrechnung mit der bisherigen Politik und Kultur der Weimarer Republik gleich und beinhaltete gleichzeitig ein pathetisches Plädoyer für eine tiefgreifende Umgestaltung von Staat und Gesellschaft.

Quelle

Regierungserklärung Papens vom 4. Juni 1932

Quelle: Akten der Reichskanzlei. Das Kabinett von Papen, Bd. 1, S. 13f. (Dok. Nr. 7).

„In einer der schwersten Stunden der vaterländischen Geschichte übernimmt die deutsche Regierung ihr Amt. Das deutsche Volk steht in einer seelischen und materiellen Krise ohne Vorgang. Die Opfer, die von ihm verlangt werden, wenn der dornige Weg zur inneren und äußeren Freiheit mit Aussicht auf Erfolg gegangen werden soll, sind ungeheuer. Sie können nur ertragen werden, wenn es gelingt, die seelischen Voraussetzungen durch eine Zusammenfassung aller aufbauwilligen und staatserhaltenden, kurzum aller nationalen Kräfte zu finden. Reichskanzler Dr. Brüning hat als erster den Mut gehabt, eine klare Bilanz der Lage zu fordern, in die uns in erster Linie der Versailler Vertrag und die Auswirkungen der Weltwirtschaftskrise wie auch die Misswirtschaft der Parlamentsdemokratie gebracht haben. [...] Die Nachkriegsregierungen haben geglaubt, durch einen sich ständig steigernden Staatssozialismus die materiellen Sorgen dem Arbeitnehmer wie dem Arbeitgeber in weitem Maße abnehmen zu können. Sie haben den Staat zu einer Art Wohlfahrtsanstalt zu machen versucht und damit die moralischen Kräfte der Nation geschwächt. [...] Gerade hierdurch ist die Arbeitslosigkeit noch gesteigert worden. Der hieraus zwangsläufig folgenden moralischen Zermürbung des deutschen Volkes, verschärft durch den unseligen gemeinschaftsfeindlichen Klassenkampf und vergrößert durch den Kulturbolschewismus, der wie ein fressendes Gift die besten sittlichen Grundlagen der Nation zu vernichten droht, muß in letzter Stunde Einhalt geboten werden. [...] Die Reinheit des öffentlichen Lebens kann nicht auf dem Wege der Kompromisse um der Parität willen bewahrt oder wiederhergestellt werden. Es muß eine klare Entscheidung darüber fallen, welche Kräfte gewillt sind, das neue Deutschland auf der Grundlage der unveränderlichen Grundsätze der christlichen Weltanschauung aufbauen zu helfen. Die Regierung, die in dieser Stunde, erfüllt von ihrer schweren Verantwortung vor Gott und der Nation, die Leitung der Geschicke des Landes übernimmt, ist tief durchdrungen von dem Bewußtsein der Pflichten, die auf ihr liegen. [...] Damit die Zahlungen der nächsten Tage und Wochen zur Aufrechterhaltung des staatlichen Apparates geleistet werden können, ist die Regierung gezwungen, einen Teil der von der alten Regierung geplanten Notmaßnahmen zu erlassen. [...] Auf außenpolitischem Gebiete ergeben sich die nächsten und wichtigsten Aufgaben der Reichsregierung aus den im Gange befindlichen oder bevorstehenden internationalen Verhandlungen über die großen Weltprobleme der Abrüstung, der Reparationen und der allgemeinen Wirtschaftskrise. Bei allen diesen Problemen stehen höchste deutsche Lebensinteressen auf dem Spiele. Unser Ziel ist, in friedlichem Zusammenwirken mit den anderen Nationen unserem Vaterlande endlich volle Gleichberechtigung, politische Freiheit und die Möglichkeit wirtschaftlicher Gesundung zu verschaffen. [...] Die Grundlage und Voraussetzung aber jeder wirksamen außenpolitischen Vertretung unserer nationalen Interessen, über die es Meinungsverschiedenheiten unter Deutschen nicht gibt, ist die Herbeiführung der innenpolitischen Klarheit. Aus allen diesen Gründen hat sich der Reichspräsident entschlossen, dem Antrage der Reichsregierung stattzugeben, den Reichstag aufzulösen. [...]."

Quelle

Harry Graf Kessler zu Papens Regierungserklärung

Quelle: Harry Graf Kessler: Tagebücher 1918–1937, Frankfurt 1982, S. 711 (4. Juni 1932).

„Regierungserklärung Papens. Ein kaum glaubliches Dokument, ein miserabel stilisierter Extrakt finsterster Reaktion, gegen das die Erklärungen der kaiserlichen Regierung wie hellste Aufklärung wirken würden. Die Sozialversicherung soll abgebaut, der ‚Kulturbolschewismus' bekämpft, das deutsche Volk durch Rechristianisierung (lies Muckertum) für den außenpolitischen Kampf gestählt und auf der Grundlage des extremen Rechts-Junkertums ‚konzentriert' werden; alle andren Richtungen und Parteien, Sozialdemokratie, liberales Bürgertum, Zentrum, werden als nicht ‚national‘ und moralisch zersetzend angeprangert. Ein Regierungsdokument solch politischer Dummheit und Ungeschicklichkeit, so finsterer Reaktion ist seit der Regierung Polignac 1830 nicht veröffentlicht worden. Es trägt deutlich den Stempel des Generalstabes, in seiner psychologischen Verblendung“.

Die Regierung Papen hatte durchaus ein ambitioniertes Programm: Hindenburg und Schleicher sahen nun endlich die Chance, jenes „Präsidialkabinett“ zu schaffen, das ihnen seit dem Ende der Großen Koalition vorgeschwebt hatte: nämlich eine Regierung nach dem Vertrauen des Reichspräsidenten und toleriert nicht von der SPD, sondern von den Rechtsparteien, einschließlich der NSDAP. Für eine solche Konstellation schienen die Zeitumstände im Frühjahr/Sommer 1932 äußerst günstig: Die SPD hatte die Landtagswahlen in Preußen am 24. April verloren, während die NSDAP statt bisher 9 Mandaten nun 162 Sitze im preußischen Landtag besaß, mehr als die gesamte alte Regierungskoalition. Gleichzeitig büßte auch die DNVP Stimmen ein, während die KPD wiederum deutlich zulegte. Doch die Regierung Braun profitierte von einer Änderung der Geschäftsordnung des Landtages, die sie noch kurz vor ihrer Abwahl durchgesetzt hatte – allerdings gegen den Willen Brauns und Severings – und der zufolge ein Kandidat bei der Ministerpräsidentenwahl künftig in beiden Wahlgängen – und nicht mehr wie bisher nur im ersten – die absolute Mehrheit der abgegebenen Stimmen benötigte. Dem großen Wahlgewinner, der NSDAP, gelang es zunächst nicht, eine entsprechend großes Regierungsbündnis zu schmieden. Folglich blieb die „Weimarer Koalition“ weiterhin als geschäftsführende Regierung im Amt.

Annäherung an die NSDAP

Mit der Wahlniederlage in Preußen entfiel für die SPD auf der Reichsebene ein wichtiger Grund für ihre bisherige Tolerierungspolitik. Damit war die Regierung Papen auf einen neuen starken Partner angewiesen. Nach Neigung wie Notwendigkeit konnte das nur die NSDAP sein. Schleicher entwickelte das strategische Konzept, die Nationalsozialisten an die Regierung heranzuführen, ohne ihnen dabei aber einen zentralen Einfluss auf die Macht einzuräumen. Vielmehr sollten die vermeintlich „wertvollen“ Elemente aus dieser nationalen Bewegung herausgelöst und dem Staat nutzbar gemacht werden. Dazu zählte auch die Eingliederung eines Teils der paramilitärischen Verbände der Partei in die Reichswehr, denn deren personelle Vergrößerung war absehbar, nachdem eine Konferenz des Völkerbundes in Genf seit Februar 1932 über den Wegfall der rüstungspolitischen Beschränkungen des Versailler Vertrags diskutierte. Innenminister Gayl umschrieb diese Strategie rückblickend mit den Worten: „Die junge, immer weitere Kreise erfassende Bewegung Adolf Hitlers mußte, um die in ihr lebendigen nationalen Kräfte dem Wiederaufbau des Volkes nutzbar zu machen, von den ihr unter Brüning und Severing angelegten Fesseln befreit und zum erfolgreichen Kampf gegen den internationalen Kommunismus geführt werden.“

Dementsprechend hatte Papen Hitler bereits im Vorfeld seiner Berufung zum Reichskanzler in einem Gespräch am 28. Mai als Preis für die Tolerierung seiner Regierung vorgezogene Neuwahlen und eine Aufhebung des SA-Verbots angeboten. Der NSDAP-Vorsitzende hatte sich zu dem Handel in vagen Formulierungen bereit erklärt, woraufhin Papen am 1. Juni ernannt worden war und der Reichspräsident das Parlament am 4. Juni 1932 aufgelöst hatte. Dabei hatte Hindenburg seine Notverordnung bezeichnenderweise mit dem Hinweis darauf begründet, dass die Zusammensetzung des Reichstags „nach dem Ergebnis der in den beiden letzten Monaten stattgehabten Wahlen zu den Landtagen der deutschen Länder dem politischen Willen des deutschen Volkes nicht mehr entspricht“. Das bedeutete nichts anderes, als dass der Reichspräsident bewusst in Kauf nehmen wollte, dass sich die Wahlerfolge der NSDAP nun auch auf Reichsebene fortsetzten. Kurz darauf, am 14. Juni, war auch das Verbot von SA und SS wieder aufgehoben worden. Damit hatte die Regierung gleichzeitig den Ablauf des Wahlkampfs präjudiziert, der unter bürgerkriegsähnlichen Bedingungen ablief und zahlreiche Tote forderte.

3. Der „Preußenschlag“

Letztlich unterschied sich die Regierung Papen deutlich von ihrer Vorgängerin: Die Präsidialregierung Brüning hatte zeitweise hart am Rande der Verfassung agiert, während Papen und seine Minister zum offenen Verfassungsbruch bereit waren. Nichts belegt dies deutlicher als der „Preußenschlag“ vom 20. Juli 1932, die Absetzung der geschäftsführenden preußischen Regierung unter Braun und die Einsetzung Papens als Reichskommissar. Grundlage der entsprechenden Notverordnung Hindenburgs waren die Ausschreitungen der radikalen Republikgegner aus KPD und NSDAP, die am 17. Juli im so genannten **Altonaer Blutsonntag** gipfelten.

Stichwort

Altonaer Blutsonntag

Am 17. Juli 1932 kam es in Altona zu schweren Zusammenstößen zwischen SA und Kommunisten, als die Nationalsozialisten uniformiert durch das Arbeiterviertel zogen. Die blutigen Straßenkämpfe zwischen den beiden Gruppen sowie der Polizei kosteten 18 Menschen, zumeist unbeteiligte Passanten, das Leben. Erstaunlicherweise war die nationalsozialistische Kundgebung im Vorfeld nicht verboten worden, und es wurde zunächst auch versäumt, die Polizeikräfte ausreichend zu verstärken. Allerdings traf die Reichsregierung Papen zumindest indirekt eine erhebliche Mitschuld an dem Geschehen, denn sie hatte durch ihre Aufhebung des SA-Verbots und ihr demonstratives Wohlwollen gegenüber der NSDAP die preußischen Behörden verunsichert.

Überdies kursierte das Gerücht, SPD und KPD konspirierten gemeinsam gegen die Reichsregierung. Hintergrund war eine Unterredung, die der Staatssekretär im preußischen Innenministerium Wilhelm Abegg (1876–1951) mit zwei KPD-Politikern, darunter dem kommunistischen Fraktionsvorsitzenden im Reichstag – Ernst Torgler (1893–1963) –, geführt hatte, um die Kommunisten zu bewegen, ihre Terrorakte einzustellen und eine gemeinsame „Kampffront" gegen die NSDAP zu bilden. Der ebenfalls anwesende Oberregierungsrat Rudolf Diels (1900–57) informierte Vertreter des Reichsinnenministeriums irreführend, Abegg habe die KPD für ein Komplott mit der SPD gewinnen wollen.

Diese Unterstellung war ebenso haltlos wie der Vorwurf, die preußische Polizei versage im Kampf gegen den politischen Radikalismus. Tatsächlich ging es der Reichsregierung und ihren Hintermännern nur darum, die von der unliebsamen SPD geführte preußische Staatsregierung loszuwerden und gleichzeitig den größten Flächenstaat mit der höchsten Bevölkerungszahl und dem stärksten Polizeiapparat unter ihre Kontrolle zu bringen. Das belegt auch die Tatsache, dass die **Reichsexekution** seit Anfang Juli geplant wurde, nachdem Papen den Präsidenten des preußischen Landtages, den Nationalsozialisten Hans Kerrl (1877–1941), bereits am 6. Juni aufgefordert hatte, „unverzüglich" eine neue Regierung aus NSDAP, DNVP und Zentrum zu bilden, was aber am andauernden Widerstand des Zentrums gegen einen nationalsozialistischen Ministerpräsidenten gescheitert war.

Stichwort

Reichsexekution

Art. 48 WRV räumte dem Reichspräsidenten die Zuständigkeit für die Anordnung wie für den Vollzug der Reichsexekution ein, also das Recht, einen Gliedstaat des Deutschen Reiches mit Zwangsmitteln zur Erfüllung der ihm gegenüber dem Staatsganzen sowie der Reichsverfassung und den Reichsgesetzen obliegenden Pflichten anzuhalten. Zur Verhängung der Reichsexekution brauchte der Reichspräsident die Gegenzeichnung des Reichskanzlers, für ihre Durchführung unter Umständen auch der Zustimmung der zuständigen Ressortminister, also vor allem des Reichsinnen- und des Reichswehrministers. Die Zwangsmittel reichten vom Erlass von Notverordnungen zur vorübergehenden Regelung der inneren Landesverhältnisse bis hin zur Absetzung einer pflichtwidrig handelnden Landesregierung oder anderer Landesorgane und der Einsetzung kommissarischer Ersatzorgane. Eigentlich musste der Reichspräsident auch den Reichstag sowohl über die Anordnung als auch über die Durchführung der Reichsexekution informieren und die getroffenen Maßnahmen auf Verlangen der Parlamentarier wieder rückgängig machen. Dies setzte jedoch voraus, dass der Reichstag mehrheitsfähig und versammelt war. Hatte er sich hingegen gerade vertagt oder war er aufgelöst worden, konnte der Reichspräsident allein nach Rücksprache mit dem Reichskanzler entscheiden. Das betroffene Land konnte dann lediglich noch den Staatsgerichtshof anrufen. In der ganzen Zeit der Weimarer Republik kam es viermal zur Reichsexekution: in der Amtszeit von Reichspräsident Ebert gegen die Länder Thüringen (1920), Gotha (1920) und Sachsen (1923), unter seinem Nachfolger Hindenburg dann gegen Preußen (1932).

Auf einer Ministerbesprechung am 11. Juli führte Reichsinnenminister Gayl aus, „[n]ach sehr sorgfältiger Überlegung sei er zu dem Ergebnis gekommen, daß jetzt für die Reichsregierung der psychologische Moment zum Eingreifen gekommen sei", nachdem Papen noch einen Monat zuvor in einer Besprechung mit den süddeutschen Ministerpräsidenten alle Gerüchte über die Einsetzung eines Reichskommissars dementiert hatte. Allerdings hatte der preußische Innenminister Severing Gayl auch eine Zusammenfassung der Machtmittel des Reiches und Preußens für den Fall zugesagt, dass nach den Reichstagswahlen vom 31. Juli Unruhen ausbrechen würden. Das wiederum interpretierte Gayl so, dass die preußische Regierung letztlich der Einsetzung eines Reichskommissars zustimmte oder ihm zumindest keinen größeren Widerstand entgegenstellte.

Durchführung des „Preußenschlags"

Am 12. Juli beriet das Reichskabinett eine entsprechende Notverordnung. Zwei Tage später stimmte ihr Hindenburg zu. In der Presse war über ein solches Vorgehen bereits seit Anfang Juni spekuliert worden, und am Morgen des 20. Juli erschienen dann die meisten Zeitungen schon mit der Ankündigung, die Reichsregierung werde in Preußen eingreifen. Tatsächlich hatte der Reichskanzler für den Morgen dieses Tages den amtierenden geschäftsführenden preußischen Ministerpräsidenten Heinrich Hirtsiefer (1876–1941), der den erkrankten Braun vertrat, sowie die Minister Severing und Otto Klepper (1888–1957) in die Reichskanzlei eingeladen, wo er ihnen dann mitteilte, dass Hindenburg ihn zum Reichskommissar eingesetzt habe. Der Protest Severings, der zu Recht die Verfassungsmäßigkeit dieser Entscheidung bestritt, nutzte nichts, weil die Reichsregierung gleichzeitig den militärischen Ausnahmezustand über Berlin und Brandenburg verhing und damit die stärkere Macht auf ihrer Seite hatte. In einer Erklärung am Abend begründete Papen seine Einsetzung als Reichskommissar in Preußen formal mit der vermeintlichen Konspiration von SPD und KPD gegen den Staat, aber auch mit dem bezeichnenden Vorwurf, dass die Regierung Braun nicht bereit gewesen sei, „die politische und moralische Gleichsetzung von Kommunisten und Nationalsozialisten aufzugeben".

Quelle

General von Schleicher über den „Preußenschlag"

Quelle: Hermann Pünder: Politik in der Reichskanzlei, Stuttgart 1961, S. 149 (8. Oktober 1932).

„Bei Schleicher war ich vorgestern Morgen ungefähr eine Stunde [...] Schleicher [war] sehr offen [...] Der größte Erfolg der Regierung sei die Beseitigung der Preußenregierung gewesen. ‚Das kann kein Staatsgerichtshof mehr rückgängig machen!' Die bekannte Preußen-Notverordnung vom 20. Juli sei natürlich nicht wegen Gefährdung von Ruhe und Ordnung ergangen, sondern nur, um dem unerträglichen Dualismus zwischen Reich und Preußen ein Ende zu machen. Es müsse nur jemand den Mut zum Handeln finden, Begründungen finde man nachher immer schon."

Reaktionen von SPD und Gewerkschaften

Weder SPD noch Gewerkschaften leisteten aktiven Widerstand gegen das rechtswidrige Vorgehen der Reichsregierung: Das hatte der sozialdemokratische Parteivorstand bereits Tage zuvor, am 16. Juli, entschieden, und der Vorstand der Freien Gewerkschaften schloss sich diesem Votum am Nachmittag des 20. Juli an. Ob hier eine Chance vertan worden ist, haben Sozialdemokraten bereits im Exil nach 1933 kontrovers diskutiert – insbesondere Otto Braun sollte die Frage bis zu seinem Tod 1955 umtreiben. Die frühe Weimar-Forschung, vor allem Karl Dietrich Bracher, ist mit den damaligen Akteuren hart ins Gericht gegangen und hat ihnen vorgeworfen, die letzte Chance zur Rettung der Republik verpasst zu haben, indem sie durch eine entschiedene Gegenwehr, selbst wenn diese ergebnislos geblieben wäre, zumindest ein Fanal gesetzt hätten: „Dies hätte [...] doch noch ein demokratisches Selbstbewusstsein retten, den neuen Machthabern ihren Weg erschweren, die künftigen Entwicklungen einschränken können". Insofern ist für Bracher „die Gleichschaltung Preußens [...] [ein] entscheidender Wendepunkt im Prozeß der von der Demokratie zur Diktatur führenden Machtverschiebung" am Ende der Weimarer Republik. Hierfür spricht, dass auch ein Zeitzeuge wie Goebbels am 21. Juli in seinem Tagebuch notierte: „Die Roten haben ihre große Stunde verpaßt. Die kommt nie wieder." Die schwächliche Reaktion der republikanischen Kräfte musste die NSDAP, deren Vertreter selber in verschiedenen Briefen an Papen auf die Reichsexekution gedrängt hatten, weiter bestärken.

Tatsächlich waren die Ausgangsbedingungen für einen aktiven Widerstand gegen die Reichsexekution aber denkbar ungünstig, wie bereits die damals Betroffenen immer wieder betont haben und die Geschichtswissenschaft in den letzten Jahren ebenfalls wieder stärker einräumt. Welche Instrumente hätte man besessen, um Widerstand zu leisten? Ein Generalstreik wie 1920 gegen den Kapp-Putsch war in Zeiten der Massenarbeitslosigkeit eine stumpfe Waffe: Die verbreitete „Brot und Butter"-Mentalität hatte zur schleichenden Entsolidarisierung innerhalb der Arbeiterbewegung geführt. Dieses Mal war auch nicht wie 1920 ein erfolgreicher passiver Widerstand der Beamtenschaft zu erwarten. Ein Einsatz der rund 90000 Mann starken preußischen Polizeikräfte wiederum hätte allenfalls zum Blutbad geführt, denn sie hätten gegen personell und waffentechnisch überlegene Reichswehrverbände kämpfen müssen, die wohl auch noch zusätzlich von SA-Verbänden sowie weiteren rechtsstehenden paramilitärischen Gruppen unterstützt worden wären. Zudem war unklar, inwieweit die preußische Polizeiführung überhaupt loyal hinter der Regierung Braun stand, zumal diese ja nur noch geschäftsführend im Amt und noch dazu in sich gespalten war, denn die Angehörigen von Zentrum und Deutscher Staatspartei hätten einen etwaigen sozialdemokratischen Widerstand kaum mitgetragen.

Vor allem aber, dies gilt es immer zu bedenken, wurde dem „Preußenschlag" von den Zeitgenossen nicht jene Bedeutung zugeschrieben, die ihm heute aus der rückblickenden Betrachtung und im Wissen über die spätere nationalsozialistische Regierungsübernahme zugesprochen wird: Die Bevölkerung und die Medien nahmen kaum Notiz davon; eine „Gleichschaltung" von Preußen und dem Reich lag seit Monaten in der Luft. Als sie erfolgte, war kaum noch einer erstaunt. Nur noch wenige waren bereit, in der Absetzung einer geschäftsführenden Regierung ein großes Übel zu sehen. Überdies konnte man sich damit beruhigen, dass ein Reichskommissar Papen ja immerhin der NSDAP den Weg an die Macht in Preußen verbaute. Schließlich hofften die Sozialdemokraten darauf, durch ihren strikten Legalitätskurs zusätzliche Wähler bei den anstehenden Reichstagswahlen zu gewinnen.

Urteil des Staatsgerichtshofs

Dementsprechend kritisierte der entmachtete preußische Ministerpräsident Braun die Einsetzung des Reichskommissars lediglich in mehreren Briefen an den Reichskanzler und an den Reichspräsidenten als einen klaren Verfassungsbruch und forderte, wieder in seine alten Rechte eingesetzt zu werden. Zudem rief die abgesetzte preußische Regierung den Staatsgerichtshof in Leipzig an. Dieser urteilte am 25. Oktober 1932 sehr salomonisch: Einerseits, so die Richter, dürfe der Reichspräsident gemäß der Verfassung einen Reichskommissar einsetzen, andererseits könne dieser aber das Land nicht im Reichsrat und gegenüber anderen Reichsorganen vertreten. Damit erhielt die geschäftsführende Regierung Braun zwar zumindest einen Teil ihrer Kompetenzen zurück, doch führte sie künftig neben dem Regiment des Reichskommissars nur noch ein Schattendasein, bis sie dann im Februar 1933 von den neuen nationalsozialistischen Machthabern endgültig abgesetzt wurde.

4. Die Reichstagswahl vom 31. Juli 1932 und ihre Folgen

Reichstagswahlergebnis

Die Hoffnung der SPD, dass sich die eigene Legalitätstaktik gegenüber der Bevölkerung auszahlen würde, erwies sich bereits bei der Reichstagswahl vom Juli 1932 als ein großer Irrtum. Das Abstimmungsergebnis lieferte vielmehr einen weiteren Beleg, welche geringe Bedeutung die deutsche Bevölkerung mehrheitlich den Vorgängen in Preußen beimaß: Bei einer Wahlbeteiligung von 84% – mehr als in allen vorherigen Wahlen der Weimarer Republik – errang die NSDAP erneut einen erdrutschartigen Sieg, indem sie ihr ohnehin schon sensationelles Ergebnis vom September 1930 noch einmal mehr als verdoppelte, nämlich auf über 37% der Stimmen und 230 Reichstagsmandate. Leichte Gewinne konnten die KPD mit 14,3% und das Zentrum mit 12,5%

verbuchen. Verlierer waren die SPD mit 21,6%, die DNVP mit 5,9% sowie DVP mit 1,2% und Deutsche Staatspartei mit nur 1% sowie die Splitterparteien, die zusammen lediglich gut 2% erhielten. Damit verfügten nun die dezidiert antidemokratischen Parteien – NSDAP und KPD – über mehr als 52% der Mandate. Mit ihrer Mehrheit konnten sie die Arbeit des Reichstages, der ja ohnehin nur noch ein Schattendasein führte, vollends lahm legen.

Quelle

Reichsinnenminister a. D. Wilhelm Külz zum Reichstagswahlergebnis

Quelle: Ursachen und Folgen, Bd. 7, S. 324f. (Dok. Nr. 1583d).

„Politisch, sachlich gesehen, ist der Ausgang der Wahl deswegen so furchtbar, weil er klar erkennbar werden läßt, daß die jetzige Wahl auf lange Zeit hinaus die letzte normale Reichstagswahl sein wird. Das so genannte Volk der Denker und Dichter eilt mit fliegenden Fahnen der Diktatur entgegen, und damit einer Zeit, die von schweren revolutionären Störungen durchwühlt sein wird. Der gewählte Reichstag ist vollkommen arbeitsunfähig [...] Wenn man die Dinge ganz schlicht und nüchtern betrachtet, so liegen sie so, dass sich mehr als die Hälfte des deutschen Volkes gegen den heutigen Staat bekennt, aber nicht sagt, für welchen Staat sie sich bekennt. Damit ist jede organische Entwicklung zunächst unmöglich."

Nationalsozialistische Terroranschläge

Hitler und seine Partei sahen nun die Chance, endlich die Macht im Reich zu übernehmen. In den Tagen nach den Wahlen überzog die SA Ostpreußen und Schlesien mit Terroranschlägen, um die Regierung Papen zum Rücktritt zu zwingen. Zudem waren die Ausschreitungen aber auch ein Beleg für die sich anbahnende Frustration der SA-Männer, die nach Jahren des innenpolitischen Kampfes und den überragenden Wahlsiegen der letzten Jahre nun endlich auch an die Töpfe der Macht wollten, um sich für ihren Einsatz entschädigen zu lassen, widrigenfalls für eine Abkehr vom Legalitätskurs und ein offenes „Losschlagen" bereit waren. Doch die nationalsozialistische Drohpolitik scheiterte dieses Mal noch am staatlichen Machtapparat und der strikten Weigerung Hindenburgs, Hitler zum Reichskanzler zu ernennen: In einem persönlichen Gespräch erteilte er dem NSDAP-Vorsitzenden am 13. August 1932 eine deutliche Abfuhr, wobei er seine Entscheidung gerade mit dem Terror der Partei gegen Andersdenkende begründete. Eine entsprechende öffentliche Erklärung des Präsidialamtes machte dies für Hitler noch besonders demütigend. Das Verhalten des Reichspräsidenten war umso bemerkenswerter, als Schleicher und Papen zu diesem Zeitpunkt bereits eine Führungsrolle der NSDAP – eventuell sogar eine Kanzlerschaft Hitlers – in einer neuen Regierung akzeptieren wollten und auch das Zentrum Gespräche über eine gemeinsame Regierungsbildung mit der NSDAP führte, in denen die Partei sich ebenfalls nicht mehr grundsätzlich weigerte, Hitler eventuell das Amt des Regierungschefs zu überlassen.

„Mord von Potempa"

Wie unsicher die Reichsregierung mittlerweile gegenüber der NSDAP und ihrem Vorsitzenden geworden war, belegte ihre Reaktion auf den „Mord von

Potempa", die brutale Tötung eines der KPD angehörenden Arbeiters in der Nacht vom 9. auf den 10. August 1932 in der kleinen oberschlesischen Landgemeinde Potempa durch Teilnehmer eines SA-Ausbildungs-Lehrgangs. Ein Sondergericht in Beuthen verurteilte fünf Angeklagte, die teils der NSDAP, teils der SA oder dem oberschlesischen Selbstschutz angehörten, wegen Totschlags an einem politischen Gegner am 22. August zum Tode. Dabei stützten sich die Richter auf eine Notverordnung des Reichspräsidenten vom 10. August, die das Strafmaß für politische Morde entsprechend verschärft hatte. In der NSDAP brach daraufhin ein Proteststurm los; Hitler persönlich solidarisierte sich am 23. August in einer Erklärung mit den Verurteilten und drohte der Regierung mit bedingungslosem Kampf. Hiergegen verwahrte sich die Reichsregierung zwar, doch das für die Entscheidung über die Urteilsvollstreckung zuständige preußische Staatsministerium – also das seit dem 20. Juli amtierende Reichskommissariat – wandelte die Strafe am 2. September unter Berufung auf formale Gründe in lebenslängliche Zuchthausstrafen um, um einer weiteren Zuspitzung der innenpolitischen Lage vorzubeugen. Damit hatte das Präsidialkabinett Papen erneut seine Schwäche bewiesen.

Immerhin stürzte Hindenburgs Weigerung, Hitler zum Kanzler zu berufen, die NSDAP in den kommenden Wochen und Monaten in eine tiefe Krise: Es entbrannte ein Grundsatzstreit zwischen jenen, die Hitlers „Alles oder nichts" guthießen, also nur zum Regierungseintritt bereit waren, wenn ihr Parteivorsitzender auch Kanzler wurde, und jenen um den zweiten Mann in der

Abb. 8 Staatssekretär Otto Meißner und Reichskanzler Franz von Papen am 11. August 1932 anlässlich des Nationalfeiertags der Weimarer Republik (gefeiert wurde die Verfassungsunterzeichnung des Deutschen Reiches).

NSDAP, den Reichsorganisationsleiter Gregor Straßer, die für eine Regierungsbeteiligung auch ohne eine Kanzlerschaft Hitlers plädierten. Der innerparteiliche Streit in der NSDAP sollte erst Ende des Jahres eskalieren. Zu diesem Zeitpunkt bekleidete dann schon nicht mehr Papen das Amt des Reichskanzlers. Den hatte das Wahlergebnis vom 31. Juli ebenfalls in eine schwierige Lage gebracht. Mehr denn je zuvor war er auf eine Tolerierung durch die NSDAP angewiesen, die ihm Hitler aber nun natürlich verweigerte.

Zunächst hoffte Papen noch, durch innen- und außenpolitische Erfolge größere Popularität und damit auch mehr Zustimmung im Reichstag zu finden. Dazu zählte eine aktivere Konjunkturpolitik, zu der sich die Regierung entschied, nachdem die **Konferenz von Lausanne** im Sommer 1932 die endgültige Einstellung der Reparationszahlungen beschlossen hatte.

Stichwort

Konferenz von Lausanne

Vom 16. Juni bis 9. Juli 1932 trafen sich Regierungsvertreter der Reparationsgläubiger England, Frankreich, Italien, Belgien und Japan im schweizerischen Lausanne. Die Delegierten einigten sich in einem Abkommen, dass Deutschland bis auf eine Restzahlung von 3 Milliarden Goldmark keine weiteren Reparationen mehr zahlen sollte. Überdies sollte die Zahlung dieser Summe durch die Übergabe fünfprozentiger Schuldverschreibungen an die Bank für Internationalen Zahlungsausgleich (BIZ) beglichen werden. Diese war gehalten, die Wertschriften erst nach drei Jahren auf den internationalen Finanzmarkt zu bringen. Sollte dies wiederum nicht innerhalb von fünfzehn Jahren möglich sein, mussten die Schuldurkunden vernichtet werden, und die deutsche Einzahlungspflicht war damit erloschen. Überdies enthielt das Abkommen von Lausanne Vereinbarungen über die Reparationsschulden auch anderer Besiegter des Weltkriegs sowie Entschließungen über ost- und mitteleuropäische Fragen und über die Einberufung einer Weltwirtschafts- und Weltfinanzkonferenz. Dem deutschen Drängen auf eine zusätzliche Erörterung der Abrüstungs- und Kriegsschuldfrage kamen die übrigen Mächte zumindest insofern nach, als sie in die Schlusserklärung der Lausanner Konferenz die Formel aufnahmen, dass außer dem im Abkommen behandelten Reparationsproblem künftig auch andere Fragen geregelt werden müssten – „in dem Bestreben, eine Neuordnung zu finden, die die Herstellung und Förderung des Vertrauens unter den Völkern in dem Geiste des Ausgleichs, der Zusammenarbeit und der Gerechtigkeit ermöglichen würde“. Die Sorge, ein etwaiges Scheitern der noch anstehenden Ratifikation des Lausanner Abkommens lasse die deutsche Reparationspflicht wieder aufleben, erwies sich als unbegründet: Obwohl keiner der beteiligten Staaten das Abkommen ratifizierte, das Abkommen folglich niemals formell in Kraft trat, erlosch die Reparationsschuld Deutschlands faktisch mit der Konferenz von Lausanne.

Arbeitsbeschaffungs-Maßnahmen

Eine neue Notverordnung der Regierung vom 14. Juni 1932 umfasste erstmals direkte Arbeitsbeschaffungsmaßnahmen in Höhe von 135 Millionen Reichsmark, vor allem im Bereich des Verkehrs- und Wasserwesens sowie der landwirtschaftlichen Meliorationen, die allerdings noch das Kabinett Brüning im Mai beschlossen hatte. Dazu gehörte auch der Ausbau des ebenfalls noch von der letzten Regierung eingerichteten Freiwilligen Arbeitsdienstes, mittels dessen junge Arbeitslose auf eigenen Wunsch für einige Wochen gegen ein kleines Taschengeld sowie kostenlose Unterkunft und Verpflegung zu Erd- und Bauarbeiten, wie dem Bau von Spielplätzen, der Renovierung von Straßen oder der Errichtung von Deichen, eingesetzt wurden. In einer Rede auf einer Tagung des Westfälischen Bauernvereins in Münster kündigte Papen dann am 28. August 1932 noch ein zusätzliches Konjunkturförderprogramm in Höhe von über 2 Milliarden Reichsmark an. Dementsprechend sahen zwei Verordnungen vom 4. und 5. September 1932 neben öffentlichen Arbeitsbeschaffungsmaßnahmen auch Steuergutscheine für Unternehmen in Höhe von etwa 1,5 Milliarden Reichsmark vor, die man bis spätestens 31. März 1939 verwenden, aber auch bereits vorher beleihen oder verkaufen konnte, sowie staatliche Lohnprämien – ebenfalls in Form von Steuergutscheinen – für jeden zusätzlich eingestellten Arbeitnehmer von insgesamt 700 Millionen Reichsmark. Damit vollzog die Reichsregierung endgültig die Abkehr von der Brüning'schen Deflationspolitik, ohne hingegen bereits den Schwerpunkt auf direkte Arbeitsbeschaffungsmaßnahmen zu legen. Überdies wurde das Sozialdumping der letzten Jahre fortgeführt, denn die Regierung erlaubte Arbeitgebern, die Neueinstellungen vornahmen, ihre Belegschaft zumindest vorübergehend unter Tarif zu bezahlen.

Außenpolitische Profilierung

Auch außenpolitisch versuchte die Regierung, sich zu profilieren. Dazu gehörte ein verstärktes internationales Auftrumpfen und damit ein weiteres Abgehen von Stresemanns außenpolitischem Kurs: Im Spätsommer 1932 erklärte die deutsche Delegation ihren Rückzug aus der wenige Monate zuvor eröffneten Abrüstungskonferenz des Völkerbundes. Mit diesem Theatercoup wollte sie die Siegermächte zwingen, nach den Reparationsforderungen auch die Entwaffnungsbestimmungen des Versailler Vertrags zu suspendieren. Tatsächlich räumten die USA, Frankreich, Großbritannien und Italien Deutschland dann in einer Erklärung vom 11. Dezember 1932 zumindest prinzipiell volle Gleichberechtigung auch in Sicherheitsfragen ein. Das war faktisch ein Freibrief zur Aufrüstung. Zudem schien den deutschen Republikgegnern nun erwiesen, dass einseitige Schritte und Ultimaten außenpolitische Erfolge einbrachten. Dies sollte sich als gefährliches Präjudiz für die nationalsozialistische Außenpolitik erweisen. Schließlich belegte diese Entwicklung auch, dass die Überzeugung von der internationalen Interdependenz und notwendigen Kooperation in Europa, wie sie die Stresemann-Zeit geprägt hatte, in Deutschland endgültig der Versuchung einseitiger Aktionen und gegenseitiger Übervorteilung wich. Dementsprechend musste Papens gleichzeitiges Werben um Frankreich als einem potentiellen Verbündeten gegen den gemeinsamen weltanschaulichen Gegner Russland der Pariser Regierung wenig überzeugend erscheinen.

Das Beste, was man von der deutschen Außenpolitik der zweiten Jahreshälfte 1932 sagen kann, ist, dass sie „nationalistisch – nicht nationalsozialistisch" (Klaus Hildebrand) gewesen ist. Indes haben die Regierungen Brüning, Papen und schließlich Schleicher in steigernder Form dazu beigetragen, dass jenes Gefühl einer gemeinsamen Verantwortung für Frieden und Stabilität in Europa, das die internationale Politik der Jahre 1924 bis 1929 auszeichnete, Anfang der dreißiger Jahre wieder erstarb. Nationaler Egoismus wurde erneut stärker betont, das Funktionieren Konflikt vermeidender und Krisen entschärfender Institutionen wie dem Völkerbund hingegen gering geachtet. Natürlich musste diese Politik noch nicht notwendig zu einem neuen großen Krieg führen. Doch sie bereitete den Boden, von dem aus die nationalsozialistischen Machthaber dann mit ihrer ganz eigenen, nämlich verbrecherischen Energie agieren konnten.

5. „Neuer Staat" und „Staatsnotstand"

Unpopularität der Papen-Regierung

Weder ihre innen- noch ihre außenpolitischen Manöver in der zweiten Jahreshälfte 1932 bescherten der Regierung Papen einen nennenswerten innenpolitischen Popularitätszuwachs. Ihre Konjunkturpolitik erschien letztlich vor allem als industriefreundlich, und die außenpolitischen Erfolge interessierten die meisten Deutschen in Anbetracht der zugespitzten innenpolitischen Lage nicht. Damit bestand das Dilemma der Reichsregierung weiter: Sie hatte keine parlamentarische Mehrheit, und es war absehbar, dass ihr der Reichstag gleich auf seiner ersten Sitzung das Misstrauen aussprechen und sie damit stürzen würde. Vor diesem Hintergrund erörterten Papen, Schleicher und Innenminister Gayl im Sommer 1932 mit dem Reichspräsidenten erstmals unverblümt die Möglichkeit eines klaren Verfassungsbruchs: Hindenburg sagte ihnen bei einer Besprechung auf seinem Gut Neudeck in Ostpreußen am 30. August zu, dass er den Reichstag erneut auflösen würde, sollte dieser dem Reichskanzler das Misstrauen aussprechen. Zudem zeigte er sich bereit, die Neuwahlen unter Hinweis auf einen „**Staatsnotstand**" über die verfassungsmäßig vorgeschriebenen sechzig Tage hinauszuschieben:

Quelle

Besprechung in Neudeck am 30. August 1932

Quelle: Akten der Reichskanzlei. Das Kabinett von Papen, Bd. 1, 477f. (Dok. Nr. 120).

„Der Reichskanzler: Nach der Auflösung des Reichstags ergibt sich die Frage, ob in der verfassungsmäßigen Frist von 60 Tagen Neuwahl stattfinden solle. Wenn man die Wahlen für später hinausschiebt, so ist dies formell eine Verletzung der diesbezüglichen Verfassungsvorschrift, aber es liegt ein staatlicher Notstand vor, der den Herrn Reichspräsidenten durchaus dazu berechtigt, die Wahlen hinauszuschieben.

Der Herr Reichspräsident habe in seinem Eid auch die Pflicht übernommen, Schaden vom deutschen Volke abzuwenden: eine Neuwahl in dieser politisch erregten Zeit mit all den Terrorakten und Mordtaten wäre aber ein großer Schaden an dem deutschen Volke. [...] Reichsminister von Gayl erklärt es durchaus mit dem Sinn der Verfassung für vereinbar, wenn in Fällen eines staatlichen Notstandes, wie er jetzt gegeben ist, und in einer Zeit, wo nach vier hintereinander folgenden Wahlen in einem Jahre und durch die wirtschaftliche Lage die Bevölkerung so erregt ist, Wahlen über die sonst übliche Frist hinausgeschoben werden. Wenn der Reichstag ein Mißtrauensvotum annimmt oder die Aufhebung der Verordnung des Reichspräsidenten verlangt, müsse er aufgelöst werden. Da wir mit dieser Möglichkeit von einem Tag zum anderen rechnen müssten, bäte er um eine Blanko-Vollmacht des Herrn Reichspräsidenten für eine Reichstagsauflösung: die Begründung könnte dann nach telephonischer Verständigung eingesetzt und im gegebenen Moment die Verordnung veröffentlicht werden. Wenn der Reichstag aufgelöst ist, wird es auch dem Volksempfinden entsprechen, wenn eine alsbaldige Neuwahl nicht erfolgt. Das Volk und die Presse rechnen auch nicht mit einer Neuwahl. Für uns stellt sich die Frage so, ob wir das für Deutschland Notwendige tun oder ob wir durch Rücksicht auf den Wortlaut der Verfassung uns daran hindern lassen wollen. [...] Der Herr Reichspräsident spricht sich dahin aus, daß er, um Nachteil vom deutschen Volke abzuwenden, es vor seinem Gewissen verantworten könne, bei dem staatlichen Notstand, der nach Auflösung des Reichstags gegeben sei, die Bestimmungen des Artikels 25 dahin auszulegen, daß bei der besonderen Lage im Lande die Neuwahl auf einen späteren Termin verschoben werde. Auch mit der Unterschrift eines in Datum und in der Begründung noch offenen Erlasses für die Auflösung des Reichstags erklärt sich der Herr Reichspräsident einverstanden."

Stichwort

Staatsnotstand

Der Staatsnotstand bezeichnet einen Zustand drohender Gefahr für den Bestand oder die öffentliche Ordnung des Staates, der nicht mehr mit den in der Verfassung für den Normalfall vorgesehenen Mitteln bewältigt werden kann. Die Weimarer Nationalversammlung hatte dem Reichspräsidenten in Art. 48 Abs. 2 WRV vom 11. August 1919 bereits weitgehende Ausnahmerechte zugestanden. Dies zeigte, dass selbst im liberalen und sozialdemokratischen Lager die Notwendigkeit einer Selbstbehauptung des demokratischen Staatswesens anerkannt wurde. Strittig war hingegen, ob die so getroffene positivrechtliche Regelung bereits ausreichte oder ob daneben als Ultima Ratio der Staatserhaltung weiterhin auch noch ein überpositives Staatsnotrecht zur Verfügung stand: Während die herrschende Staatstheorie in der Weimarer Republik dies klar verneinte, neigte eine Minderheit, die sich vom Positivismus abwendende „geisteswissenschaftliche" Richtung der Staatsrechtslehre – für die Carl Schmitt stand –, dazu, auch weiterhin die Möglichkeit eines ungeschriebenen, übergesetzlichen, nichtinstitutionalisierten Staatsnotrechts zu unterstellen, womit Maßnahmen bis hin zur Verfassungsrevision sogar ohne die Zustimmung des Reichstages legitimiert schienen. Angesichts der umfassenden Staatskrise Anfang der dreißiger Jahre in Deutschland erhielt diese Lehre vom überpositiven Staatsnotrecht unter dem Namen „Verfassungsnotstand" unmittelbare politische Relevanz.

„Neuer Staat“

Gleichzeitig betonten Papen und Gayl im August/September 1932 wiederholt öffentlich die Notwendigkeit einer Verfassungsreform, da – so der Reichskanzler am 12. September 1932 in einer Rundfunkrede – „das System der formalen Demokratie im Urteil der Geschichte und in den Augen der deutschen Nation abgewirtschaftet hat und [...] es nicht mehr zu neuem Leben erweckt werden kann“. Die entsprechenden Pläne firmierten unter der Bezeichnung „Neuer Staat“. Faktisch liefen sie auf das konstitutionelle System des Kaiserreichs hinaus, mit dem Unterschied, dass an die Stelle des Kaisers der Reichspräsident trat. Dessen Rechte sollten weiter gestärkt werden und die Regierung allein von seinem Vertrauen abhängig sein. Der dadurch geschwächte Reichstag sollte seine verbleibenden Vollmachten überdies mit einem neu zu schaffenden berufsständischen Oberhaus teilen, dessen Mitglieder ebenfalls der Reichspräsident berief. Schließlich sollte ein sozialrechtlich gestuftes Wahlsystem eingeführt werden, das Zusatzstimmen für „Familienernährer und Mütter“ vorsah.

Neuwahlen zum Reichstag

Tatsächlich wurde der Reichstag schließlich am 12. September 1932 erneut aufgelöst, nachdem allerdings zuvor 512 der 560 anwesenden Abgeordneten einem kommunistischen Misstrauensantrag gegen die Regierung zugestimmt hatte. Lediglich 42 Abgeordnete – vor allem aus der DVP und der DNVP – stimmten dagegen. Dieser Vorgang belegte, wie unpopulär Papen in fast allen Parteien war. Damit aber wurde jene verfassungswidrige Lösung inopportun, zu der Hindenburg den Reichskanzler Ende August ermächtigt hatte: Eine Mehrheit des Kabinetts schreckte auf einer Sitzung zwei Tage nach dem Abstimmungsdebakel vor der Möglichkeit eines Staatsstreichs und eines dadurch ausgelösten Bürgerkrieges zurück. Dementsprechend wurde erneut innerhalb der verfassungsmäßigen Frist am 6. November 1932 gewählt. Das Wahlergebnis bestätigte überwiegend das entsprechende Resultat vom Juli: SPD und Zentrum erlitten leichte Verluste, die KPD, aber auch DNVP und DVP legten etwas zu, während die Deutsche Staatspartei und die übrigen Splitterparteien stagnierten. Bemerkenswert war eigentlich nur die Tatsache, dass die Zustimmung zur NSDAP erstmals in einer Wahl seit 1930 wieder sank – von 37,3 auf 33,1 %. Das verstärkte die bereits erwähnte innerparteiliche Diskussion in der NSDAP über eine etwaige Regierungsbeteiligung und ließ manchen Gegner bereits hoffen, die Macht der Partei sei gebrochen.

Ott-Planspiel

Indes hatte sich die unhaltbare Lage Papens, den Hindenburg erneut mit der Regierungsbildung beauftragte, keineswegs gebessert. Seine Regierung verfügte weiterhin über keine Mehrheit im Parlament und konnte jederzeit von den Abgeordneten abgesetzt werden. Nach erfolglosen Sondierungen bei den Rechtsparteien beschloss das Kabinett am 17. November seine Demission, blieb aber geschäftsführend im Amt. In dieser Situation erwies es sich als entscheidend, dass Papen die Unterstützung Schleichers und damit der Reichswehr verlor, die ihn ein halbes Jahr zuvor überhaupt erst ins Amt gebracht hatte. Der Reichswehrminister ließ einen seiner engsten Mitarbeiter, Oberstleutnant Eugen Ott (1889–1977), am 2. Dezember 1932 im Kabinett die Ergebnisse eines so genannten Planspiels der Reichswehr referieren, dessen Durchführung er im November angeordnet hatte. Ihm zufolge ließen sich im Falle eines Staatsstreichs ein Generalstreik und ein etwaiger Bürgerkrieg im Reich militärisch nicht verhindern.

Das von Ott entwickelte Szenario eines Zusammenwirkens der radikalen Gegner von links und rechts war seit dem **Berliner Verkehrsstreik** Anfang November 1932 nicht gänzlich aus der Luft gegriffen.

Stichwort

Berliner Verkehrsstreik

Auslöser des spektakulären Streiks war die Entscheidung der unter sozialdemokratischer Leitung stehenden Berliner Verkehrs-A.G. von Anfang November, die Stundenlöhne um 2 Pfennig zu senken. Daraufhin entschieden sich am 2. November in einer Urabstimmung rund zwei Drittel der Beschäftigten gegen den neuen Lohntarif. Da ein Streikbeschluss jedoch einer Dreiviertelmehrheit bedurft hätte, stellte die zuständige Gewerkschaft – der freigewerkschaftliche Gesamtverband der Verkehrsarbeiter – die Unwirksamkeit der Streikproklamation fest. Hiergegen rief die kommunistische Revolutionäre Gewerkschaftsopposition zum gewerkschaftlich nicht autorisierten „wilden" Streik auf. Ihm schloss sich kurz darauf auch die Nationalsozialistische Betriebszellenorganisation an. Der nunmehr von KPD und NSDAP getragene Streik war zunächst überaus erfolgreich: Vom 3. bis 7. November 1932 ruhte in Berlin der gesamte Untergrundbahn-, Straßenbahn- und Omnibusverkehr, zumal die Streikenden durch Sabotageakte an den Verkehrsanlagen und terroristische Übergriffe gegen arbeitsbereite Verkehrsbedienstete selbst die Herstellung eines Notbetriebs unterbanden. Trotz eines Schlichterspruchs, der die Tarifkürzung bestätigte, dauerten die Streikaktionen noch bis zum 8. November. Regierung, Parteien und eine breitere Öffentlichkeit, sofern sie an der öffentlichen Ruhe interessiert waren, verstörte die Erfahrung, dass die radikalen Kräfte von links und rechts im Zuge eines Zweckbündnisses tatsächlich das öffentliche Leben zum Erliegen bringen konnten.

Doch die Ott-Studie war insofern unrealistisch, als ihre pessimistische Schlussfolgerung unterstellte, dass es die Reichswehr im Falle eines Staatsnotstands nicht nur mit innenpolitischen Unruhen zu tun hätte, sondern gleichzeitig auch einen polnischen Angriff auf Ostpreußen abwehren müsse. Indes sollten Otts Schlussfolgerungen vor allem dem Reichspräsidenten wie auch Papens Ministerkollegen signalisieren, dass die Regierung nicht mehr das Vertrauen und die Unterstützung der Reichswehr besaß. Hieraus musste auch Papen die Konsequenzen ziehen: Am 2. Dezember 1932 reichte er seinen Rücktritt ein, den Hindenburg wegen seiner andauernden Wertschätzung für seinen Günstling nur schweren Herzens annahm. ■

Auf einen Blick

Das Präsidialkabinett Papen verweist stärker noch als die Vorgängerregierung unter Brüning oder auch das noch folgende Präsidialregime unter General Schleicher auf die negativen Folgen der sukzessiven Schwächung der Demokratie bis hin zur völligen Entmachtung des Reichstages und der faktischen Ausbildung einer Präsidialdiktatur, in der die parlamentarischen Entscheidungs- und Kontrollfunktionen weitgehend außer Kraft gesetzt waren. Damit war der ohnehin schon qua Verfassung überproportionalen Machtfülle des Reichspräsidenten ein wichtiges Korrektiv genommen sowie durch sein persönliches Regiment der Günstlingswirtschaft Tür und Tor geöffnet. Zudem verdeutlichten die konkreten Maßnahmen der Regierung Papen, dass nunmehr selbst an der Staatsspitze unverhohlen auf eine Abkehr von den normativen Grundlagen der Weimarer Reichsverfassung hingearbeitet wurde, ganz zu schweigen von den militanten Republikgegnern in KPD und NSDAP, die aufgrund des tatsächlichen Unvermögens der neuen politischen Führung weiter erstarkten.

Literaturhinweise

Christoph Gusy: Selbstmord oder Tod? Die Verfassungsreformdiskussion der Jahre 1930–1932. In: Zeitschrift für Politik 40 (1993), S. 393–417.

Philipp Heyde: Das Ende der Reparationen. Deutschland, Frankreich und der Young-Plan 1929–1932. Paderborn 1998.

Hagen Schulze: Otto Braun oder Preußens demokratische Sendung. Frankfurt u.a. 1981.

Heinrich August Winkler (Hrsg.): Die deutsche Staatskrise 1930–1933. Handlungsspielräume und Alternativen. München 1992.

VI. Das Präsidialkabinett Schleicher 1932/33: „Querfront" gegen Hitler?

Überblick

Das Präsidialkabinett mit Kurt von Schleicher an der Spitze war geprägt durch den Versuch, den Aufstieg der NSDAP sowie eine etwaige Regierungsbeteiligung Hitlers mittels eines originellen politischen Konzepts zu verhindern: Der neue Reichskanzler versuchte nämlich, durch eine „Querfront" eine Koalition vor allem der Gewerkschaftsflügel von der SPD bis hin zur NSDAP zu bilden und sich damit eine breite gesellschaftliche Mehrheit zu schaffen. Dem diente auch das Versprechen einer aktiveren Arbeitsmarktpolitik, um das drängendste Übel der Wirtschaftskrise, die Massenarbeitslosigkeit, zu verringern. Am Ende scheiterte das „Querfront"-Konzept an Widerständen innerhalb der angesprochenen Parteien: auf der Linken wegen der Diskreditierung Schleichers, der in den Jahren zuvor Hindenburgs Schwächung des Parlamentarismus aktiv unterstützt hatte; auf der Rechten wegen des Vetos Hitlers. Die daraufhin von Schleicher favorisierten Pläne eines vorübergehenden Staatsnotstandes wurden wiederum vom Reichspräsidenten nicht unterstützt, weil dieser mittlerweile den Einflüsterungen seiner Umgebung erlegen war und entschieden hatte, Adolf Hitler mit der Bildung einer neuen Koalitionsregierung von NSDAP, DNVP und Zentrum zu betrauen.

Zeittafel

2.12.1932	Einsetzung eines Präsidialkabinetts unter Reichskanzler Kurt von Schleicher
11.12.1932	Anerkennung der deutschen Gleichberechtigung auf der Genfer Abrüstungskonferenz
15.12.1932	Regierungserklärung Schleichers im Rundfunk: Ankündigung von Arbeitsbeschaffungsmaßnahmen
4.1.1933	Treffen Hitler-Papen in Köln
15.1.1933	NSDAP-Wahlerfolg in Lippe
28.1.1933	Rücktritt Schleichers
30.1.1933	Ernennung Adolf Hitlers zum Reichskanzler

1. „Auf Bajonetten sitzend, regiert's sich schlecht": Das „Querfront"-Konzept

Regierungsbildung

Der bisherige Reichswehrminister Schleicher wurde von Hindenburg am 3. Dezember 1932 zusätzlich zum Kanzler ernannt. Auch die meisten anderen Minister aus der Regierung Papen blieben im Amt. Lediglich Reichsinnenminister Gayl wurde durch den bisherigen stellvertretenden Reichskommissar für Preußen, Franz Bracht (1877–1933), ersetzt und Arbeitsminister Schäffer durch Friedrich Syrup (1881–1945), den Präsidenten der Reichsarbeitsanstalt. Neu geschaffen wurde das Amt des Reichskommissars für Arbeitsbeschaffung, das Günther Gereke erhielt. Diese personellen Veränderungen signalisierten einen deutlichen politischen Kurswechsel: Gayls Entlassung bedeutete eine Absage an dessen reaktionäre Verfassungsreformpläne, die Auswechslung Schäffers signalisierte die Aufgabe der Politik einseitiger sozialpolitischer Einschnitte, und Gerekes Berufung belegte ein Umdenken in der zentralen Frage der Arbeitsmarktpolitik.

Schleicher war kein politischer Neuling, sondern ein militärischer und politischer Stratege. Nach der Niederlage im Ersten Weltkrieg war er zur Überzeugung gekommen, dass der außenpolitische Wiederaufstieg Deutschlands einerseits eine wirtschaftliche Gesundung des Landes erforderte, andererseits eine innere „Wehrhaftmachung", um der Armee in einem etwaigen neuerlichen Waffengang, der unweigerlich den Charakter eines modernen, industriellen Massenkrieges tragen würde, die uneingeschränkte Unterstützung der Nation zu sichern. Nach seiner Regierungsübernahme gab sich der General zunächst äußerst selbstbewusst, weil er sich im Besitz eines politischen Programms glaubte, das dem Hitler-Flügel der NSDAP den Wind aus den Segeln nehmen sollte – das so genannte „Querfront"-Konzept.

„Querfront"-Konzept

Dessen Prämisse war die Erkenntnis, dass eine Präsidialregierung ohne eine breite politische Basis in der Bevölkerung nicht regierungsfähig sein konnte. Überdies wollte der neue Reichskanzler durch eine Versöhnung der unterschiedlichen Bevölkerungsschichten eine starke „Volksgemeinschaft" schaffen. Dabei verkörperten Soldat und Arbeiter für ihn die wichtigsten Leistungsträger der Gesellschaft, denen die besondere staatliche Fürsorge zu gelten hatte. Weil eine klassische Parteienkoalition aber wegen der Widerstände im Reichstag nicht in Frage kam, setzte Schleicher stattdessen auf ein Bündnis mit den relevanten gesellschaftlichen Gruppen – vor allem den verschiedenen Gewerkschaften vom sozialdemokratisch orientierten ADGB über die Christlichen Gewerkschaften und den **Deutschnationalen Handlungsgehilfenverband** bis hin zum sozialistischen Straßer-Flügel in der NSDAP, aber auch Wehrverbänden und Standesorganisationen – quer durch alle politischen Lager. Damit sollte die Grundlage für eine berufsständisch geprägte Neuordnung gelegt werden, wie sie im (jung-)konservativen Milieu der Zeit propagiert wurde. Als Lockmittel dienten dem Reichskanzler vor allem die Zusage einer Rücknahme des Sozialabbaus der letzten Jahre und direkter Arbeitsbeschaffungsprogramme, sowie – an die Adresse der NSDAP gerichtet – konkrete Posten. Zudem pflegte Schleicher gute Kontakte zu der erfolgreichen konservativ-revolutionären Zeitschrift „Die Tat" sowie der kleinen Berliner Tageszeitung „Tägliche Rundschau" und besaß derart auch publizistischen Einfluss.

Stichwort

Deutschnationaler Handlungsgehilfenverband

1893 wurde der Deutsche Handlungsgehilfenverband als Berufsverband und Gegengewicht zur sozialdemokratischen Agitation gegründet. Zwei Jahre später benannte er sich in Deutschnationaler Handlungsgehilfenverband um. Er strebte den Zusammenschluss der deutschen Handlungsgehilfen – Buchhalter, Kassierer etc. – an und wollte deren Lage verbessern helfen, wobei er aber auf Streiks als Mittel zur Durchsetzung seiner Forderungen verzichtete. Stattdessen rief er seine Mitglieder zur Treue gegenüber Kaiser und Reich auf. Aufgrund seiner regen sozialpolitischen Tätigkeit stieg seine Mitgliederzahl auf über 160000. Damit wurde er zur stärksten und einflussreichsten Organisation der Handlungsgehilfen. Hieran knüpfte er in der Zeit der Weimarer Republik an und steigerte die Zahl seiner Mitglieder auf mehr als 400000, womit er zum stärksten Faktor im bürgerlichen Deutschen Gewerkschaftsbund wurde. Politisch orientierte er sich von seinen ursprünglichen reaktionären und nationalistischen Positionen zeitweise hin zu gemäßigteren bürgerlichen Anschauungen. Er suchte die Nähe von DVP und DNVP, aus Protest gegen Hugenbergs Kurs dann später die der Volkskonservativen Vereinigung und des Zentrums, schließlich in der Endphase der Weimarer Republik aber auch zunehmend der NSDAP.

Haltung des ADGB

Bereits seit dem Sommer 1932 hatte der General einen engeren Kontakt zum ADGB geknüpft, um ihn für eine Unterstützung der Regierung zu gewinnen. Dabei profitierte er davon, dass sich vor allem die Freien Gewerkschaften und damit der größte Teil der Arbeitnehmervertretungen in einer Zwickmühle befanden: Im Zuge der Weltwirtschaftskrise hatten sie viele Mitglieder verloren, und ihre schärfste Waffe – der Streik – war durch die Massenarbeitslosigkeit stumpf geworden. Im Dezember 1932 hatten nur noch gut 32% der ADGB-Mitglieder eine Vollzeitbeschäftigung, über 22% waren in Kurzarbeit und fast 46% sogar arbeitslos. Das hatte auch zur Entfremdung zwischen den Gewerkschaften und ihrer traditionellen politischen Interessenvertretung, der SPD, geführt. Die Gewerkschaftsführung verübelte der sozialdemokratischen Parteispitze, dass sie den von ihr favorisierten Woytinsky-Tarnow-Baade-Plan zur staatlichen Arbeitsbeschaffung als inflationsfördernd ablehnte. Dementsprechend hatte der ADGB-Vorsitzende Theodor Leipart (1867–1947) am 14. Oktober 1932 eine vielbeachtete Rede gehalten, in der er sich von der SPD sowie dem Weimarer Parteienstaat distanzierte und die „nationale" Aufgabe der Gewerkschaften betonte.

Auf der neuen Linie Leiparts lag auch die Entscheidung von Freien Gewerkschaften und Reichsbanner vom Sommer 1932, am neu geschaffenen Freiwilligen Arbeitsdienst mitzuwirken und damit den offenen Schwenk der staatlichen Wohlfahrtspolitik, speziell der Jugendfürsorge, hin zur autoritären Sozialdisziplinierung mitzuvollziehen. Dementsprechend erklärte sich das Reichsbanner Mitte November auch zur Beteiligung am Reichskuratorium für

Jugendertüchtigung bereit, das im September 1932 mit dem Ziel gegründet worden war, Wehrsport zu betreiben und damit die gewünschte Umbildung der Reichswehr in eine Miliz vorbereiten zu helfen. Dies geschah gegen einen ausdrücklichen Beschluss der SPD – die sich letztlich auch durchsetzte – und signalisierte über den sozialen Bereich hinaus eine deutliche Annäherung des ADGB auch an Schleichers Programm der „Wehrhaftmachung" der Gesellschaft, die letztlich mittels der genannten Organisationen und unabhängig von parteipolitischen Strömungen erreicht werden sollte.

Arbeitsbeschaffungsmaßnahmen

Schleichers stärkstes Argument gegenüber den Gewerkschaften aber war seine Bereitschaft zu direkten staatlichen Arbeitsbeschaffungsmaßnahmen im Rahmen des Freiwilligen Arbeitsdienstes und gegebenenfalls auch im Zuge einer Verstaatlichung von Betrieben. Die konkreten Pläne hierzu gingen bereits auf die Regierungszeit Papens zurück: Im Sommer 1932 tagte eine Arbeitsgruppe von Vertretern der NSDAP, des Stahlhelms, des Reichsbanners und des ADGB unter Leitung des Präsidenten und Gründers des deutschen Landgemeindetages, des Abgeordneten der **Christlich-Nationalen Bauern- und Landvolkpartei**, Günter Gereke. Sie erörterte konkrete Pläne für Arbeitsbeschaffungsmaßnahmen durch Kredit finanzierte öffentliche Aufträge.

Stichwort

Christlich-Nationale Bauern und Landvolkpartei

Führende Vertreter des Reichslandbundes – des (groß-)agrarischen Interessenverbandes – gründeten im Februar 1928 die Christlich-Nationale Bauern- und Landvolkpartei, um ihre agrarpolitischen Anliegen besser durchsetzen zu können. In der Krise der DNVP gewann sie Ende der zwanziger Jahre verschiedene prominente Mitglieder dieser Partei, wie Günter Gereke, Walter von Keudell (1884–1973), Martin Schiele und Hans Schlange-Schöningen. Die Christlich-Nationale Bauern- und Landvolkpartei war zunächst mit neun, zwischen 1930 und 1932 dann mit 19 Abgeordneten im Reichstag vertreten. Das verschaffte ihr gegenüber dem Kabinett Brüning eine parlamentarische Schlüsselstellung. Allerdings zerstritt sie sich in der Frage einer Unterstützung der Regierung: Eine Mehrheit der Reichstagsfraktion verharrte in strikter Opposition, während einige Abgeordnete Brüning unterstützten und sogar Ministerämter übernahmen: Schiele wurde Reichsernährungsminister, Schlange-Schöningen Reichskommissar für Osthilfe und Gereke trat für die Regierungspolitik im Parlament ein. 1931/32 wechselten etliche Funktionäre, aber auch ein großer Teil der Wähler zur NSDAP. Seit den Reichstagswahlen vom Juli 1932 war die Christlich-Nationale Bauern- und Landvolkpartei nicht mehr im Reichstag vertreten.

Dementsprechend hatte auch bereits am 28. November 1932 ein Grundsatzgespräch zwischen dem General und dem ADGB-Vorsitzenden Leipart stattgefunden. Dabei beeindruckte Schleicher seinen Gesprächspartner sowohl mit seinem Bekenntnis zur Notwendigkeit öffentlicher Arbeitsbeschaffungsmaßnahmen als auch durch seine Ankündigung, Gereke zum Reichskommissar für Arbeitsbeschaffung zu ernennen. Überdies ging er auf verschiedene andere Forderungen des ADGB ein – die Revision des sozialpolitischen Teils der Notverordnung vom 4./5. September 1932, die rasche Beendigung der Praxis der Ausgabe von Steuergutscheinen gegen Neueinstellungen und eine verbesserte Arbeitslosenfürsorge. Damit war grundsätzlich eine Basis für Schleichers „Querfront"-Konzept geschaffen, zumal der noch amtierende Reichskanzler Papen aus Sicht der Gewerkschaften als extrem unternehmerfreundlich galt. Da Schleicher sich zusätzlich der Unterstützung durch die christlichen und liberalen Gewerkschaften sicher glaubte, fühlte er sich Ende 1932 in seiner Überzeugung bestätigt, der bessere Reichskanzler als Papen zu sein.

Die Bevölkerung reagierte zunächst positiv auf den Kanzlerwechsel, während sich von den großen Parteien lediglich das Zentrum kooperationswillig gab. Dennoch wurde die Regierung in der Sitzungsperiode vom 6. bis 9. Dezember 1932 nicht mit einem Misstrauensvotum konfrontiert, ja sie konnte für einzelne Maßnahmen, wie die Aufhebung des sozialpolitischen Teils von Papens Notverordnung vom 4./5. September 1932, sogar die Zustimmung einer Mehrheit des Reichstages gewinnen. Dies erklärte sich aus der Tatsache, dass zu diesem Zeitpunkt letztlich keine Partei eine erneute Reichstagsauflösung und Neuwahlen mit unabsehbaren Folgen provozieren wollte. Danach vertagten sich die Abgeordneten auf unbestimmte Zeit. Dieses Interim wollte Schleicher nutzen, um sein „Querfront"-Konzept umzusetzen.

Schleichers Regierungsprogramm

Dementsprechend stellte er am 15. Dezember sein Regierungsprogramm vor – bewusst nicht im Parlament, sondern im Rundfunk, womit sein quasi bonapartistischer Versuch, sich eine „Massenbasis" (Axel Schildt) zu schaffen, verdeutlicht wurde. Zentrale Eckpunkte seiner Erklärung waren der Versuch, seine treibende Rolle bei der Ablösung Papens zu kaschieren sowie die Werbung um Unterstützung seitens der Bevölkerung, indem er die Versicherung abgab, keine Militärdiktatur errichten zu wollen, und Arbeitsbeschaffungsmaßnahmen sowie Osthilfemaßnahmen einschließlich der Neuansiedlung zusagte.

Mit seinem Programm versuchte der neue Reichskanzler einen Balanceakt zwischen links und rechts, zwischen den Forderungen der Gewerkschaften und den Anliegen von Industrie und Landwirtschaft sowie – durch sein Bekenntnis zur allgemeinen Wehrpflicht – den Wünschen der Reichswehr. Die Außenpolitik besaß für Schleicher hingegen verständlicherweise zunächst eine untergeordnete Bedeutung. Immerhin wollte er sich wieder weg von Papens Fixierung auf Frankreich und erneut – wie bereits Brüning – hin zu guten Beziehungen zur Sowjetunion orientieren.

Machtkampf in der NSDAP

Von Beginn seiner Regierungszeit an erschien dem General die Bereitschaft zumindest eines Teils der NSDAP zur Teilnahme an der „Querfront" unabdingbar für einen Erfolg seiner Politik. Zum einen bildeten die Nationalsozialisten die stärkste Fraktion im Reichstag, waren also für eine etwaige Tolerierung der Regierung entscheidend. Zum anderen kamen ihre Mitglieder und Wähler zu großen Teilen aus der jüngeren Generation, die wiederum der General für den angestrebten Ausbau der Reichswehr benötigte. Der zweite Mann der NSDAP, deren Reichspropagandaleiter Gregor Straßer, erwog zeitweise auch durchaus, die ihm wohl von Schleicher angebotene Zusammenarbeit anzunehmen. Er hatte bereits in einer Reichstagsrede am 10. Mai 1932 ein umfassendes Arbeitsbeschaffungsprogramm gefordert. Überdies teilte er nicht nur Schleichers staatssozialistische Überzeugungen, sondern fürchtete auch weitere Wahlverluste der NSDAP auf Reichsebene, zumal sich die ernüchternde Erfahrung des Novembers 1932 auf der kommunalen Ebene fortsetzte: Am 4. Dezember verlor die NSDAP bei den thüringischen Gemeindewahlen trotz des persönlichen Einsatzes Hitlers im Vergleich zur Landtagswahl vom Juli fast 20% ihrer Stimmen. Dabei konnte es Schleicher zunächst gleichgültig sein, ob er mit Straßers Hilfe Hitler zur Abkehr von seinem bisherigen „Ausschließlichkeitsanspruch" zu zwingen vermochte oder aber die NSDAP regelrecht spalten konnte.

Quelle

Schleichers Regierungserklärung vom 15. Dezember 1932

Quelle: Akten der Reichskanzlei. Das Kabinett von Schleicher, S. 101–117 (Dok. Nr. 25).

„Ich habe gegen die Annahme des Kanzleramtes die allerschwersten Bedenken gehabt. Einmal, weil ich nicht der Nachfolger meines Freundes Papen, dieses Ritters ohne Furcht und Tadel, sein wollte, dessen von reinstem Wollen und hoher Vaterlandsliebe getragenes Wirken erst eine spätere Zeit voll anerkennen wird, vor allen Dingen aber deshalb, weil der Wehrminister als Reichskanzler nach Militär-Diktatur riecht, und weil die Gefahr nicht von der Hand zu weisen ist, daß durch eine Verbindung dieser beiden Ämter die Wehrmacht zu stark in die Politik gezogen werden könnte. Nur die Überlegung, daß eine solche Maßnahme den Ernst der Situation so scharf kennzeichnen und auf gewisse Unruhestifter so abkühlend wirken würde, dass dadurch der tatsächliche Einsatz der Wehrmacht verhindert werden kann, hat mich zur Zurückstellung meiner Bedenken veranlaßt. Ich möchte deshalb heute auch an alle Volksgenossen die Bitte richten, in mir nicht nur den Soldaten, sondern den überparteilichen Sachwalter der Interessen aller Bevölkerungsschichten für eine hoffentlich nur kurze Notzeit zu sehen, der nicht gekommen ist, das Schwert zu bringen, sondern den Frieden. Ich glaube, das hier umso mehr sagen zu dürfen, als meine Ansichten über Militär-Diktatur nicht erst von heute sind und allgemein bekannt sein dürften. Ich habe es schon verschiedentlich zum Ausdruck gebracht und wiederhole es heute: Es sitzt sich schlecht auf der Spitze der Bajonette, d.h., man kann auf die Dauer nicht ohne breite Volksstimmung hinter sich regieren. Diese Stimmung in den breiten Schichten der Bevölkerung wird sich aber gerade eine Regierung wie die von mir geführte erst durch Taten erwerben müssen, und ich gebe mich über die Schwere dieser Aufgabe keiner Illusion hin. Zunächst werde ich schon zufrieden sein, wenn die Volksvertretung, der ich für diese Zeit gern eine starke Dosis gesunden Mißtrauens zubillige, der Regierung ohne Hineinreden und ohne die hinlänglich bekannten parlamentarischen Methoden Gelegenheit gibt, ihr Programm durchzuführen. Dieses Programm besteht aus einem einzigen Punkt: „Arbeit schaffen!" Alle Maßnahmen, die die Reichsregierung in den nächsten Monaten durchführen wird, werden mehr oder weniger diesem einen Ziel dienen. [...] Alles andere interessiert uns nicht, am wenigsten Verfassungsänderungen und sonstige schöne Dinge, von denen wir nicht satt werden. [...] Menschen, die der Verzweiflung nahe sind, kann man mit Auseinandersetzungen darüber nicht trösten, daß nach den Gesetzen wirtschaftlicher Vernunft auf jedes wirtschaftliche Tief ein Hoch zu folgen pflege. [...] Ich habe deswegen dem Reichspräsidenten die Ernennung eines Reichskommissars für Arbeitsbeschaffung vorgeschlagen. Seine Aufgabe wird es sein, jeder Arbeitsmöglichkeit nachzuspüren, ein großzügiges Arbeitsbeschaffungsprogramm aufzustellen und seine Durchführung zu überwachen, wobei er bürokratischen und sonstigen Hemmungen gegenüber die Rolle des Schäferhundes übernehmen muß. [...]. Fraglos ist ein solches Arbeitsbeschaffungsprogramm, volkswirtschaftlich betrachtet, mit größeren Risiken behaftet als eine auf natürlichem Wege eintretende Arbeitsvermehrung. [...] Das Programm muß in erster Linie auf die Instandsetzung vorhandener Produktionsgüter und auf Verbesserungen abgestellt werden, und die Vergebung der Arbeiten an Unternehmer ist der Ausführung in eigener Regie vorzuziehen. [...] Entscheidend wichtig war es, daß für diese Finanzierung eine Lösung gefunden wurde, die jede Inflation vollkommen ausschließt. [...] Mit der Frage der Arbeitsbeschaffung hängt die Siedlung eng zusammen. Über die Notwendigkeit zu siedeln, und zwar so schnell und so viel wie möglich, sind wir uns alle einig. [...] Gerade auch als Wehrminister muß ich auf die Besiedlung unserer Ostmark den größten Wert legen. Denn letzten Endes sind es noch immer die Menschen und die eigene Scholle gewesen, die den besten Grenzwall gegen das Vordringen fremden Volkstums abgaben. [...] Ich bin ketzerisch genug, einzugestehen, daß ich weder ein Anhänger des Kapitalismus noch des Sozialismus bin, daß für mich Begriffe wie ‚Privat- oder Planwirtschaft' ihre Schrecken verloren haben, ganz einfach, weil es diese Begriffe in absoluter Reinheit im Wirtschaftsleben gar nicht mehr gibt, auch gar nicht mehr geben kann. Und deshalb vertrete ich den Standpunkt, man soll in der Wirtschaft das tun, was im gegebenen Moment vernünftig ist und aller Wahrscheinlichkeit nach zu den besten Resultaten für Volk und Land führt, und sich nicht eines Dogmas wegen die Köpfe einschlagen."

Bereits am Abend des 4. Dezembers traf sich Schleicher mit Straßer. Ob er ihm dabei die Vizekanzlerschaft anbot und damit tatsächlich eine Spaltung der NSDAP beabsichtigte oder doch nur Hitler konzessionsbereit machen wollte, ist umstritten. Klar ist jedoch, dass es in den folgenden Wochen zunächst so aussah, als würde sich die NSDAP-Führung über die Frage nach der richtigen Taktik zerstreiten: Hitler hielt an seinem eisernen Machtwillen fest und propagierte weiterhin ein „Alles oder nichts": entweder die Reichskanzlerschaft für ihn oder eine konsequente Opposition seiner Partei. Hierin wurde er von den meisten anderen Führungspersonen unterstützt, allen voran von Goebbels: „Entweder schärfste Opposition oder die Macht. Tolerierung macht tot. Die SPD ist ein warnendes Beispiel." Immerhin hatte sich seit dem Herbst 1932 eine innerparteiliche Fronde gebildet, der neben Straßer noch verschiedene weitere wichtige Funktionäre wie Frick, Feder sowie Robert Ley (1890–1945)

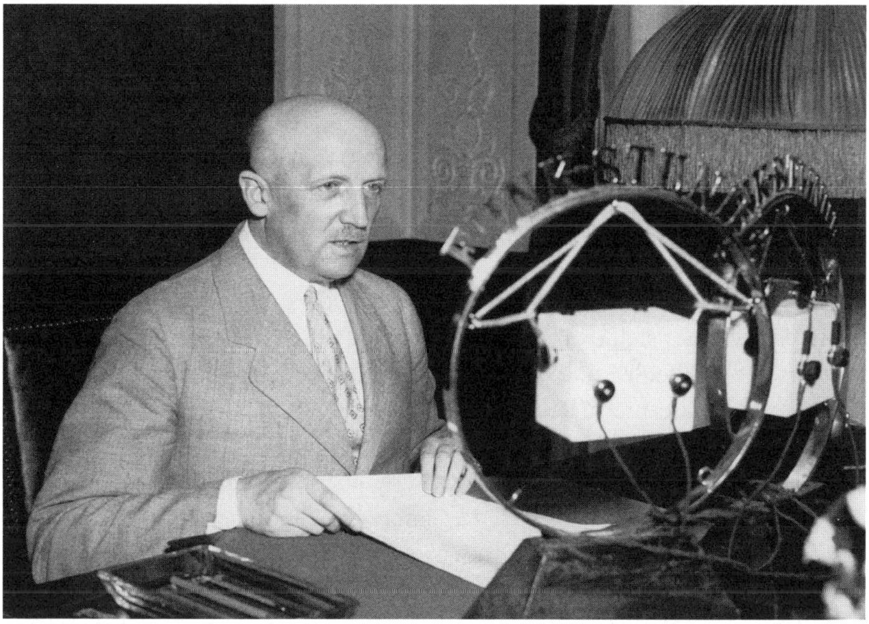

Abb. 9 In einer Rundfunkansprache stellt Reichskanzler Kurt von Schleicher am 15. Dezember 1932 sein Regierungsprogramm vor.

angehörten und die im Reichstag über einen Anhang von 60 bis 100 Abgeordneten verfügte. Diese Gruppe plädierte dafür, nicht auf dem Amt des Reichskanzlers zu bestehen, sondern sich mit einer Regierungsbeteiligung zu bescheiden. Mit dem spürbaren Stimmenrückgang der NSDAP in der Reichstagswahl vom 6. November 1932, der die Hoffnung auf immer größere Wahlerfolge widerlegte, gewann diese Taktik an Plausibilität, und ihre Anhänger glaubten sich im Aufwind. Gerade in der SA mehrten sich nun Frustration und Wut über den faktischen Misserfolg von Hitlers Strategie, wie der Aufstand des fränkischen SA-Führers Wilhelm Stegmann (1899–1944) Ende 1932 verdeutlichte.

Rücktritt Straßers

Allerdings versagten Straßer dann in den entscheidenden Tagen Anfang Dezember letztlich doch die Nerven: Er wagte es am Ende nicht, Hitler offen herauszufordern und es auf einen Machtkampf mit dem NSDAP-Vorsitzenden ankommen zu lassen. Nachdem dieser sich strikt geweigert hatte, von seiner Forderung nach der Kanzlerschaft abzugehen, legte Straßer am 8. Dezember alle seine Parteiämter nieder und ging ins Ausland. Am 9. Dezember übernahm Hitler auch die Aufgaben des innerparteilichen Gegners. Damit war Schleichers „Querfront"-Konzept faktisch bereits gescheitert, zumal Hitler seine Position innerhalb der NSDAP durch den nationalsozialistischen Prestigeerfolg bei den Wahlen im Bundesstaat Lippe am 15. Januar 1933 – wo die Partei nach einer beispiellosen Werbekampagne mit 39,5 % deutlich über ihrem Ergebnis in den Reichstagwahlen vom November 1932 lag – weiter festigte.

Distanzierung des ADGB

Mittlerweile war auch der ADGB auf massiven Druck der SPD hin wieder von seiner anfänglichen Kooperationsbereitschaft abgerückt. Es erwies sich als ein Fehler Schleichers, dass er die SPD zu wenig in seine Überlegungen einbezogen hatte. Für sie war der neue Reichskanzler allein schon durch die Tatsache diskreditiert, dass er bereits unter Papen Minister, ja geradezu der Kopf dieser der Sozialdemokratie so verhassten Regierung gewesen war. Schleichers Wechsel vom Konfrontationskurs zur Kooperationsbereitschaft kam für sie zu abrupt, als dass sie sich ihm sofort angepasst hätte. Der SPD-Führung erschien mittlerweile notfalls selbst eine Kanzlerschaft Hitlers als das kleinere Übel: Sie setzte darauf, dass sich der NSDAP-Vorsitzende in der Regierungsverantwortung rasch verschleißen und dann den Weg wieder frei machen würde für eine demokratisch legitimierte Regierung.

Zur starren Opposition der Sozialdemokratie gegen Schleichers „Querfront"-Konzept trug auch ihre Enttäuschung über die konkreten Maßnahmen der neuen Regierung bei: Am 21. Dezember 1932 einigte sich ein Kabinettsausschuss auf ein Sofortprogramm zur öffentlichen Arbeitsbeschaffung, das Beschäftigungsmöglichkeiten im Straßenbau, der Siedlung, der Melioration, der Wohnungsinstandsetzung und bei der Reichsbahn vorsah. Wegen seines geringen Umfangs von 500 Millionen Reichsmark und der Schaffung von 400000 bis 500000 Stellen blieb es aber weit hinter den Erwartungen der Gewerkschaftsführer zurück.

Kritik des Reichs-Landbundes

Während sich die von Schleicher umworbenen Gewerkschaften und Arbeitnehmerflügel der Parteien dem „Querfront"-Konzept verweigerten, diskreditierten gleichzeitig die im Reichslandbund organisierten Großagrarier das Festhalten des Generals an den Ostsiedlungsplänen der Regierung Brüning gegenüber Hindenburg als eine „Bolschewisierung" ihrer Güter. Überdies kritisierten sie die freihändlerischen Bestrebungen der Regierung – die auch innerhalb des Kabinetts zum Zwist zwischen Ernährungsminister Braun und Wirtschaftsminister Warmbold geführt hatten –, weil sie allein der exportorientierten Industrie zugute kämen. Der Streit eskalierte durch eine scharfe Presseerklärung der Großagrarier vom 11. Januar 1933, die eine offene Kampfansage an die Reichsregierung enthielt und belegte, wie sehr der Reichslandbund mittlerweile in nationalsozialistisches Fahrwasser geraten war.

Immerhin stand zumindest die Exportindustrie weitgehend hinter der Regierung. Allerdings opponierten auch verschiedene Vertreter der Industrieverbände gegen den Interventionismus der Regierung, den sie angesichts Schleichers Entgegenkommen gegenüber den Gewerkschaften und dem Straßer-Flügel der NSDAP zunehmend als ein ihnen gefährliches sozialistisches Experiment ansahen. Zwar bildeten jene immer noch eine Minderheit, die für eine Kanzlerschaft Hitlers eintraten, aber etliche Vertreter der Schwerindustrie um den Generaldirektor der Gutehoffnungshütte, **Paul Reusch**, erwogen eine Regierungsneubildung, die den unternehmerfreundlichen Papen erneut ins Kanzleramt bringen sollte und auch Straßer einbezog. Daneben fielen andere Schwerindustrielle wie Otto Wolff (1881–1939) und Paul Silverberg (1876–1959) kaum ins Gewicht, die Schleichers Kurs einer stärkeren Staatstätigkeit zustimmten.

Stichwort

Paul Reusch

(1868–1956) war aufgrund seiner Ausbildung und Berufspraxis ein Hüttenfachmann, der in der Privatwirtschaft Karriere machte. 1908 übernahm er die Gesamtleitung und ein Jahr später auch noch den Vorstandsvorsitz der Gutehoffnungshütte in Oberhausen. Nach dem Ende des Ersten Weltkrieges expandierte er in erheblichem Maße und stieg so zu einem der einflussreichsten „Wirtschaftsführer" der Weimarer Republik auf, der er aufgrund seiner konservativen und nationalen Einstellung eher ablehnend gegenüberstand. Auch von der Aufwertung der Gewerkschaften auf der Grundlage des „Stinnes-Legien-Abkommens" von Ende 1918 hielt er nichts. Neben seiner erfolgreichen Unternehmertätigkeit engagierte sich Reusch auch im schwerindustriellen Verbandswesen: Von 1924 bis 1930 war er Vorsitzender des Vereins Deutscher Stahlindustrieller und dessen Nordwestlicher Gruppe sowie des so genannten Langnamvereins, einem Organ der rheinisch-westfälischen Schwerindustrie. Im Frühjahr 1932 trat er vorübergehend für eine Kooperation mit der NSDAP ein und trug damit erheblich zu deren politischer Aufwertung bei.

2. Verfassungsbruch zur Rettung der Verfassung?

Staatsnotstand

Nachdem es Schleicher nicht gelungen war, die Gewerkschaften und den Straßer-Flügel der NSDAP auf seine Seite zu ziehen, und er überdies dem DNVP-Vorsitzenden Hugenberg am 13. Januar 1933 das Wirtschaftsministerium verweigert hatte, waren er und sein Kabinett isoliert. Nach außen pflegte Schleicher zwar weiter seinen alten Optimismus und verkündete noch auf einer Kabinettssitzung am 16. Januar, dass er eine Einbindung Straßers weiterhin für möglich halte, zumal er „fest davon überzeugt [sei], dass Hitler nicht an die Macht wolle". Doch angesichts des absehbaren Misstrauensvotums in der bevorstehenden Sitzung des Reichstages griff Schleicher auch noch einmal auf jenes Mittel zurück, das bereits Papen in einer ähnlichen Situation im Sommer 1932 erwogen hatte: die Auflösung des Reichstags und die Vertagung von Neuwahlen über die in der Verfassung vorgeschriebene Frist von 60 Tagen hinaus sowie die Ausrufung des Staatsnotstands mit Hilfe des Reichspräsidenten. Doch auch hiermit sollte der General scheitern:

Zum einen sickerte seine Absicht ab Mitte Januar 1933 zunehmend durch, womit sich der Reichskanzler auch die letzten Sympathien bei den demokratischen Parteien verscherzte, die sich zu Recht düpiert zeigten. Zum anderen verweigerte ihm Hindenburg im entscheidenden Gespräch am 28. Januar seine Zustimmung.

Quelle

Gespräch Hindenburgs mit Schleicher am 28. Januar 1933

Quelle: Akten der Reichskanzlei. Das Kabinett von Schleicher, S. 310 (Dok. Nr. 72).

„Am 28. Januar, 12.15 Uhr vormittags, empfing der Herr Reichspräsident auf erneuten Wunsch wieder den Herrn Reichskanzler von Schleicher. Der Reichskanzler trug hierbei folgendes vor: Es ergäben sich 3 Möglichkeiten, 1.) ein Mehrheitskabinett Hitler; das wäre an sich eine Lösung, doch glaube er nicht an dessen Zustandekommen; 2.) ein Minderheitskabinett Hitler; dieses entspräche aber nicht der bisherigen Haltung des Herrn Reichspräsidenten; 3.) die Beibehaltung der jetzigen Präsidialregierung; diese könne aber nur dann arbeiten, wenn sie das Vertrauen und die Vollmacht des Herrn Reichspräsidenten hinter sich habe. – Gegen eine Regierung auf der schmalen Basis der Deutschnationalen usw. ohne Nationalsozialisten wären 9/10 des deutschen Volkes; das würde zu revolutionären Erscheinungen und zu einer Staatskrisis führen. Wenn die jetzige Regierung vor den Reichstag treten solle, müsse er um die Zusage der Auflösung bitten.
Der Herr Reichspräsident erwiderte: Das kann ich bei der gegebenen Lage nicht. Ich erkenne dankbar an, daß Sie versucht haben, die Nationalsozialisten für sich zu gewinnen und eine Reichstagsmehrheit zu schaffen. Es ist leider nicht gelungen und es müssen daher nun andere Möglichkeiten versucht werden. [...]."

Der Reichspräsident hatte einst den ihm persönlich eher unsympathischen Schleicher berufen, weil dieser ihm versprochen hatte, mit verfassungsgemäßen Mitteln regieren zu können. Nur deswegen hatte Hindenburg Papen entlassen. Jetzt verlangte auch Schleicher plötzlich einen Bruch der Verfassung von ihm. Zwar versuchte der General sein Ansinnen durch die Hinweise abzumildern, im Gegensatz zu Papen könne er sich auf die Unterstützung der Reichswehr verlassen und auch mit Sympathien in der Bevölkerung rechnen. Doch das musste für Hindenburg wenig zählen, zumal die von ihm befragten Parteiführer übereinstimmend Schleichers Plänen widersprachen und sein persönlicher Favorit Papen ihm gleichzeitig durch seine Gespräche mit Hitler über eine etwaige nationalsozialistische Regierungsbeteiligung eine verfassungskonforme Alternative anbot. Daneben mochten für Hindenburgs Entscheidung auch die Sorge eine Rolle spielen, die NSDAP werde gerade umlaufende Gerüchte über angebliche finanzielle Unregelmäßigkeiten des Reichspräsidenten und seiner Familie im Zusammenhang mit der Veruntreuung von Osthilfegeldern zur Auslösung einer „Präsidentenkrise" nutzen und Hindenburg abzulösen versuchen.

Gründe für Schleichers Scheitern

Damit war Schleicher Ende Januar 1933 gescheitert. Sein „Querfront"-Konzept war von vornherein ein „Spiel mit hohem Einsatz" (Axel Schildt) gewesen. Zwar hatte es zeitweise so ausgesehen, als könnte der neue Reichskanzler die Unterstützung der Gewerkschaften für sich gewinnen, doch zerschlugen sich seine Hoffnungen auf eine Fronde Gregor Straßers in der NSDAP bereits frühzeitig. Gleichzeitig stand Schleicher nun völlig ungeschützt den von ihm durch seine Pläne provozierten Vertretern von Industrie und Großagrariertum gegenüber. Offensichtlich hatte der General die Lage falsch eingeschätzt und vor allem seine Möglichkeiten erheblich überschätzt. Abgesehen davon wäre selbst der Erfolg einer „Querfront" – so sie denn zustande gekommen wäre – sehr fraglich gewesen, zumal der nationalsozialistische Partner selbst unter Straßers Führung immer eine ebenso gefährliche wie unberechenbare Größe geblieben wäre.

Blieb zuletzt nur noch der Rückgriff auf den „Staatsnotstand". Auch hier verpasste der General den richtigen Moment, wenn ein solcher Plan sich überhaupt hätte realisieren lassen. Immerhin hatte der gestürzte preußische Ministerpräsident Braun Schleicher bereits in einem Gespräch am 6. Januar 1933 seine Unterstützung und die seiner Partei im Falle einer Auflösung des Reichstages und des preußischen Landtages sowie der Verschiebung der Neuwahlen angeboten, vorausgesetzt der Kanzler setzte ihn wieder in sein Amt ein: „Wir schieben die Wahlen bis weit in das Frühjahr hinaus und führen einen einheitlichen nachdrücklichen Kampf gegen die Machtansprüche der Nationalsozialisten. Diese haben bei der Novemberwahl bereits zwei Millionen Stimmen verloren, haben ihren Höhepunkt überschritten und befinden sich im Rückgange. Wir brauchen nur noch nachzustoßen, um ihnen bei Frühjahrswahlen eine vernichtende Niederlage zu bereiten." Schleicher hatte Braun zwar nicht völlig ablehnend beschieden, ihn jedoch vertröstet, weil er damals immer noch gehofft hatte, seine „Querfront" bilden zu können, zumal Straßer mittlerweile nach Deutschland zurückgekehrt war und nun zur Zusammenarbeit mit dem Reichskanzler bereit schien. Allerdings hatte Braun zu diesem Zeitpunkt auch bereits erheblich an politischem Einfluss verloren und war selbst in seiner eigenen Partei relativ isoliert.

Ende Januar gab es dann in der SPD erst recht keinerlei Basis mehr für eine Kooperation mit Schleicher, denn jetzt hoffte man hier, durch ein radikales Auftreten gegen die „reaktionären" Kabinette Papen und Schleicher jene Wähler wiederzugewinnen, die aus Enttäuschung über die sozialdemokratische Tolerierungspolitik in den letzten Jahren zu KPD und NSDAP übergelaufen waren. Überdies ist bis heute in der Forschung umstritten, wie realistisch die Option eines Staatsnotstands angesichts der absehbaren Widerstände in allen politischen Lagern war und was eine etwaige Ausrufung für die weitere Entwicklung der Weimarer Republik bedeutet hätte: Letztlich besteht Einigkeit darüber, dass Schleicher „ein dauerhaft antiparlamentarisch-autoritäres Präsidialkabinett" (Eberhard Kolb) etablieren wollte. Gleichwohl sehen manche hierin angesichts „der desolaten Situation um die Jahreswende 1932/33 […] die einzige noch verbliebene Überlebenschance ‚Weimars': das Offenhalten des schmalen Pfades zu späterer Retablierung demokratisch-parlamentarischer Verfassungsverhältnisse" (Eberhard Kolb/Wolfram Pyta).

Alternativen zur NSDAP-Regierungsbeteiligung

Tatsächlich belegt der Staatsnotstands-Plan ebenso wie andere Varianten, die in der Umgebung Schleichers erörtert wurden, beispielsweise die Ignorierung eines Misstrauensvotums durch den Reichstag, solange dieser keinen positiven Gegenvorschlag unterbreitete – eine Möglichkeit, die mit einer großzügigen Auslegung der Verfassung vereinbar schien und auch von maßgeblichen Staatsrechtslehrern der Zeit unterstützt wurde –, dass es bis zuletzt durchaus noch Alternativen zur nationalsozialistischen Regierungsbeteiligung gegeben hat. Die Ausrufung des „Staatsnotstands" hätte immerhin die Möglichkeit zur zukünftigen Wiederherstellung demokratisch-parlamentarischer Verfassungsverhältnisse offen gehalten. Dabei gilt zu bedenken, dass Schleicher ungeachtet seines intriganten Wesens nicht der Mann war, der dauerhaft eine Militärdiktatur in Deutschland hätte errichten wollen: Sein „Querfront"-Konzept zeigt, dass er weit fortschrittlicher und sozialer war als seine konservativen Mitspieler aus der Papen-Riege: Schleicher war ein autoritärer Revisionist, aber kein antiquierter Reaktionär. Er wollte vor allem die Reichswehr aufrüsten, träumte aber nicht wie Papen und andere von einem „Neuen Staat".

Anders als die Papen-Regierung ängstigte Schleicher im Falle eines Staatsnotstands wohl zu Recht nicht die Gefahr eines Bürgerkrieges. Zum einen hatte er vorgesorgt: Der zu erwartende politische Generalstreik sollte mit Hilfe von Polizei und Reichswehr unterdrückt werden. Den Beteiligten sollten rigide Vermögens- und Versorgungsverluste drohen, indem sie für die wirtschaftlichen Folgen ihrer Arbeitsverweigerung haftbar gemacht wurden. Überdies war die so genannte **Technische Nothilfe** mit ihren rund 50000 Mann Ende 1932 materiell und personell derart verstärkt worden, dass sie die Funktion lebenswichtiger Betriebe notfalls sicherstellen konnte. Zum anderen war aber auch völlig unklar, ob es überhaupt einen solchen Generalstreik geben würde. Dieser hätte eine Zusammenarbeit aller politischen Parteien und der Gewerkschaften vorausgesetzt – von den Kommunisten bis zu den Nationalsozialisten. Eine solche heterogene Koalition aber erschien eher unsicher, zumal sich ein Großteil der deutschen Bevölkerung mittlerweile an die Auflösung des Reichstages gewöhnt hatte und wohl auch die Vertagung von Neuwahlen hingenommen hätte, denn die Regierungspolitik war ja seit gut zwei Jahren ohnehin schon weitgehend unabhängig von den Voten der Wähler gestaltet worden. Unabdingbare Voraussetzung für ein Gelingen des Staatsnotstands-Plans aber wäre gewesen, dass es jenseits aller parteipolitischen Gegensätze einen breiten Konsens bei allen politischen Kräften gegeben hätte, die NSDAP von der Macht fern zu halten. Hieran jedoch mangelte es – auf der Linken und in der bürgerlichen Mitte aufgrund der teilweise fahrlässigen Unterschätzung des nationalsozialistischen Gefahrenpotentials, auf der Rechten wegen der unentschuldbaren Neigung, sich den „Trommler" Hitler für die eigenen reaktionären Ziele zu „engagieren".

Stichwort

Technische Nothilfe

Die Ende September 1919 gegründete Freiwilligenorganisation sollte in Katastrophenfällen und bei Notständen die Funktion lebenswichtiger Einrichtungen – Krankenhäuser, Wasser-, Gas-, Elektrizitätswerke, Verkehrsbetriebe – sicherstellen. Sie war in eine „Reichsführung" sowie vierzehn „Landesführungen", 80 Unterbezirke und etwa 1 000 Ortsgruppen gegliedert. Ihre Ursprünge reichen in die Zeit der andauernden wilden Streiks und Unruhen nach der Novemberrevolution 1918 zurück. Anfang der zwanziger Jahre hatte die Technische Nothilfe 120000 bis 170000 Mitglieder. Als Folge der Beruhigung der innenpolitischen Lage erwog der sozialdemokratische Innenminister Severing 1928 die Auflösung der Organisation. Dies scheiterte zwar am Widerstand der bürgerlichen Parteien, doch wurden die staatlichen Subventionen stark gekürzt. Erst Ende 1932 wurde die Technische Nothilfe angesichts der Staats- und Wirtschaftskrise wieder materiell und personell verstärkt.

3. 30. Januar 1933: Das „Kabinett der nationalen Konzentration"

Zu Beginn des Jahres 1933 schien politischen Beobachtern ausgemacht, dass die Republik besseren Zeiten entgegenging, weil erste Anzeichen einer wirtschaftlichen Erholung unübersehbar waren und damit auch dem politischen Radikalismus, insbesondere dem der NSDAP, die Grundlage entzogen werden musste. Dementsprechend kommentierte die liberale „Frankfurter Zeitung" am 1. Januar 1933: „Auf allen Gebieten, in der Wirtschaft, in der Innenpolitik, in der Außenpolitik, und vor allem auch in der geistigen Gesamtlage der Nation lassen sich zum ersten Mal gleichzeitig deutliche Symptome einer beginnenden Konsolidierung […] beobachten. Eine Chance liegt also vor uns […] Wir wissen heute: der Karren ist nicht unbeweglich festgefahren […] Die politische Grundtendenz wird durch die Tatsache der Entzauberung der NSDAP und durch die große staatspolitische Erkenntnis dieses Jahres bestimmt bleiben, daß es in Deutschland kein Diktieren gegen die öffentliche Meinung geben kann […]." Auch der Münchner „Simplizissimus" sandte in seiner ersten Nummer des Jahres 1933 einen entsprechenden „Neujahrsgruß" an seine Leserinnen und Leser: „Geht mit euren Horoskopen, denn ihr prophezeitet schlecht. Pessimisten, Misanthropen haben leider meistens recht. Eins nur läßt sich sicher sagen, und das freut uns ringsherum: Hitler geht es an den Kragen, dieses ‚Führers' Zeit ist um!"

Gespräche Papen-Hitler

Doch am 4. Januar 1933 trafen sich Hitler und Papen im Haus des Kölner Bankiers **Kurt von Schröder** – einem Wirtschaftsberater Hitlers und einem der wenigen industriellen Befürworter einer Reichskanzlerschaft des NSDAP-Vorsitzenden –, um über ein etwaiges Regierungsbündnis zu sprechen.

Stichwort

Kurt Freiherr von Schröder

(1889–1966) strebte ursprünglich eine Offizierslaufbahn an, um dann nach der Demobilisierung 1919 eine Karriere als Bankier einzuschlagen. Nach zweijähriger Bankausbildung trat er in das Kölner Bankhaus J.H. Stein ein, dessen Mitinhaber sein Schwiegervater war. Zusätzlich bekleidete Schröder in den zwanziger Jahren eine ganze Reihe von Aufsichtsratsposten. Seit 1930 galt er als ein Sympathisant Hitlers und war ein gefragter Gesprächspartner für NS-Größen, die Kontakt zur Wirtschaft suchten. Im Februar 1933 trat er in die NSDAP ein und bekleidete in den folgenden Jahren verschiedene wirtschaftspolitische Ämter und Ehrenposten. Nach dem Zweiten Weltkrieg lebte er im Anschluss an eine kurze Haft längere Zeit zurückgezogen in Eckernförde.

Zu diesem Zeitpunkt lehnte Papen, der sich vor allem an Schleicher rächen wollte, noch Hitlers Forderung nach der Regierungsführung ab, weil er wusste, dass Hindenburg dies weiterhin nicht akzeptierte. Aber diese erste Unterredung leitete eine Reihe weiterer Gespräche – am 18. und 22. Januar – ein, die am Ende doch noch zur Einigung zwischen den Nationalsozialisten und den rechtskonservativen Kräften führten, zumal parallel auch Gespräche Hitlers mit den Vorsitzenden von DNVP und „Stahlhelm" – Hugenberg und Seldte – liefen, um die „Harzburger Front" wieder zu beleben. Zum Treffen am 22. Januar 1933 in der Villa des Spirituosenhändlers und NSDAP-Anhängers Joachim von Ribbentrop (1893–1946) wurden schließlich auch Hindenburgs Staatssekretär Otto Meißner und sein Sohn Oskar hinzugezogen.

Rücktritt Schleichers

Im Laufe des Januars drangen zumindest Teilinformationen über diese Unterredungen auch an die Öffentlichkeit. Sie werteten zum einen die NSDAP, die noch einen Monat zuvor ihrer Spaltung und damit dem politischen Ende entgegenzugehen schien, sowie ihren Vorsitzenden wieder auf. Zum anderen verdeutlichten sie Schleicher, dass er in eine ausweglose Lage zu geraten drohte: Am 4. Januar hatte der Ältestenrat die Einberufung des Reichstags für den 24. Januar beschlossen. Dieser Termin wurde am 20. Januar dann noch einmal auf den 31. Januar verschoben. Schleicher war klar, dass er in der anstehenden Reichstagssitzung mit einem erfolgreichen Misstrauensvotum gegen ihn rechnen musste, zumal die DNVP-Fraktion am 21. Januar ebenfalls ihre offene Opposition angekündigt hatte. Als der Reichspräsident dann auch noch seine Zustimmung zur Ausrufung des „Staatsnotstands" verweigerte, ebenso die von Schleicher noch einmal angesprochenen Gewerkschaften und das Zentrum, trat der Reichskanzler am 28. Januar von seinem Amt zurück, um nicht „das zwecklose Schauspiel einer sicheren Niederlage [zu] bieten".

Doch ungeachtet Schleichers Rücktritt sah es selbst in den letzten Januartagen noch nicht nach einer Einigung zwischen Hitler, Papen und Hindenburg aus. Zwar hatte der Reichspräsident Papen am 28. Januar einen Auftrag zur Regierungsbeteiligung erteilt, doch Papens Sondierungen verliefen zunächst ergebnislos. Schon während eines Treffens zwischen Hitler, Papen und Hugenberg am 27. Januar hatten sich der NSDAP-Vorsitzende und der DNVP-Vorsitzende nämlich über die Frage der Ressortaufteilung zerstritten: Hugenberg lehnte Hitlers Forderung nach der Besetzung des Reichsinnenministeriums und des preußischen Innenministeriums mit Vertretern seiner Partei und damit den nationalsozialistischen Zugriff auf die preußische Polizei entschieden ab. Immerhin einigten sich die Beteiligten einen Tag später auf einen Kompromiss: Die NSDAP erhielt zwar beide Innenministerien, doch sollte Papen als Reichskommissar Vorgesetzter des preußischen Innenministers werden. Überdies boten am Abend desselben Tages Zentrum und BVP ihre Unterstützung an, um eine etwaige Proklamation des Staatsnotstands zu verhindern.

Letztlich hing jedoch weiterhin alles von Hindenburg ab, der eine Berufung Hitlers bislang immer abgelehnt hatte. Erst nachdem er glaubte, durch die Berufung Konstantin von Neuraths und General Werner von Blombergs (1878–1946) die in seinen Augen wichtigsten Ministerien – das Auswärtige Amt und das Reichswehrministerium – dem Einfluss der NSDAP entzogen zu haben, gab er dem Drängen des ihm persönlich verbundenen Papens und seiner engsten Umgebung nach, zumal – in Wirklichkeit haltlose – Gerüchte die Runde machten, Schleicher plane, sich mit Hilfe der Reichswehr wieder an die Macht zu putschen.

Ernennung Hitlers zum Reichskanzler

Dementsprechend ernannte Hindenburg Hitler am 30. Januar zum Reichskanzler. Damit stand der NSDAP-Vorsitzende zwar an der Spitze des neuen Kabinetts, doch außer ihm stellten die Nationalsozialisten mit Frick nur noch den Innenminister sowie mit Göring den stellvertretenden Reichskommissar für Preußen. Hingegen wurde Papen Vizekanzler und Reichskommissar für Preußen, der DNVP-Vorsitzende Hugenberg erhielt ein „Superministerium" für Wirtschaft und Landwirtschaft, der „Stahlhelm"-Führer Seldte wurde Arbeitsminister und Blomberg neuer Reichswehrminister. Papen hatte Hindenburg versprochen, die nationalsozialistischen Regierungsmitglieder würden konservativ „eingerahmt" und sich schnell im Amt verschleißen. Hitlers konservative Steigbügelhalter glaubten, in dem neuen Reichskanzler lediglich einen nützlichen Idioten gefunden haben, leicht zu manipulieren und rasch wieder abzuservieren.

Hindenburgs Verhalten im Januar 1933 zeigt das Dilemma des greisen Reichspräsidenten, der zwar die Republik in ihrer bisherigen Form abschaffen wollte, dabei aber keinen offenen Bürgerkrieg und keinen direkten Verfassungsbruch verschulden wollte, zumal ihm Letzteres persönlich eine Anklage vor dem Staatsgerichtshof eingebracht hätte. Folglich ließ er sich im Zweifelsfalle immer für eine Lösung gewinnen, die ihm suggerierte, ein etwaiger neuer

Abb. 10 Das „Kabinett der nationalen Konzentration“, bestehend aus NSDAP und DNVP, regierte nach Hitlers Ernennung zum Reichskanzler am 30. Januar 1933 bis zu den Reichstagswahlen im März 1933. Vorne sitzend von links Hermann Göring, Adolf Hitler und Franz von Papen.

Reichskanzler besitze eine breite parlamentarische Basis, die ihm ermögliche, die beabsichtigten Verfassungsänderungen von einer Mehrheit der Abgeordneten billigen zu lassen. Genau das hatte er Hitler lange Zeit nicht zugetraut und ihn deshalb von der Regierung fern gehalten. Doch Anfang 1933 geriet er unter massiven Druck: durch das offensichtliche Scheitern der „Querfront“-Konzeption Schleichers und das gleichzeitige Drängen seiner Vertrauten, Hitler zum Reichskanzler zu ernennen. Daraufhin gab er am 30. Januar 1933 nach, zumal er nun auch glaubte, das Gewicht der NSDAP in der neuen Regierung genügend austariert und damit einer etwaigen Diktatur vorgebaut zu haben. Tatsächlich übertrug er damit die Macht an den erklärten Verfassungsfeind.

4. „Machtergreifung“, „Machtübernahme“ oder „Machtübertragung“?

Formal betrachtet war auch das neue „Kabinett der nationalen Konzentration“ nur eines jener Präsidialkabinette, wie die Republik sie seit dem Sommer 1930 wiederholt erlebt hatte. Dementsprechend hat die nationalsozialistische Propaganda mit Blick auf den 30. Januar in den Jahren nach 1933 in der Regel von „Machtübernahme“ gesprochen. Damit sollte gerade die formale Legalität von Hitlers Regierungsantritt betont werden, ebenso das Planvolle, aber auch

Ordentliche und Disziplinierte der nationalsozialistischen Regierungsübernahme, im Gegensatz zu den damals ebenfalls gebräuchlichen plakativeren Begriffen „deutsche Revolution“ oder „Umbruch“. Der Terminus „Machtergreifung“ wiederum findet sich zwar durchaus schon im „Dritten Reich“, doch spielte er keineswegs – wie oft suggeriert – eine prominente Rolle im NS-Vokabular, wohl weil er gerade mit Kampf und Eroberung, also vor allem außerparlamentarischen und letztlich illegitimen Mitteln konnotiert wurde.

Vielmehr erlebte er erst in den fünfziger Jahren des 20. Jahrhunderts in der Forschung zur NS-Zeit seine Konjunktur. Dieser Sprachgebrauch sollte jetzt mit besonderem Nachdruck die politisch-moralische Verwerflichkeit der nationalsozialistischen Machenschaften im Vorfeld des 30. Januar 1933 verdeutlichen und ausdrücken, dass die Umstände, die Hitler ins Amt des Reichskanzlers gebracht hatten, allenfalls unter formalen Gesichtspunkten als legal bezeichnet werden konnten. Indes darf hierbei nicht übersehen werden, dass die nationalsozialistische Regierungsübernahme eben nur auf die antirepublikanische Agitation und Konspiration von Teilen der traditionellen Eliten in Politik, Wirtschaft und teilweise auch der Reichswehr sowie deren konkreten Intrigen im Januar 1933 zurückzuführen ist. Dieses aktive Tun, das den Nationalsozialisten zuarbeitete und den 30. Januar 1933 überhaupt erst ermöglichte, drückt der Begriff „Machtübertragung“ (Heinrich August Winkler) aus.

Das neue Kabinett Hitler unterschied sich dann insofern von den vorherigen Präsidialregierungen Brüning, Papen und Schleicher, als seine nationalsozialistischen Mitglieder einen radikalen Systemwechsel beabsichtigten. Sie wollten ihre neue Macht nutzen, um in Deutschland eine Diktatur zu errichten, ohne dass diese „Revolution“ (Horst Möller) den meisten Zeitgenossen allerdings bereits am 30. Januar 1933 unmittelbar klar gewesen wäre. ■

Auf einen Blick

Die Forschung hat herausgearbeitet, dass das Präsidialkabinett Schleicher ungeachtet seiner kurzen Dauer keineswegs nur ein Intermezzo war, dem zwangsläufig die nationalsozialistische Regierungsübernahme folgen musste. Vielmehr erscheint es als eine retardierende Phase, die gerade noch einmal Spielräume zur Abwendung dieser Entwicklung eröffnete, sei es in Form des „Querfront"-Konzepts, das der neuen Regierung eine starke gesellschaftliche und damit ggf. auch parlamentarische Unterstützung gegeben hätte, sei es durch die Ausrufung eines vorübergehenden Staatsnotstandes. Dieses scheiterte am Widerstand des Reichspräsidenten, jenes an dem der kontaktierten Parteien, für die aus unterschiedlichen Gründen mittlerweile selbst eine nationalsozialistische Regierungsbeteiligung ihren Schrecken verloren hatte. Dennoch zeigt sich hier, dass die nationalsozialistische Regierungsübernahme vom 30. Januar 1933 bis zuletzt keineswegs alternativlos war, sondern lediglich aus einer unseligen Verkettung struktureller und personaler Elemente in der Endphase der Weimarer Republik resultierte.

Literaturhinweise

Ian Kershaw: Der 30. Januar 1933. Ausweg aus der Staatskrise und Anfang des Staatsverfalls. In: Winkler (Hrsg.), Staatskrise, S. 277–284.

Eberhard Kolb/Wolfram Pyta: Rettung durch Staatsnotstand. In: Winkler (Hrsg.), Staatskrise, S. 155–181.

Axel Schildt: Militärdiktatur mit Massenbasis? Die Querfrontkonzeption der Reichswehrführung um General Kurt von Schleicher. Frankfurt 1981.

Irene Strenge: Kurt von Schleichers Politik im Reichswehrministerium am Ende der Weimarer Republik. Berlin 2006.

Henry Ashby Turner Jr.: Hitlers Weg zur Macht. Der Januar 1933. Neuwied 1997.

VII. Schlussbetrachtung

Überblick

Das Ende der Weimarer Republik, welches durch die Berufung Adolf Hitlers zum Reichskanzler besiegelt wurde, ist weder monokausal zu erklären, noch war es alternativlos, wie die seit Jahrzehnten andauernde Erforschung der Geschichte der Weimarer Republik bei aller Unterschiedlichkeit der Erklärungsansätze ergeben hat. Strukturelle innen- und außenpolitische Belastungen und die 1929 ausbrechende Weltwirtschaftskrise, die zusammen in eine finale Staats- und Wirtschaftskrise kulminierten, waren hierfür ebenso ausschlaggebend wie konkrete politische Entscheidungen sowie das persönliche Versagen einzelner Entscheidungsträger, an der Spitze Reichspräsident Hindenburgs, im Januar 1933. Insofern war die Machtübernahme Hitlers auch keineswegs unabwendbar, sondern hätte bis zuletzt noch verhindert werden können.

Eine Fülle geschichtswissenschaftlicher Darstellungen hat in den letzten Jahrzehnten die Frage nach den Gründen für das Ende der Weimarer Republik zu beantworten versucht. Trotz unterschiedlichster **Forschungsansätze** besteht Übereinstimmung darin, dass eine so komplexe Frage eine multikausale Antwort verlangt – nicht ein Grund war entscheidend, sondern ein ganzes Bündel von Ursachen ist zu benennen, deren Entstehung wiederum teilweise bis in die Gründungsphase des neuen Staatswesens 1918/19 zurückreichte.

Stichwort

Forschungsansätze

Die wissenschaftliche Geschichtsschreibung über die Weimarer Republik setzte in der Bundesrepublik Deutschland erst in den 1950er-Jahren ein, nachdem die Westmächte die von ihnen am Ende des Zweiten Weltkriegs erbeuteten Aktenbestände sukzessive an die westdeutschen Archive zurückgegeben hatten. Das stimulierte die Forschung, die sich verständlicherweise zunächst auf die Endphase der Weimarer Republik konzentrierte, weil man sich hiervon Antworten auf die Frage erhoffte, wie sich der Aufstieg der NSDAP und deren Regierungsübernahme im Januar 1933 erklärte. Für diese Richtung steht Karl Dietrich Brachers Studie „Die Auflösung der Weimarer Republik" von 1955, die auch insofern eine Pionierleistung darstellte, als ihr eine strukturgeschichtliche Methode zugrunde lag. Ihre umfassende Analyse der vielfältigen Belastungsfaktoren der Weimarer Republik, aber auch ihre konkrete Benennung der Verantwortlichkeit einzelner Persönlichkeiten und gesellschaftlicher Gruppen provozierten ebenso Kritik wie Zustimmung und befruchteten die Weimar-Forschung der folgenden Jahre. In den 1960er- und beginnenden 1970er-Jahren verlagerte sich der Interessenschwerpunkt dann auf die Anfangsphase der ersten deutschen Republik als der Entstehungszeit jener strukturellen Defizite, die mittlerweile mitverantwortlich für das Scheitern gemacht wurden. Dabei wurde insbesondere die Frage kontrovers diskutiert, ob während und unmittelbar nach der Novemberrevolution Ende 1918/ Anfang 1919 Chancen zur weiteren Demokratisierung durch eine stärkere Schwächung der alten Machteliten versäumt worden sind. Parallel zu diesen beiden großen Forschungssträngen lief die wissenschaftliche Aufarbeitung der mittleren Phase der Weimarer Republik – 1924 bis 1929 –, wobei die Geschichtswissenschaft in einer Vielzahl von Spezialstudien die vermeintliche „Stabilität" dieser Zeit stark relativiert hat. Überdies beschäftigt sich die Forschung seit den 1970er-Jahren auch mit der Weimarer Kultur, den zahlreichen künstlerischen und wissenschaftlichen Spitzenleistungen ebenso wie der Ausbildung einer modernen „Massenkultur". In den achtziger und neunziger Jahren des 20.Jahrhunderts rückte dann auch die Entwicklung der politischen Kultur – teilweise im europäischen Vergleich –, einschließlich der unterschiedlichen sozialen Milieus innerhalb der deutschen Gesellschaft und der entsprechend divergierenden Mentalitäten in den Blick. Dies schärfte den Blick für längerfristige Kontinuitäten auch zwischen Weimarer Republik und „Drittem Reich", sodass jüngst sogar auf das „gefährliche Potential" der ersten deutschen Demokratie verwiesen und provokativ gefragt wurde: „Did Weimar fail?" (Peter Fritzsche). Heute herrscht in der Weimar-Geschichtsschreibung ein großer Methodenpluralismus, der kultur-, mentalitäts-, sozial- und wirtschafts- sowie politikgeschichtliche Ansätze umfasst, und ein Themenspektrum, das entsprechend breit gefächert ist.

Sicher boten institutionelle und konstitutionelle Geburtsschwächen der jungen Republik einen günstigen Nährboden für die finale Staatskrise Ende der zwanziger/Anfang der dreißiger Jahre. Überdies motivierten der alliierte Kriegsschuldvorwurf und die Reparationsforderungen der Siegermächte einen teilweise militanten Revisionismus, der nicht nur jede Einsicht in die eigene Schuld am Kriegsausbruch vermissen ließ, sondern sich auch leicht gegen die angeblich schwächliche Republik richten konnte, zumal diese von den eigentlichen militärischen Verantwortlichen für die Niederlage im Ersten Weltkrieg aus dem Kreis der ehemaligen 3. OHL frühzeitig mit der Dolchstoßlegende belastet wurde.

Die innen- und außenpolitische Dauerkrise, in der die Weimarer Republik dann vor allem in den ersten Jahren ihrer Existenz steckte und in die sie schließlich gegen Ende wieder geriet, schufen fast ständig ein Klima latenter oder manifester „Friedlosigkeit" (Manfred Funke). Dadurch wurden viele Menschen nie heimisch in der neuen Republik oder sie wurden ihr nach vorübergehender Akzeptanz Mitte der zwanziger Jahre schon bald wieder entfremdet. Hinzu traten die latent antidemokratischen Denktraditionen, in denen ein größerer Teil der Bevölkerung – insbesondere auch in den politischen, militärischen und wirtschaftlichen Eliten – verharrte und die die politische Kultur vergifteten. Daher hatte die Weimarer Republik immer viele erklärte Feinde, aber nur wenige bedingungslose Freunde: In ihrer zeitgenössischen Bewertung „wurde das Ressentiment zu einem dominierenden Faktor" (Eberhard Kolb).

Vor diesem Hintergrund wuchs sich die Weltwirtschaftskrise Ende der 1920er-/Anfang der 1930er-Jahre in Deutschland zur Staatskrise aus. Zum einen war offensichtlich der objektive „Problemlösungsdruck zu groß“ (Hagen Schulze), zum anderen wurde der bislang eher latente Überdruss am politischen System der Weimarer Republik nun manifest. Er äußerte sich jetzt selbst bei Vertretern der staatstragenden Kräfte in dem Ruf nach einer „autoritären Demokratie“ und einem „starken Mann“. Erst recht sahen nun die alten Gegner der Republik auf der Linken wie der Rechten eine Möglichkeit, dem ihnen verhassten Weimarer System den Todesstoß zu versetzen. Hauptnutznießer dieser Entwicklung war schließlich die NSDAP. Sie gewann in der Endphase der Republik die Zustimmung zumindest eines erheblichen Teils der Deutschen, indem sie die unleugbaren innen- und außenpolitischen Probleme für ihre suggestive Propaganda nutzte. Indes erwies sich diese Abwendung des Souveräns von dem liberal-demokratischen System erst dadurch als verhängnisvoll, weil sie von verschiedenen Entscheidungsträgern innerhalb des Staatsapparats und an der Spitze von Rechtsparteien und wirtschaftlichen, vor allem (groß-)agrarischen, Interessenverbänden skrupellos für eigene Konspirationen ausgenutzt wurde. Diese zielten zunächst auf eine Schwächung des Parlamentarismus durch die Einsetzung eines Präsidialkabinetts, schließlich auf die gänzliche Aushöhlung der Weimarer Republik durch eine tiefgreifende Verfassungsreform, die ihre reaktionären Anhänger am Ende sogar mit Hilfe Hitlers als dem erfolgreichen nationalsozialistischen „Trommler“ zu bewerkstelligen hofften.

Festzuhalten bleibt, dass dieses Ende der Weimarer Republik keineswegs determiniert war: Das parlamentarische System wurde nach dem Ersten Weltkrieg in vielen Staaten von Krisen erschüttert; unter den Auswirkungen der Weltwirtschaftskrise litten auch andere Länder erheblich, und auch die jüngst zu Recht betonten „dark shadows of modernity“ (Peter Fritzsche) lagen letztlich über der ganzen europäischen Zwischenkriegszeit, allenfalls fielen sie in Deutschland etwas stärker aus. Dies allein aber vermag noch nicht hinreichend zu erklären, warum Deutschland das einzige fortgeschrittene Industrieland war, das Anfang der 1930er-Jahre seine Demokratie aufgab und durch eine totalitäre Diktatur von rechts ersetzte: Insofern war „der 30. Januar 1933 [...] das unnötige, durchaus vermeidbare Ende einer in der Geschichte von hoch entwickelten, pluralistischen Staatssystemen und Industriegesellschaften ungewöhnlich tiefen, multidimensionalen Staatskrise. [...] Ausschlaggebend für den Charakter des Ausweges aus der Krise war die Kombination von Krisenlagen: Wirtschaftskrise, Regierungskrise, Krise des Parteiensystems, gesellschaftliche Krise, durchgreifende Legitimationskrise an der Spitze und an der Basis“ (Ian Kershaw).

Folglich ist die Feststellung einer „Selbstpreisgabe der Demokratie“ (Karl Dietrich Erdmann/Hagen Schulze) zumindest missverständlich: Sie reduziert den komplexen Prozess der Entfremdung großer Bevölkerungsteile vom Weimarer Staat unzulässig auf ein Versagen der republikanischen Eliten, ohne die vielfältigen strukturellen Belastungen demokratischer Politik während der ganzen Zeit der Weimarer Republik, vor allem aber im Zuge von deren finaler ökonomischer und politischer Krise zu berücksichtigen. Überdies blendet sie die ursächliche Schuld der radikalen Republikfeinde von links und rechts am Untergang der ersten deutschen Demokratie aus und übersieht die konkreten Intrigen einiger weniger Akteure. Erst sie ermöglichten jene nationalsozialistische Regierungsbeteiligung, die bis zuletzt vermeidbar war. Der 30. Januar 1933 wiederum markiert den Beginn des „Dritten Reiches", dessen verbrecherische Politik nach innen und außen ungeachtet mancher kultureller, mentaler und sozialer Kontinuitäten deutlich abgehoben werden sollte von der vorangegangenen Epoche der Weimarer Republik.

Offensichtlich brauchte die Verankerung der Demokratie in Deutschland einen noch größeren Umbruch von Gesellschaft und Staat als den von 1918 sowie eine weit stärkere Überwachung und Beeinflussung auch des innenpolitischen Systems durch die Siegermächte. Eine solche tiefe Zäsur markierten die Untaten des „Dritten Reiches" nach 1933 und dessen Untergang 1945. Im Anschluss hieran übten die Siegermächte des Zweiten Weltkriegs eine umfassende Kontrolle in den von ihnen jeweils besetzten Teilen Deutschlands aus. Insofern beruht der Erfolg der Bonner – jetzt Berliner – Republik der Jahre nach 1949 eben nicht nur auf einem gelungenen demokratischen Umdenken eines Großteils der deutschen Bevölkerung, sondern auch auf der Patenrolle der westlichen Siegermächte und der zumindest für die Westdeutschen nach 1945/49 letztlich günstigen weltpolitischen Konstellation. Alles zusammen beschied der zweiten deutschen Demokratie jene Dauer, die der ersten versagt blieb.

Auf einen Blick

Die Geschichte der Weimarer Republik, insbesondere deren Endphase, und damit das Scheitern der ersten deutschen Demokratie bleiben ein Menetekel, nicht nur wegen der verhängnisvollen Folgen – dem Erstarken des Nationalsozialismus und der Verbrechen des „Dritten Reiches" –, sondern auch, weil sich an dieser Entwicklung zeitlose Gefährdungen liberaler Demokratien verdeutlichen lassen: der Zusammenhang von politischer und wirtschaftlicher Stabilität; die Notwendigkeit eines funktionierenden Parlamentarismus; eine in der Breite der Gesellschaft verankerte demokratische Kultur und die überparteiliche Bereitschaft, diese gegenüber militanten Gegnern zu verteidigen. Gleichzeitig lässt sich am Beispiel der Weimarer Republik sehr gut die Verschränkung struktureller und personaler Faktoren im historischen Geschehen zeigen. Schließlich bleibt festzuhalten, dass die verbrecherische Politik des „Dritten Reiches" zwar manche Tendenzen der vorangegangenen Republik fortsetzt, insgesamt aber auf jeden Fall deutlich abgehoben werden sollte von der vorangegangenen Epoche der Weimarer Republik.

Literaturhinweise

Anselm Doering-Manteuffel: Weimar als Modell. Der Ort der Zwischenkriegszeit in der Geschichte des 20. Jahrhunderts. In: Mittelweg 36, Heft 6/2012, S. 23–36.

Dieter Gessner: Die Weimarer Republik. Darmstadt ³2009.

Eberhard Kolb/Dirk Schumann: Die Weimarer Republik. München ⁸2013.

Andreas Rödder: Reflexionen über das Ende der Weimarer Republik. Die Präsidialkabinette 1930–1932/33. In: Vierteljahrshefte für Zeitgeschichte 47 (1999), S. 87–126.

Heinrich August Winkler (Hrsg.): Die deutsche Staatskrise 1930–1933. Handlungsspielräume und Alternativen. München 1992.

Andreas Wirsching: Die Weimarer Republik. Politik und Gesellschaft. München ²2008.

Auswahlbibliographie

Forschungsberichte und Hilfsmittel

Balderston, Theo, Economics and Politics in the Weimar Republic, Cambridge 2002. *Instruktiver Forschungsüberblick mit einer detaillierten Darstellung der „Borchardt-Kontroverse".*

Benz, Wolfgang/Hermann Graml (Hrsg.): Biographisches Lexikon zur Weimarer Republik, München 1988. *Nachschlagewerk zu Persönlichkeiten aus Politik, Wirtschaft, Kunst und Wissenschaft in der Weimarer Republik.*

Braun, Bernd: Die Reichskanzler der Weimarer Republik von Scheidemann bis Schleicher, Stuttgart 2012. *Sammlung informativer Kurzbiographien.*

Eley, Geoff: Nazism as Facism. Violence, Ideology, and the Ground of Consent in Germany 1930–1945, London–New York 2013. *Sehr pointierter, monographischer Forschungsüberblick.*

Elz, Wolfgang (Hrsg.): Weimarer Republik, Nationalsozialismus, Zweiter Weltkrieg (1919–1945), Zweiter Teil: Persönliche Quellen, Darmstadt 2003 (auch in: Winfried Baumgart [Hrsg.]: Quellenkunde zur deutschen Geschichte der Neuzeit von 1500 bis zur Gegenwart. 1 CD-ROM, Darmstadt 2005). *Zuverlässiges Findmittel für einen wichtigen Teil edierter Quellen.*

Fritzsche, Peter: Did Weimar fail? In: Journal of Modern History 68 (1996), S. 629–656. *Besprechung neuerer Literatur aus kulturwissenschaftlicher Perspektive.*

Fröhlich, Michael (Hrsg.): Die Weimarer Republik. Portrait einer Epoche in Biographien, Darmstadt 2002. *Sammlung von 35 Lebensbeschreibungen von Persönlichkeiten aus Politik und Kultur.*

Gallus, Alexander/Axel Schildt (Hrsg.): Rückblickend in die Zukunft. Politische Öffentlichkeit und intellektuelle Positionen in Deutschland um 1950 und um 1930, Göttingen 2011. *Anregender Sammelband zur Frage der Kontinuitäten bzw. Diskontinuitäten in der Intellektuellengeschichte von der ausgehenden Weimarer Republik bis zur frühen Bundesrepublik.*

Gessner, Dieter: Die Weimarer Republik, Darmstadt ^{3}2009. *Sehr guter Forschungsüberblick.*

Hockerts, Hans Günter: Weimarer Republik, Nationalsozialismus, Zweiter Weltkrieg (1919–1945), Erster Teil: Akten und Urkunden. Darmstadt 1996 (auch in: Winfried Baumgart [Hrsg.]: Quellenkunde zur deutschen Geschichte der Neuzeit von 1500 bis zur Gegenwart. 1 CD-ROM, Darmstadt 2005). *Zuverlässiges Findmittel für einen wichtigen Teil edierter Quellen.*

Ullrich, Sebastian: Der Weimar Komplex. Das Scheitern der ersten deutschen Demokratie und die politische Kultur der frühen Bundesrepublik, Göttingen 2009. *Materialreiche Untersuchung, die das bereits in ihrer Endphase dominierende Negativimage der Weimarer Republik sowie dessen Nachwirkung in Westdeutschland nach 1945 herausarbeitet.*

Winkler, Heinrich August (Hrsg.): Weimar im Widerstreit. Deutungen der ersten deutschen Republik im geteilten Deutschland, München 2002. *Gute Einführung in die unterschiedlichen Sichtweisen ost- und westdeutscher Geschichtsschreibung auf die Weimarer Republik.*

Akteneditionen und Quellensammlungen

Akten deutscher Bischöfe über die Lage der Kirche, 1918–1933. Hrsg. v. d. Kommission für Zeitgeschichte. Bearb. v. Heinz Hürten. 2 Teilbde., Teilbd. 2: 1926–1933, Paderborn 2007. *Wichtige Quellenedition zu Stellung und Wirkung der katholischen Kirche in der Weimarer Republik.*

Akten zur Deutschen Auswärtigen Politik 1918–1945. Serie B: 1925–1933, 21 Bde., Göttingen 1966ff. *Wichtigste Aktenedition zur Außenpolitik der Weimarer Republik.*

Akten der Reichskanzlei. Weimarer Republik. Hrsg. für die Historische Kommission bei der Bayerischen Akademie der Wissenschaften v. Karl Dietrich Erdmann, für das Bundesarchiv v. Hans Booms. Das Kabinett Müller II (28. Juni 1928 bis 27. März 1930), 2 Bde., bearb. v. Martin Vogt, Boppard 1970; Die Kabinette Brüning I und II (30. März 1930 bis 10. Oktober 1931; 10. Oktober 1931 bis 30. Mai 1932), 3 Bde., bearb. v. Tilman Koops, Boppard 1982–1990; Das Kabinett von Papen (1. Juni bis 3. Dezember 1932), bearb. v. Karl-Heinz Minuth, 2 Bde., Boppard 1989; Das Kabinett von Schleicher (3. Dezember 1932 bis 30. Januar 1933), bearb. v. Anton Golecki, Boppard 1986. *Edition eines zentralen Aktenbestands.*

Elz, Wolfgang (Hrsg.): Quellen zur Außenpolitik der Weimarer Republik 1918–1933, Darmstadt 2007. *Nützliche Sammlung wichtiger Quellen zur Außenpolitik der Weimarer Republik.*

Freytag, Nils (Hrsg.): Quellen zur Innenpolitik der Weimarer Republik 1919–1933, Darmstadt 2010. *Nützliche Sammlung wichtiger Quellen zur Innenpolitik der Weimarer Republik.*

Huber, Ernst Rudolf (Hrsg.): Dokumente zur deutschen Verfassungsgeschichte, Bd. 4: Deutsche Verfassungsdokumente 1919–1933, Stuttgart u.a. ^{3}1991.

Lönne, Karl-Egon (Hrsg.): Die Weimarer Republik 1918–1933, Darmstadt 2002. *Sammlung repräsentativer Zeugnisse des politischen Denkens in der Weimarer Republik.*

Michaelis, Herbert/Ernst Schraepler (Hrsg.): Ursachen und Folgen. Vom deutschen Zusammenbruch 1918 und 1945 bis zur staatlichen Neuordnung Deutschlands in der Gegenwart. Eine Urkunden- und Dokumentensammlung zur Zeitgeschichte, Bd. 7: Die Weimarer Republik. Vom Kellogg-Pakt zur Weltwirtschaftskrise 1928–30. Die innerpolitische Entwicklung, Berlin 1962; Bd. 8: Die Weimarer Republik. Das Ende des parlamentarischen Systems. Brüning-Papen-Schleicher 1930–1933, Berlin 1963. *Auswahl wichtiger Quellen zur Innen- und Außenpolitik der Weimarer Republik.*

Quellen zur Geschichte des Parlamentarismus und der politischen Parteien. Dritte Reihe: Die Weimarer Republik. Im Auftrage der Kommission für Geschichte des Parlamentarismus und der politischen Parteien hrsg. v. Karl Dietrich Bracher u. Rudolf Morsey. Bd. 3: Staat und NSDAP 1930–1932. Quellen zur Ära Brüning, eingel. v. Gerhard Schulz, bearb. v. Ilse Maurer und Udo Wengst, Düsseldorf 1977; Bd. 4 (Teilbde. I und II): Politik und Wirtschaft in der Krise 1930–1932, Quellen zur Ära Brüning, eingel. v. Gerhard Schulz, bearb. v. Ilse Maurer und Udo Wengst unter Mitwirkung v. Jürgen Heideking, Düsseldorf 1980. *Wichtige Quellensammlung zum Bereich Parteiwesen und politisches System.*

Allgemeine und übergreifende Darstellungen

Baechler, Christian: L'Allemagne de Weimar 1919–1933, Paris 2007. *Überblicksdarstellung eines französischen Kenners der Weimarer Republik.*

Barth, Boris: Europa nach dem Großen Krieg. Die Krise der Demokratie in der Zwischenkriegszeit 1918–1938, Frankfurt/M. 2016. *Anregende Untersuchung der tieferen Ursachen des Niedergangs der europäischen Demokratien in der Zwischenkriegszeit.*

Bernecker, Walther L.: Europa zwischen den Weltkriegen 1914–1945, Stuttgart 2002. *Aspektreiche Darstellung mit instruktivem Forschungsüberblick.*

Blom, Philipp: Die zerrissenen Jahre 1918–1938, München 2014. *Breites Panorama europäischer und amerikanischer Geschichte in der Zwischenkriegszeit.*

Büttner, Ursula: Weimar. Die überforderte Republik 1918–1933. Leistung und Versagen in Staat, Gesellschaft, Wirtschaft und Kultur, Stuttgart 2008. *Politisch-sozialgeschichtliche Überblicksdarstellung.*

Doering-Manteuffel, Anselm (Hrsg.): Strukturmerkmale der deutschen Geschichte des 20. Jahrhunderts, München 2006. *Anregender Sammelband mit multiperspektivischem Zugriff auch auf die Zwischenkriegszeit.*

Doering-Manteuffel, Anselm: Weimar als Modell. Der Ort der Zwischenkriegszeit in der Geschichte des 20. Jahrhunderts. In: Mittelweg 36, Heft 6/2012, S. 23–36. *Anregende Reflexion über die Situierung der Weimarer Republik in den Kontext deutscher Geschichte.*

Erdmann, Karl Dietrich: Die Weimarer Republik (= Gebhardt: Handbuch der deutschen Geschichte [TB], Bd. 19), München 1980. *Knappe faktenorientierte Darstellung der Geschichte der Weimarer Republik.*

Föllmer, Moritz/Rüdiger Graf (Hrsg.): Die „Krise" der Weimarer Republik. Zur Kritik eines Deutungsmusters, Frankfurt/M. 2005. *Versuch einer Dekonstruktion und Historisierung des in der Weimar-Forschung gebräuchlichen Krisen-Topos.*

Huber, Ernst Rudolf: Deutsche Verfassungsgeschichte seit 1789, Bd. 6: Die Weimarer Reichsverfassung, Stuttgart 1981; Bd. 7: Ausbau, Schutz und Untergang der Weimarer Republik, Stuttgart 1984. *Detailreiche Darstellung verfassungspolitischer Entwicklung und staatlichen Handelns aus konservativer Perspektive.*

Kailitz, Steffen (Hrsg.): Nach dem „Großen Krieg". Vom Triumph zum Desaster der Demokratie 1918/19 bis 1939, Göttingen 2017. *Instruktive Fallstudien zur Entwicklung europäischer Demokratien in der Zwischenkriegszeit.*

Kershaw, Ian: Höllensturz. Europa 1914 bis 1949, München 2016. *Anregende Überblicksdarstellung mit starkem Akzent auf der deutschen Entwicklung.*

Kluge, Ulrich: Die Weimarer Republik, Paderborn 2006. *Facettenreicher Überblick mit sozial- und wirtschaftshistorischem Schwerpunkt.*

Kolb, Eberhard/Dirk Schumann: Die Weimarer Republik, 8., überarbeitete und erweiterte Aufl., München 2013. *Sehr gute Überblicksdarstellung mit äußerst informativem Forschungsüberblick.*

Lehnert, Detlef: Die Weimarer Republik, Stuttgart 2009. *Anregender, vor allem auf die innere Entwicklung konzentrierter Überblick.*

Longerich, Peter: Deutschland 1918–1933. Die Weimarer Republik, Hannover 1995. *Informativer, multiperspektivischer Überblick.*

Mai, Gunther: Europa 1918–1939. Mentalitäten, Lebensweisen, Politik zwischen den Weltkriegen, Stuttgart 2001. *Instruktive Schilderung der unterschiedlichen Wege europäischer Staaten in der Zwischenkriegszeit beim Übergang von der traditionellen Agrar- zur modernen Industriegesellschaft.*

Mai, Gunther: Die Weimarer Republik, München ^{2}2014. *Konzise Überblicksdarstellung.*

McElligott, Anthony (Hrsg.): Weimar Germany, Oxford 2009. *Instruktiver Sammelband zu wichtigen Aspekten der Geschichte der Weimarer Republik.*

Möller, Horst: Die unvollendete Demokratie, München ^{6}1997. *Analyse des Problemkomplexes Parteien und Verfassung.*

Möller, Horst: Europa zwischen den Weltkriegen, München 1998. *Synthese der europäischen Zwischenkriegszeit mit sehr gutem Forschungsüberblick.*

Mommsen, Hans: Die verspielte Freiheit. Der Weg der Republik von Weimar in den Untergang 1918–1933, Berlin 1989. *Pointierte Gesamtdarstellung mit Betonung politisch-ideologischer Kontinuitäten.*

Peukert, Detlev J. K.: Die Weimarer Republik. Krisenjahre der klassischen Moderne, Frankfurt 1987. *Anregende Interpretation der Weimarer Republik als „Krisenzeit der Moderne".*

Pyta, Wolfram: Die Weimarer Republik, Opladen 2004. *Konziser Überblick.*

Schulz, Gerhard: Zwischen Demokratie und Diktatur. Verfassungspolitik und Reichsreform in der Weimarer Republik. Bd. 2: Deutschland am Vorabend der Großen Krise, Berlin–New York 1987; Bd. 3: Von Brüning zu Hitler. Der Wandel des politischen Systems in Deutschland 1930–1933, Berlin–New York 1992. *Große Darstellung von Politik und Verfassung in der Weimarer Republik.*

Schulze, Hagen: Weimar. Deutschland 1917–1933, Berlin 1982. *Auf politische Entwicklung konzentriert mit Betonung der Verantwortlichkeit einzelner Akteure.*

Tooze, Adam: Sintflut. Die Neuordnung der Welt 1916–1931, München 2015. *Globalgeschichtliche Überblicksdarstellung mit Fokussierung auf die Rolle der USA in der internationalen Politik.*

Wehler, Hans-Ulrich: Deutsche Gesellschaftsgeschichte, Bd. 4: Vom Beginn des Ersten Weltkriegs bis zur Gründung der beiden deutschen Staaten 1914–1949, München 2003. *Umfangreiche Darstellung und Analyse der vier „Achsen" Wirtschaft, Sozialstruktur, politische Herrschaft und politische Kultur.*

Weitz, Eric D.: Weimar Germany. Promise and Tragedy, Princeton/N.J. 2007. *Überblicksdarstellung, die den „cultural turn" der Weimar-Forschung reflektiert.*

Winkler, Heinrich August: Der Schein der Normalität. Arbeiter und Arbeiterbewegung in der Weimarer Republik 1924 bis 1930, Berlin-Bonn 1985; Der Weg in die Katastrophe. Arbeiter und Arbeiterbewegung in der Weimarer Republik 1930 bis 1933, Berlin–Bonn 1987. *Detailreiche Darstellung von Arbeiterbewegung und Gesamtentwicklung der Weimarer Republik.*

Winkler, Heinrich August: Weimar 1918–1933. Die Geschichte der ersten deutschen Demokratie, 4. durchges. Aufl., München 2005. *Anregende politische Geschichte der Weimarer Republik.*

Winkler, Heinrich August (Hrsg.): Die deutsche Staatskrise 1930–1933. Handlungsspielräume und Alternativen, München 1992. *Wichtige Aufsatzsammlung zur Endphase der Weimarer Republik.*

Wirsching, Andreas: Die Weimarer Republik. Politik und Gesellschaft, 2., um einen Nachtrag erw. Aufl., München 2008. *Knappe Darstellung mit Schwerpunkt auf Politik und Gesellschaft sowie sehr gutem Forschungsüberblick.*

Wirsching, Andreas/Berthold Kohler/Ulrich Wilhelm (Hrsg.): Weimarer Verhältnisse? Historische Reflexionen für unsere Demokratie, Stuttgart 2018. *Anregende Essay-Sammlung zur Frage, ob „Berlin" nicht doch „Weimar" werden könnte.*

Innenpolitik, Parlamentarismus und Parteien

Blomeyer, Peter: Der Notstand in den letzten Jahren von Weimar. Die Bedeutung von Recht, Lehre und Praxis der Notstandsgewalt für den Untergang der Weimarer Republik und die Machtübernahme durch die Nationalsozialisten. Eine Studie zum Verhältnis von Macht und Recht, Berlin 1999. *Untersuchung zu Theorie und Praxis der Notverordnungen in der Weimarer Republik.*

Bois, Marcel: Kommunisten gegen Hitler und Stalin. Die linke Opposition der KPD in der Weimarer Republik. Eine Gesamtdarstellung, Essen 2014. *Studie zu den antistalinistischen Strömungen und Gruppierungen innerhalb der KPD.*

Bracher, Karl Dietrich: Die Auflösung der Weimarer Republik, Villingen 1955 (ND Düsseldorf 1984). *Wichtige Pionierstudie zur finalen Krise der Weimarer Republik.*

Bracher, Karl Dietrich: Brünings unpolitische Politik und die Auflösung der Weimarer Republik. In: Vierteljahrshefte für Zeitgeschichte 19 (1971), S. 113–123. *Pointierte Kritik am Politikverständnis Brünings.*

Broszat, Martin: Die Machtergreifung. Der Aufstieg der NSDAP und die Zerstörung der Weimarer Republik, München ^{5}1994. *Konzise Darstellung zur Entwicklung der NSDAP bis 1933.*

Brown, Timothy Scott: Weimar radicals. Nazis and Communists between Authenticity and Performance, New York 2009. *Untersuchung über Parallelen und Unterschiede der Aktionsformen und des Habitus von Kommunisten und Nationalsozialisten.*

Childers, Thomas: The Nazi Voters. The Social Foundations of Fascism in Germany, 1919–1933, Chapel Hill–London ^{3}1988. *Fundierte Darstellung der NSDAP-Wählerschaft.*

Conze, Werner: Brünings Politik unter dem Druck der großen Krise. In: Historische Zeitschrift 199 (1964), S. 529–550. *Wohlwollende Darstellung von Brünings Politik vor dem Hintergrund einer „Krise des Parteienstaates".*

Conze, Werner: Brüning als Reichskanzler. Eine Zwischenbilanz. In: Historische Zeitschrift 214 (1972), S. 310–334. *Verteidigung bisheriger Position auch nach Erscheinen der Brüning-Memoiren.*

Dams, Carsten: Staatsschutz in der Weimarer Republik. Die Überwachung und Bekämpfung der NSDAP durch die preußische politische Polizei von 1928 bis 1933, Marburg 2002. *Anregende Untersuchung mit positiver Bilanz der Bemühungen der politischen Polizei Preußens im Kampf gegen die NSDAP.*

Döring, Martin: „Parlamentarischer Arm der Bewegung". Die Nationalsozialisten im Reichstag der Weimarer Republik, Düsseldorf 2001. *Quellennahe Analyse der nationalsozialistischen Politik im Reichstag.*

Erdmann, Karl Dietrich/Hagen Schulze (Hrsg.): Weimar. Selbstpreisgabe einer Demokratie, Düsseldorf 1980. *Sammelband mit missverständlichem Untertitel.*

Falter, Jürgen: Hitlers Wähler, München 1991. *Wichtige empirische Untersuchung zur NSDAP-Wählerschaft.*

Fest, Joachim C.: Hitler. Eine Biographie, Frankfurt 1995. *Nach wie vor eine der bedeutendsten Hitler-Biographien.*

Frei, Norbert: „Machtergreifung". Anmerkungen zu einem historischen Begriff. In: Vierteljahrshefte für Zeitgeschichte 31 (1983), S. 136 – 145. *Interessante begriffsgeschichtliche Analyse.*

Funke, Manfred: Die Republik der Friedlosigkeit. Äußere und innere Belastungsfaktoren der Epoche von Weimar 1918 – 1933. In: Aus Politik und Zeitgeschichte B 32– 33 (1994) S. 11–19. *Skizze der vielfältigen Hypotheken der Weimarer Republik.*

Gusy, Christoph: Selbstmord oder Tod? Die Verfassungsreformdiskussion der Jahre 1930–1932. In: Zeitschrift für Politik 40 (1993), S. 393–417. *Betont Wandel des Verfassungsreformdiskurses in der Endphase der Weimarer Republik.*

Häberlen, Joachim: Vertrauen und Politik im Alltag. Die Arbeiterbewegung in Leipzig und Lyon im Moment der Krise 1929–1933/38, Göttingen 2013. *Vergleichende Untersuchung zu Einheit und Spaltung der Arbeiterbewegung in Frankreich und Deutschland.*

Hein, Dieter: Partei und Bewegung. In: Historische Zeitschrift 263 (1996), S. 69–97. *Erörtert Bewegungscharakter der NSDAP.*

Hömig, Herbert: Brüning. Kanzler in der Krise der Republik, Paderborn 2000. *Detailreiche Biographie mit Schwerpunkt auf Reichskanzlerschaft Brünings.*

Hömig, Herbert: Heinrich Brüning. Politik ohne Auftrag. Zwischen Weimar und Bonner Republik, Paderborn 2005. *Behandelt Brünings Lebensabschnitt als „Reichskanzler außer Diensten".*

Hoppe, Bert: In Stalins Gefolgschaft. Moskau und die KPD 1928–1933, München 2007. *Analyse der Beziehungen zwischen KPD und Komintern auf der Basis neuer russischer Quellen.*

Hürter, Johannes: Wilhelm Groener. Reichswehrminister am Ende der Weimarer Republik (1928–1932), München 1993. *Einbettung von Groeners Biographie in Entwicklung der Reichswehr vor allem in der Endphase der Weimarer Republik.*

Jones, Larry Eugene: German Liberalism and the Dissolution of the Weimar Party System 1918–1933, Chapel Hill 1988. *Untersucht Aufstieg und Niedergang der liberalen Parteien in der Weimarer Republik.*

Jones, Larry Eugen (Hrsg.): The German Right in the Weimar Republic. Studies in the History of German Conservatism, Nationalism and Antisemitism, New York 2014. *Sammlung biographischer und organisationsgeschichtlicher Analysen der politischen Rechten in der Weimarer Republik.*

Jones, Larry Eugene/Wolfram Pyta (Hrsg.): „Ich bin der letzte Preuße". Der politische Lebensweg des konservativen Politikers Kuno Graf von Westarp (1864–1945), Köln u.a. 2006. *Analyse des gouvernemental-republikanischen Potentials Westarps und der DNVP.*

Jung, Ottmar: Plebiszitärer Durchbruch 1929? Zur Bedeutung von Volksbegehren und Volksentscheid gegen den Young-Plan für die NSDAP. In: Geschichte und Gesellschaft 15 (1989), S. 489–510. *Relativiert Bedeutung der Agitation gegen den Young-Plan für Aufstieg der NSDAP.*

Jungcurt, Uta: Alldeutscher Extremismus in der Weimarer Republik. Denken und Handeln einer einflussreichen bürgerlichen Minderheit, Berlin 2016. *Umfassender Überblick über die Alldeutschen in der Weimarer Republik.*

Kater, Michael: The Nazi Party. A Social Profile of Members and Leaders 1919–1945, Oxford 1983. *Wichtige Untersuchung zur Mitgliederstruktur der NSDAP.*

Kellmann, Axel: Anton Erkelenz. Ein Sozialliberaler im Kaiserreich und in der Weimarer Republik, Berlin 2007. *Politische Lebensgeschichte eines prominenten „Sozialliberalen" der Zeit.*

Kershaw, Ian: Der 30. Januar 1933: Ausweg aus der Staatskrise und Anfang des Staatsverfalls. In: Winkler (Hrsg.): Staatskrise, S. 277–284. *Betont Zufälligkeit nationalsozialistischer Regierungsübernahme trotz multipler Krise am Ende der Weimarer Republik.*

Kershaw, Ian: Hitler, 2 Bde., Bd. 1: 1889–1936, Stuttgart 1996. *Verknüpft biographischen mit strukturgeschichtlichem Ansatz.*

Kittel, Manfred: „Steigbügelhalter" Hitlers oder „stille Republikaner"? Die Deutschnationalen in neuerer politikgeschichtlicher und kulturalistischer Perspektive. In: Hans-Christof Kraus/Thomas Nicklas (Hrsg.): Geschichte der Politik. Alte und neue Wege, München 2007, S. 201–235. *Pointierte Diskussion der aktuellen Forschung zur DNVP.*

Kolb, Eberhard/Wolfram Pyta: Rettung durch Staatsnotstand. In: Winkler (Hrsg.): Staatskrise, S. 155–181. *Erörtern Bedeutung der Staatsnotstandspläne in der Endphase der Weimarer Republik.*

Mergel, Thomas: Das Scheitern des deutschen Tory-Konservatismus. Die Umformung der DNVP zu einer rechtsradikalen Partei 1928–1932. In: Historische Zeitschrift 276 (2003), S. 323–368. *Analysiert Entwicklung der DNVP von der system- zur fundamentaloppositionellen Partei.*

Mergel, Thomas: Parlamentarische Kultur in der Weimarer Republik. Politische Kommunikation, symbolische Kultur und Öffentlichkeit im Reichstag, 3. überarb. Aufl. Düsseldorf 2012. *Anregende kulturgeschichtliche Untersuchung des Reichstags.*

Möller, Horst: Die nationalsozialistische Machtergreifung. Konterrevolution oder Revolution. In: VfZ 31 (1983), S. 25–51. *Betont revolutionären Charakter der nationalsozialistischen Regierungsübernahme.*

Möller, Horst: Parlamentarismus in Preußen 1919–1932, Düsseldorf 1985. *Betont Stabilität des preußischen Parlamentarismus.*

Möller, Horst/Manfred Kittel (Hrsg.): Demokratie in Deutschland und Frankreich 1918–1933/40. Beiträge zu einem historischen Vergleich, München 2002. *Instruktiver Vergleich von politischer Praxis und Tradition der Dritten Französischen Republik und der Weimarer Republik.*

Mühlberger, Detlef: The Social Bases of Nazism, 1919–1933, Cambridge–New York–Port Melbourne 2003. *Knapper, aber nützlicher Überblick über die gesellschaftliche Verankerung der NSDAP in der Weimarer Republik.*

Müller, Markus: Die Christlich-Nationale Bauern- und Landvolkpartei 1928–1933, Düsseldorf 2001. *Zeigt den sukzessiven Übergang eines protestantisch-ländlichen Milieus von der DNVP zur NSDAP.*

Müller, Tim B.: Nach dem Ersten Weltkrieg. Lebensversuche moderner Demokratien, Hamburg 2014. *Betonung der Chancen der ersten deutschen Demokratie.*

Oltmer, Jochen: Migration und Politik in der Weimarer Republik, Göttingen 2006. *Eindringliche und faktenreiche Darstellung von Asyl- und Duldungspolitik sowie Abschiebepraxis in der Weimarer Republik.*

Patch Jr., William L.: Heinrich Brüning and the Dissolution of the Weimar Republic, Cambridge ²2006. *Versuch einer Rehabilitierung des Reichskanzlers Brüning.*

Postert, André: Von der Kritik der Parteien zur außerparlamentarischen Opposition. Die jung-konservative Klub-Bewegung in der Weimarer Republik und ihre Auflösung im Nationalsozialismus, Frankfurt am Main 2014. *Detailreiche Analyse von Ideologie und Organisation des Jungkonservativismus.*

Pyta, Wolfram: Gegen Hitler und für die Republik. Die Auseinandersetzung der deutschen Sozialdemokratie mit der NSDAP in der Weimarer Republik, Düsseldorf 1989. *Untersucht Reaktion der SPD auf Programmatik und Taktik der Nationalsozialisten.*

Pyta, Wolfram: Hindenburg. Herrschaft zwischen Hohenzollern und Hitler, Berlin 2007. *Anregende Biographie, die im Lichte der neueren Kulturgeschichte Hindenburg als charismatische Herrscherfigur interpretiert.*

Raithel, Thomas: Das schwierige Spiel des Parlamentarismus. Deutscher Reichstag und französische Chambre des Députés in den Inflationskrisen der 1920er Jahre, München 2005. *Funktionalistischer Vergleich von deutschem und französischem Parlamentarismus mit aufschlussreichen Schlussfolgerungen auch für das Ende der Weimarer Republik.*

Recker, Marie-Luise (Hrsg.): Parlamentarismus in Europa. Deutschland, England und Frankreich im Vergleich, München 2004. *Enthält auch anregende Aufsätze zum Parlamentarismus sowie der Stellung der Reichspräsidenten in der Weimarer Republik.*

Richter, Ludwig: Die Deutsche Volkspartei 1918–1933, Düsseldorf 2002. *Neue Geschichte der DVP auf umfassender Quellenbasis.*

Rödder, Andreas: Dichtung und Wahrheit. Der Quellenwert von Heinrich Brünings Memoiren und seine Kanzlerschaft. In: Historische Zeitschrift 265 (1997), S. 77–116. *Quellenkritische Untersuchung von Brünings Memoiren.*

Rödder, Andreas: Reflexionen über das Ende der Weimarer Republik. Die Präsidialkabinette 1930–1932/33. Krisenmanagement oder Restaurationsstrategie? In: Vierteljahrshefte für Zeitgeschichte 47 (1999), S. 87–126. *Informativer Tagungsbericht.*

Rösch, Mathias: Die Münchner NSDAP 1925–1933. Eine Untersuchung der inneren Struktur der NSDAP in der Weimarer Republik, München 2002. *Instruktive Analyse des Aufstiegs der NSDAP in der „Hauptstadt der Bewegung".*

Schieder, Wolfgang: Die NSDAP vor 1933. Profil einer Partei. In: Geschichte und Gesellschaft 19 (1993), S. 141–154. *Untersuchung von nationalsozialistischer Mitglieder und Wählerschaft in der Weimarer Republik.*

Schildt, Axel: Militärdiktatur mit Massenbasis? Die Querfrontkonzeption der Reichswehrführung um General Kurt von Schleicher am Ende der Weimarer Republik, Frankfurt/M.–New York 1981. *Kritische Analyse von Schleichers „Querfront"-Konzept.*

Schönhoven, Klaus: Strategie des Nichtstuns? In: Winkler (Hrsg.): Staatskrise, S. 59–75. *Verteidigt die sozialdemokratische Tolerierungspolitik 1931 / 32.*

Schulze, Hagen: Otto Braun oder Preußens demokratische Sendung, Frankfurt am Main u.a. 1981. *Lebensgeschichte des preußischen Ministerpräsidenten vor dem Hintergrund der Entwicklung der SPD in Preußen und im Reich.*

Strenge, Irene: Kurt von Schleicher. Politik im Reichswehrministerium am Ende der Weimarer Republik, Berlin 2006. *Analyse der gesellschaftspolitischen und verfassungsrechtlichen Pläne und Ziele Schleichers.*

Stürmer, Michael: Der unvollendete Parteienstaat – Zur Vorgeschichte des Präsidialregimes am Ende der Weimarer Republik. In: Ders. (Hrsg.): Die Weimarer Republik, Frankfurt/M. 1993, S. 310–317. *Betont Gewöhnung an Präsidialregime schon in den 1920er Jahren.*

Terhalle, Maximilian: Deutschnational in Weimar. Die politische Biographie des Reichstagsabgeordneten Otto Schmidt (-Hannover) 1888–1971, Köln 2009. *Wichtiger Beitrag zur Geschichte der DNVP.*

Thoß, Hendrik: Demokratie ohne Demokraten? Die Innenpolitik der Weimarer Republik, Berlin 2008. *Konzise Überblicksdarstellung.*

Turner Jr., Henry Ashby: Die Großunternehmer und der Aufstieg Hitlers, Berlin 1985. *Relativiert stark Bedeutung von Spenden aus Großfinanz und Industrie für Aufstieg der NSDAP.*

Turner Jr., Henry Ashby: Hitlers Weg zur Macht. Der Januar 1933, Neuwied 1997. *Darstellung der Vorgeschichte der nationalsozialistischen Regierungsbeteiligung.*

Volkmann, Peer Oliver: Heinrich Brüning (1885–1970). Nationalist ohne Heimat. Eine Teilbiographie, Düsseldorf 2007. *Sehr kritische Darstellung Brünings mit Schwerpunkt auf der Exilzeit.*

Weber, Hermann: Hauptfeind Sozialdemokratie. Strategie und Taktik der KPD 1929–1933, Düsseldorf 1982. *Wichtige Untersuchung zum ultralinken Schwenk der KDP und der Entstehung ihres „Sozialfaschismus"-Vorwurfs an die SPD.*

Wein, Susanne: Antisemitismus im Reichstag. Judenfeindliche Sprache in Politik und Gesellschaft der Weimarer Republik, Frankfurt am Main 2014. *Quellengesättigte Untersuchung judenfeindlicher Äußerungen in den Plenardebatten des Reichstags.*

Wirsching, Andreas (Hrsg.): Herausforderungen der parlamentarischen Demokratie. Die Weimarer Republik im europäischen Vergleich, München 2007. *Sammlung von Studien zum (west-)europäischen Parlamentarismus in der Zwischenkriegszeit.*

Wirtschafts- und Sozialpolitik

Barkai, Avraham: Das Wirtschaftssystem des Nationalsozialismus. Der historische und ideologische Hintergrund 1933–1936, Köln 1977. *Erörtert auch Wirtschaftskonzept der NSDAP in der Weltwirtschaftskrise.*

Bera, Matt: Lobbying Hitler. Industrial Associations Between Democracy and Dictatorship, New York 2016. *Innovativer Beitrag zur wirtschaftlichen Verbändeforschung.*

Berringer, Christian: Sozialpolitik in der Weltwirtschaftskrise. Die Arbeitslosenversicherung in Deutschland und Großbritannien im Vergleich 1928–1934, Berlin 1999. *Historisch-komparatistische Analyse der Grundlagen, Wege und Ergebnisse der Arbeitslosenversicherung in der Zeit ihrer größten Herausforderung durch die Massenarbeitslosigkeit.*

Blaich, Fritz: Der Schwarze Freitag. Inflation und Weltwirtschaftskrise, München [3]1994. *Konzise Darstellung der ökonomischen Entwicklung Deutschlands während der Weltwirtschaftskrise.*

Borchardt, Knut: Zwangslagen und Handlungsspielräume in der großen Weltwirtschaftskrise der frühen dreißiger Jahre. In: Ders.: Wachstum, Krisen, Handlungsspielräume der Wirtschaftspolitik. Studien zur Wirtschaftsgeschichte des 19. und 20. Jahrhunderts, Göttingen 1982, S. 165–182. *Verteidigt Brünings Deflationspolitik mit Hinweis auf „kranke" Wirtschaft der 1920er Jahre.*

Buchheim, Christoph: Die Erholung von der Weltwirtschaftskrise 1932/33 in Deutschland. In: Jahrbuch für Wirtschaftsgeschichte (2003), S. 13–26. *Belegt, dass bereits Ende 1932 der Höhepunkt der Wirtschaftskrise in Deutschland überwunden war.*

Büttner, Ursula: Politische Alternativen zum Brüningschen Deflationskurs. In: Vierteljahrshefte für Zeitgeschichte 37 (1989); S. 209–251. *Untersucht zeitgenössische Alternativkonzepte zu Brünings Wirtschaftskurs.*

Crew, David F.: Germans on Welfare. From Weimar to Hitler, New York–Oxford 1998. *Analysiert soziale Auswirkungen der Massenarbeitslosigkeit in Deutschland während der Weltwirtschaftskrise.*

Flandreau, Marc/Carl-Ludwig Holtfrerich/Harold James (Hrsg.): International Financial History in the Twentieth Century. System and Anarchy, Cambridge-New York-Washington 2003. *Anregende Detailstudien zur internationalen Finanzpolitik auch der Zwischenkriegszeit.*

Gehlen, Boris: Paul Silverberg (1876–1959). Ein Unternehmer, Stuttgart 2007. *Biographie eines auch politisch engagierten Großindustriellen der Weimarer Republik.*

Hesse, Jan-Otmar/Roman Köster/Werner Plumpe: Die Große Depression. Die Weltwirtschaftskrise 1929–1939, Frankfurt am Main 2014. *Informativer Überblick über Ursachen und Verlauf der Weltwirtschaftskrise.*

Holtfrerich, Carl-Ludwig: Alternativen zu Brünings Wirtschaftspolitik in der Weltwirtschaftskrise? In: Historische Zeitschrift 235 (1982), S. 605–631. *Kritik an Borchardts Argumentation.*

Holtfrerich, Carl-Ludwig: Zur Debatte über die deutsche Wirtschaftspolitik von Weimar zu Hitler. In: Vierteljahrshefte für Zeitgeschichte 44 (1996), S. 119–132. *Resümiert Stand der „Borchardt-Kontroverse".*

Homburg, Heidrun: Vom Arbeitslosen zum Zwangsarbeiter. Arbeitslosenpolitik und Fraktionierung der Arbeiterschaft in Deutschland 1930–1933 am Beispiel der Wohlfahrtserwerbslosen und der kommunalen Wohlfahrtshilfe. In: Archiv für Sozialgeschichte 25 (1985), S. 251–298. *Untersucht soziale Fragmentierung der Arbeiterschaft während der Weltwirtschaftskrise.*

James, Harold: Deutschland in der Weltwirtschaftskrise 1924–1936, Stuttgart 1988. *Umfassende Darstellung zur deutschen Wirtschaftskrise Ende der 1920er/Anfang der 1930er Jahre.*

Kailitz, Steffen: Demokratie und Wirtschaftspolitik in der Weimarer Republik in international vergleichender Perspektive. Eine Replik auf den Beitrag von Tim B. Müller. In: Vierteljahrshefte für Zeitgeschichte 63 (2015), S. 437–451. *Betonung der grundlegenden strukturellen Probleme der Weimarer Republik seit ihrer Gründung.*

Knortz, Heike: Wirtschaftsgeschichte der Weimarer Republik. Eine Einführung in Ökonomie und Gesellschaft der ersten Deutschen Republik, Stuttgart 2010. *Handbuchartiger Überblick.*

Köster, Roman: Die Wissenschaft als Außenseiter. Die Krise der Nationalökonomie in der Weimarer Republik, Göttingen 2011. *Untersuchung der theoretischen Verengung und des handlungspraktischen Versagens der akademischen Nationalökonomie in der Zeit der Weimarer Republik.*

Kopper, Christopher: Hjalmar Schacht. Aufstieg und Fall von Hitlers mächtigstem Bankier, München 2006. *Lebensbild einer Schlüsselfigur nicht nur der Finanz und Wirtschafts-, sondern auch der Innenpolitik der Weimarer Republik.*

Kruedener, Jürgen Frhr. von: Die Überforderung der Weimarer Republik als Sozialstaat. In: Geschichte und Gesellschaft 11 (1985), S. 358–376. Betont sozialpolitische Lasten des Weimarer Staates.

Merkenich, Stephanie: Grüne Front gegen Weimar. Reichs-Landbund und agrarischer Lobbyismus 1918–1933, Düsseldorf 1998. *Arbeitet wachsende Radikalisierung von Landbevölkerung und Agrar-Lobby heraus.*

Müller, Andreas: „Fällt der Bauer, stürzt der Staat". Deutschnationale Agrarpolitik 1928–1933, München 2003. *Untersuchung einer wichtigen deutschnationalen Vorfeldorganisation mit zunehmend nationalsozialistischen Sympathien.*

Müller, Tim B.: Demokratie und Wirtschaftspolitik in der Weimarer Republik. In: Vierteljahrshefte für Zeitgeschichte 62 (2014), S. 569–601. *Pointierte Betonung der positiven Entwicklungen in der Weimarer Republik, die letztlich nur wegen der katastrophalen Auswirkungen der Weltwirtschaftskrise abbrachen.*

Ritschl, Albrecht: Deutschlands Krise und Konjunktur 1924–1934. Binnenkonjunktur, Auslandsverschuldung und Reparationsproblem zwischen Dawes-Plan und Transfersperre, Berlin 2002. *Macht jahrelange reparationspolitische Obstruktionspolitik Deutschlands für die deutsche Wirtschaftskrise Ende der 1920er/Anfang der 1930er-Jahre verantwortlich.*

Schnabel, Isabel: The German Twin Crisis of 1931. In: Journal of Economic History 64 (2004), S. 822–871. *Betont die Vermeidbarkeit der Bankenkrise von 1931.*

Schneider, Michael: Das Arbeitsbeschaffungsprogramm des ADGB. Zur gewerkschaftlichen Politik in der Endphase der Weimarer Republik, Bonn-Bad Godesberg 1975. *Untersucht ökonomische Konzepte der SPD während der Weltwirtschaftskrise vor dem Hintergrund zeitgenössischer Wirtschaftslehre.*

Taillez, Felix de: Zwei Bürgerleben in der Öffentlichkeit. Die Brüder Fritz Thyssen und Heinrich Thyssen-Bornemisza, Paderborn 2017. *Interessante Doppelbiographie, von der jene Fritz Thyssens einem der industriellen Steigbügelhalter Hitlers gewidmet ist.*

Torp, Claudius: Konsum und Politik in der Weimarer Republik, Göttingen 2011. *Interessante Studie zur Weimarer Republik als einer Konsumgesellschaft.*

Weber, Petra: Gescheiterte Sozialpartnerschaft – Gefährdete Republik? Industrielle Beziehungen, Arbeitskämpfe und der Sozialstaat. Deutschland und Frankreich im Vergleich (1918–1933/39), München 2010. *Profunde komparatistische Untersuchung eines zentralen Politikfeldes der Weimarer Republik.*

Außenpolitik

Baechler, Christian: Gustav Stresemann (1878–1929). De l'impérialisme á la sécurité collective, Straßburg 1996. *Anregende Untersuchung des Wandels von Stresemann vom Annexions- zum Friedenspolitiker.*

Bailey, Christian: Between Yesterday and Tomorrow. German Visions of Europe, 1926–1950, New York 2013. *Detailreiche Studie zu den unterschiedlichen deutschen Europakonzepten der Zeit.*

Beaupré, Nicolas: Das Trauma des großen Krieges 1918–1932/33, Darmstadt 2009. *Facettenreiche deutsch-französische Beziehungsgeschichte.*

Blessing, Ralph: Der mögliche Frieden. Die Modernisierung der Außenpolitik und die deutsch-französischen Beziehungen 1923–1929, München 2007. *Analyse der deutsch-französischen „Entspannungspolitik" zwischen der Locarno-Konferenz und dem Tod Stresemanns.*

Brüning, Franziska: Frankreich und Heinrich Brüning. Ein deutscher Kanzler in der französischen Wahrnehmung, Stuttgart 2012. *Quellengesättigte Untersuchung des französischen Brüning-Bildes.*

Buchheit, Eva: Der Briand-Kellogg-Pakt von 1928 – Machtpolitik oder Friedensstreben?, Münster 1998. *Differenzierte Analyse des Kriegsächtungspaktes aus amerikanischer, britischer, deutscher und französischer Perspektive.*

Conze, Vanessa: Das Europa der Deutschen. Ideen von Europa und Deutschland zwischen Reichstradition und Westorientierung (1920–1970), München 2005. *Moderne ideengeschichtliche Studie des gesellschaftlichen und politischen Denkens des Abendland-Kreises.*

Graml, Hermann: Zwischen Stresemann und Hitler. Die Außenpolitik der Präsidialkabinette Brüning, Papen und Schleicher, München 2001. *Betont tiefgreifenden Wandel der Außenpolitik in der Zeit der Präsidialkabinette.*

Graml, Hermann: Bernhard von Bülow und die deutsche Außenpolitik. Hybris und Augenmaß im Auswärtigen Amt. München 2012. *Sehr gute Untersuchung zu einem wichtigen Akteur der deutschen Außenpolitik.*

Heyde, Philipp: Das Ende der Reparationen. Deutschland, Frankreich und der Young-Plan 1929–1932, Paderborn 1998. *Behandlung der Reparationsfrage zwischen Young-Plan und Konferenz von Lausanne.*

Hildebrand, Klaus: Das vergangene Reich. Deutsche Außenpolitik von Bismarck bis Hitler 1871–1945, Stuttgart 1995. *Große diplomatiegeschichtliche Studie.*

Hillgruber, Andreas: „Revisionismus" – Kontinuität und Wandel in der Außenpolitik der Weimarer Republik. In: HZ 237 (1983), S. 597–621. *Anregende Analyse des Revisionismus-Problems in der Weimarer Republik.*

Knipping, Franz: Deutschland, Frankreich und das Ende der Locarno-Ära 1928–31, München 1987. *Sieht den Sommer 1928 als entscheidende Zäsur für deutsche Außenpolitik an.*

Kolb, Eberhard: Gustav Stresemann, München 2003. *Konziser Abriss eines ausgewiesenen Stresemann-Kenners.*

Krüger, Peter: Die Außenpolitik der Republik von Weimar, Darmstadt 1985. *Umfassende Darstellung der deutschen Außenpolitik vor allem in der „Ära Stresemann".*

Krüger, Peter: Versailles. Deutsche Außenpolitik zwischen Revisionismus und Friedenssicherung, München 1986. *Konzise Studie mit Betonung der innenpolitischen Rückkopplung Weimarer Außenpolitik.*

Krüger, Peter: Das unberechenbare Europa. Epochen des Integrationsprozesses vom späten 18. Jahrhundert bis zur Europäischen Union, Stuttgart 2006. *Profunde Analyse der Geschichte von Integration und Desintegration auch in der Zwischenkriegszeit.*

Meyer, Gerd: Die deutsche Reparationspolitik von der Annahme des Young-Plans im Reichstag (12. März 1930) bis zum Reparationsabkommen auf der Lausanner Konferenz (9. Juli 1932), Düsseldorf 1991. *Relativiert Primat der Reparationspolitik bei Brüning.*

Müller, Guido: Europäische Gesellschaftsbeziehungen nach dem Ersten Weltkrieg. Das Deutsch-Französische Studienkomitee und der Europäische Kulturbund, München 2005. *Materialreiche Darstellung der „anderen" – nicht-staatlichen – Verständigungsbemühungen zwischen Deutschland und Frankreich.*

Nadolny, Sten: Abrüstungsdiplomatie 1932/33. Deutschland und die Genfer Konferenz im Übergang von Weimar zu Hitler, München 1978. *Untersuchung zur deutschen Abrüstungsdiplomatie.*

Niedhart, Gottfried: Die Außenpolitik der Weimarer Republik, 3. aktual. und um einen Nachtrag erw. Aufl. München 2013. *Konzise Darstellung mit sehr instruktivem Forschungsüberblick.*

Pohl, Karl Heinrich: Gustav Stresemann. Biographie eines Grenzgängers, Göttingen 2015. *Thematisch angelegter biographischer Abriss.*

Rödder, Andreas: Stresemanns Erbe: Julius Curtius und die deutsche Außenpolitik 1929–1931, Paderborn u.a. 1996. *Betont überwiegende Kontinuität zwischen der Außenpolitik Stresemanns und der seines Nachfolgers.*

Wright, Jonathan: Gustav Stresemann (1878–1929). Weimars größter Staatsmann, München 2006. *Zeichnet uneingeschränkt positives Porträt Stresemanns.*

Zaun, Harald: Paul von Hindenburg und die deutsche Außenpolitik 1925–1934, Köln 1999. *Umfassende und weitgehend differenzierte Behandlung des bisher vernachlässigten „Außenpolitikers" Hindenburg.*

Gesellschaft, Mentalitäten, Politische Kultur

Ahlheim, Hannah: „Deutsche kauft nicht bei Juden!" Antisemitismus und politischer Boykott in Deutschland 1924 bis 1935, Göttingen 2011. *Anregende Untersuchung zur Interaktion zwischen Urhebern und Opfern antisemitischer Ausgrenzungspolitik.*

Ahrens, Rüdiger: Bündische Jugend. Eine neue Geschichte 1918–1933, Göttingen 2015. *Quellengesättigte Studie zur Verortung der Bündischen Jugend in der deutschen Rechten.*

Barth, Boris: Dolchstoßlegenden und politische Desintegration. Das Trauma der deutschen Niederlage im Ersten Weltkrieg 1914–1933, Düsseldorf 2003. *Materialreiche Darstellung einer der zentralen Hypotheken der Weimarer Republik.*

Bavaj, Riccardo: Von links gegen Weimar. Linkes antiparlamentarisches Denken in der Weimarer Republik, Bonn 2005. *Erste systematische Gesamtanalyse des linken antiparlamentarischen Denkens in der Weimarer Republik.*

Blasius, Dirk: Weimars Ende. Bürgerkrieg und Politik 1930–1933, Göttingen 2005. *Beschreibung der „Bürgerkriegssituation" in der Endphase der Weimarer Republik anhand der Auswertung der großen zeitgenössischen Tageszeitungen.*

Breuer, Stefan: Anatomie der konservativen Revolution, Darmstadt [2]1995. *Kritische Auseinandersetzung mit Armin Mohlers Ansatz und Begrifflichkeit.*

Breuer, Stefan: Die Völkischen in Deutschland. Kaiserreich und Weimarer Republik, Darmstadt 2008. *Kenntnisreicher Überblick über die verschiedenen politischen Gruppierungen im völkischen Milieu.*

Damm, Matthias: Die Rezeption des italienischen Faschismus in der Weimarer Republik, Baden-Baden 2013. *Untersuchung der Perzeption des italienischen Faschismus in der veröffentlichten Meinung in Deutschland.*

Eitz, Thorsten/Isabelle Engelhardt: Diskursgeschichte der Weimarer Republik, 2 Bde., Hildesheim 2015. *Materialreiche Untersuchung wichtiger thematischer Diskurse.*

Fulda, Bernhard: Press and Politics in the Weimar Republic, Oxford 2009. *Verdeutlicht die auch mediale Dominanz der extremistischen Parteien und der politischen Gewalt in der Endphase der Weimarer Republik.*

Gangl, Manfred/Gérard Raulet (Hrsg.): Intellektuellendiskurse in der Weimarer Republik. Zur politischen Kultur einer Gemengelage, Frankfurt [2]2007. *Anregender Sammelband, der die gängigen Kategorisierungen des Intellektuellenmilieus in der Weimarer Republik aufbricht.*

Gerwarth, Robert: Der Bismarck-Mythos. Die Deutschen und der Eiserne Kanzler, Berlin 2007. *Zeigt, wie der Bismarck-Mythos zur Delegitimierung der Weimarer Republik genutzt wurde.*

Goltz, Anna von der: Hindenburg. Power, Myth, and the Rise of the Nazis, Oxford 2009. *Studie über die gesellschaftliche Konstruktion und Wirkung des Hindenburg-Mythos.*

Graf, Rüdiger: Die Zukunft der Weimarer Republik. Krisen und Zukunftsaneignungen in Deutschland 1918–1933, München 2008. *Analyse der Zukunftsvorstellungen unterschiedlicher politischer Milieus.*

Hardtwig, Wolfgang (Hrsg.): Ordnungen in der Krise. Zur politischen Kulturgeschichte Deutschlands 1900–1933, München 2007. *Überblick über konkurrierende Ordnungskonzepte in der Weimarer Republik.*

Harrington, Austin: German Cosmopolitan Social Thought and the Idea oft he West. Voices from Weimar, Cambridge 2016. *Anregende Untersuchung „westlichen" Denkens von neun bürgerlich-liberalen Sozialwissenschaftlern und Kulturphilosophen.*

Hering, Rainer: Konstruierte Nation. Der Alldeutsche Verband 1890–1939, Hamburg 2003. *Quellennahe Studie eines der wichtigsten Agitationsverbände in der Weimarer Republik.*

Hoegen, Jesko von: Der Held von Tannenberg. Genese und Funktion des Hindenburg-Mythos, Köln u.a. 2007. *Kulturgeschichtliche Analyse eines zentralen Aspekts des Hindenburg-Mythos.*

Kittel, Manfred: Provinz zwischen Reich und Republik. Politische Mentalitäten in Deutschland und Frankreich, 1918–1933/36, München 2000. *Komparative Untersuchung der sozialen und politischen Entwicklung Frankens und der Corrèze.*

Kuropka, Joachim (Hrsg.): Grenzen des katholischen Milieus. Stabilität und Gefährdung katholischer Milieus in der Endphase der Weimarer Republik und der NS-Zeit, Münster 2013. *Sammlung erhellender Untersuchungen zur Frage nach Abgrenzung bzw. Durchlässigkeit des katholischen Milieus angesichts nationalsozialistischer Einflussnahmen.*

Lehnert, Detlef/Klaus Megerle (Hrsg.): Identitäts- und Konsensprobleme in einer fragmentierten Gesellschaft. Zur Politischen Kultur in der Weimarer Republik, Opladen 1987. *Die Aufsätze untersuchen Fragmentierung der politischen Kultur in der Weimarer Republik.*

Malinowski, Stephan: Vom König zum Führer. Sozialer Niedergang und politische Radikalisierung im deutschen Adel zwischen Kaiserreich und NS-Staat, Berlin [2]2003. *Quellennahe Analyse des deutschen Adels und dessen unterschiedlicher Standesorganisationen.*

Marhoefer, Laurie: Sex and the Weimar Republic. German Homosexual Emancipation and the Rise oft he Nazis, Toronto: 2015. *Instruktive Untersuchung zum Einfluss der Sexualpolitik auf das öffentliche Leben.*

Mohler, Armin: Die konservative Revolution in Deutschland 1918–1932, 2 Bde., Darmstadt [4]1994. *Klassische Untersuchung zum Thema.*

Nowak, Kai: Projektionen der Moral. Filmskandale in der Weimarer Republik. Göttingen 2015. *Quellengesättigte Untersuchung der Interaktion von Film, Politik und Wertewandel.*

Pyta, Wolfram: Dorfgemeinschaft und Parteipolitik. Die Verschränkung von Milieus und Parteien in den protestantischen Landgebieten Deutschlands in der Weimarer Republik, Düsseldorf 1995. *Analysiert Entwicklung der NSDAP zur protestantischen „Milieupartei".*

Reichardt, Sven: Faschistische Kampfbünde. Gewalt und Gemeinschaft im italienischen Squadrismus und in der deutschen SA, Köln 2002. *Gelungener systematischer Vergleich aus kulturgeschichtlicher und kultursoziologischer Perspektive.*

Richardson, Malcolm/Jürgen Reulecke/Frank Trommler: Weimars transatlantischer Mäzen: Die Lincoln-Stiftung 1927 bis 1934. Ein Versuch demokratischer Elitenförderung in der Weimarer Republik, Essen 2008. *Interessante Fallstudie zur (politischen) Bildungsarbeit einer privaten Stiftung.*

Schieder, Wolfgang: Das italienische Experiment. Der Faschismus in der Krise der Weimarer Republik. In: Historische Zeitschrift 262 (1996), S. 73–125. *Schildert Faszination für Mussolini in Deutschland.*

Schulz, Petra Maria: Ästhetisierung von Gewalt in der Weimarer Republik, Münster 2004. *Betont Bedeutung extremistischer Gewalt als Lebensstil und Mittel männlicher Identitätsfindung.*

Schumann, Dirk: Politische Gewalt in der Weimarer Republik 1918–1933. Kampf um die Straße und Furcht vor dem Bürgerkrieg, Essen 2001. *Faktenreiche Analyse eines der zentralen Krisensymptome der Weimarer Republik – der politischen Gewalt von links und rechts und der damit einhergehenden Bürgerkriegsangst.*

Walter, Franz: „Republik, das ist nicht viel". Partei und Jugend in der Krise des Weimarer Sozialismus, Bielefeld 2011. *Aspektreiche Studie zu den theoretischen Diskussionen unterschiedlicher jungsozialistischer Strömungen.*

Weinrich, Arndt: Der Weltkrieg als Erzieher. Jugend zwischen Weimarer Republik und Nationalsozialismus, Essen 2013. *Kultur- und mentalitätsgeschichtliche Untersuchung zur „Kriegsjugendgeneration".*

Welzbacher, Christian (Hrsg.): Der Reichskunstwart. Kulturpolitik und Staatsinszenierung in der Weimarer Republik, Weimar 2010. *Die Quellen- und Aufsatzsammlung verdeutlicht die Schwierigkeiten bei der Herausbildung einer positiven Identität der Weimarer Republik.*

Wirsching, Andreas: Vom Weltkrieg zum Bürgerkrieg? Politischer Extremismus in Deutschland und Frankreich 1918–1933/39. Berlin und Paris im Vergleich, München–Wien 1998. *Vergleichende Studie des politischen Extremismus in Deutschland und Frankreich mit wichtigen Rückschlüssen auf unterschiedliche politische Kultur.*

Wirsching, Andreas/Dirk Schumann (Hrsg.): Violence and Society after the First World War (= Journal of Modern European Society 1/2003), München 2003. *Gelungener Sechs-Länder-Vergleich, der die verbreitete These von der brutalisierenden Wirkung des Ersten Weltkriegs auf die Entwicklung innenpolitischer Gewalt in der Zwischenkriegszeit stark relativiert.*

Wirsching, Andreas/Jürgen Eder (Hrsg.): Vernunftrepublikanismus in der Weimarer Republik. Politik, Literatur, Wissenschaft, Stuttgart 2008. *Versuch der Rehabilitierung und analytischen Weiterung eines zeitgenössischen Begriffs.*

Ziemann, Benjamin: Veteranen der Republik. Kriegserinnerung und demokratische Politik 1918–1933, Bonn 2014. *Kulturhistorische Untersuchung der Kriegserinnerungen pro-republikanischer Gruppen.*

Personen- und Sachregister